Practice in China

Practice in China

中国经验

中国现代远程教育行业精英对话录

夏巍峰　主　编

刘宪子　吕　瑶
李桂云　王铁军　编写
郑天坤　夏巍峰

高等教育出版社

图书在版编目(CIP)数据

中国经验:中国现代远程教育行业精英对话录/夏巍峰主编 .—北京:高等教育出版社,2007.10
  ISBN 978 - 7 - 04 - 022445 - 0

  Ⅰ.中... Ⅱ.夏... Ⅲ.远距离教育 – 研究 – 中国

Ⅳ.G729.2

中国版本图书馆 CIP 数据核字(2007)第 153638 号

策划编辑	付英宝　吴　勇	**责任编辑**	吴　勇	**封面设计**	徐　慧
版式设计	柳光艳	**责任印制**	毛斯璐		

出版发行	高等教育出版社	**购书热线**	010 – 58581118	
社　　址	北京市西城区德外大街 4 号	**免费咨询**	800 – 810 – 0598	
邮政编码	100011	**网　址**	http://www.hep.edu.cn	
总　　机	010 – 58581000		http://www.hep.com.cn	
经　　销	蓝色畅想图书发行有限公司	**网上订购**	http://www.landraco.com	
印　　刷	北京未来科学技术研究所		http://www.landraco.com.cn	
	有限责任公司印刷厂	**畅想教育**	http://www.widedu.com	
开　　本	787 × 1092　　1/16	**版　次**	2007 年 10 月第 1 版	
印　　张	19.25	**印　次**	2007 年 10 月第 1 次印刷	
字　　数	270 000	**定　价**	35.00 元	

本书如有缺页、倒页、脱页等质量问题,请到所购图书销售部门联系调换。

　　《中国远程教育》杂志是我国现代远程教育领域重要的专业媒体，它伴随我国现代远程教育行业成长，不仅见证了行业发展的探索过程，记录了整个行业的发展经验，也密切观察并搜集着这个行业的重要经验和"重磅"人物的思想精华。几年来，《中国远程教育》杂志的"中国经验"和"与总裁对话"两个栏目，集中报道了远程教育行业精英们的思考与实践、经验与智慧，在我国远程教育行业乃至整个教育行业都产生了重要影响。

　　今天，高等教育出版社以《中国经验——中国现代远程教育行业精英对话录》一书，将《中国远程教育》杂志"中国经验"、"与总裁对话"两个栏目的精彩文章收录其中并正式出版发行，这是现代远程教育行业的一个重要事件。这本书集纳的"中国经验"，在中国是前所未有的，也是极其珍贵的；它是本土的、符合中国特殊环境的经验，更是我们广大远程教育工作者在八年创造性实践中的智慧结晶。在国际化日益成为潮流的今天，在中国已经为各国教育机构所瞩目的今天，这些经验对世界远程教育发展也同样具有参考价值。

　　《中国经验——中国现代远程教育行业精英对话录》是中国远程教育行业的第一本精英对话录，不仅可以很好地让社会公众和业内人士深入了解我国远程教育的经验，发挥良好的宣传效益；也可以帮助人们了解网络教育的内涵和行业发展状况，为沟通与合作创造机会。我们希望这本书能够使行业精英总结的丰富经验和经营智慧发挥更大作用，使众多教育机构在谋取更大发展时得到营养，使更多的人在投身网络教育事业时获得教益。

　　数年来，我国现代远程教育工作者们历经初创的困惑艰辛，已初步探索出一条具有中国特色的现代远程教育发展之路，更产生了一批具有中国特色的远程教育成果。伴随着中国建设和谐社会、构建学习型社会战略的实施，我国现代远程教育事业已经进入稳定和注重内涵发展的重要时期。今天，现代远程教育已成为中国大众化高等教育和继续教育的重要组成部分，在构建我国终身教育体系的进程中发挥着重要的作用。《中国远程教育》杂志将不懈地搜索、集纳、提炼，以将行业实践中的点滴经验和重要成果传播开去，推动这个事业的健康发展和进步。我们相信，编辑出版第一本书，只是一个开始。后续的精彩演绎，正在拉开序幕，我们期待着更丰富的中国经验谱写出更精彩的华彩乐章。

　　在此，感谢《中国远程教育》杂志社记者吕瑶、李桂云、王铁军、郑天坤进行的文字整理工作，编辑部主任刘宪子的精心编辑工作。感谢高等教育出版社领导以及责任编辑给予本书出版的大力支持和帮助。

主　编

目　录

目 录

第一章

与校长对话

Dialogue with Presidents

以新的思路发展电大开放教育

——与中央广播电视大学校长葛道凯对话

对话嘉宾：中央广播电视大学校长 葛道凯
对 话 人：《中国远程教育》（资讯）执行主编 夏巍峰

◎ 理念引导、定位先行、固本培元、度势发展
◎ "四个面向"的办学方向
◎ 办学的开放性和灵活性
◎ 手段的现代化
◎ 教育资源的整合利用、系统整体运作

PRACTICE IN CHINA

电大目前已成为全世界最大的开放大学,在近三十年起起落落的发展历程中,电大人默默耕耘,勇于奉献。在为取得的成绩感到骄傲的同时,他们也时时流露出危机意识,也正是这种危机意识持续地激发着这支队伍的不懈战斗力。

上任伊始,中央广播电视大学校长葛道凯博士即在三个月内对电大进行了一番调研。在首次接受本刊记者采访时,他表示:电大所从事的是一个非常可爱和可敬的事业,也是非常有前途的事业,"困难大、空间大、希望大",是他对电大发展现状的描述。他提出,在建设和谐社会、学习型社会的大背景下,"当教育的主要任务从以新生劳动力培养为主转向全民教育的时候,电大的任务是非常艰巨的,事业也是非常广大的"。为此葛校长提出电大要有"理念引导、定位先行、固本培元、度势发展"的新思路。

国家教育转型 电大责任重大

夏巍峰:据了解,您到任以来,对电大的发展进行了深入、细致的调研,请谈谈您的调研感受。电大的情况与您最初的认识有哪些不同?

葛道凯:我到电大来,有些情况是想到了,多数是没有想到的。电大是我们国家的一笔宝贵财富,是国家教育资源中一个非常宝贵的组成部分。这是我到电大之前就已认识到的。但更多的却没有想到,或者说是认识得不是太深刻。那就是电大已经形成了一系列的特色和优势:首先,电大系统是一个延伸到基层行政区域的网络,与社会融为一体,伸展到基层社会细胞里。西部地区是到了县,东部是到了乡镇,有的到了社区。电大的一言一行直接反映到了社会,而社会的发展也直接反馈到电大的学生和电大的教学上。

第二,电大开放的理念。大家一听到开放的理念往往想到的是资源面向所有的学生,而电大的开放不仅仅在于此,还在于电大的资源都是面向所有社会优质资源进行整合的。社会上好的资源不论是普通高校、行业部门还是培训机构的,都可以作为电大的资源。可以说,电大从一开始就有很好的体制和机制，来整合和利用社会的优质资源。

第三，电大是面向职业人的教育，这是电大的优势。以前我总觉得来电大上大学的，一般都是老百姓所讲的"学习成绩比较差"的。到了电大之后，我觉得这个观点至少是不全面的，或者是不准确的。因为电大的主体学生是职业人，职业人就是曾经有工作，或现在正在工作着的人。有工作就有实践经验，有实践经验就具有实践能力的积累，而这恰恰是普通高校学生所不具备的。我走了12所省级电大，他们普遍反映电大的学生学习主动性很高，理解力较强，这些学生掌握着大量的可以作为教育资源的财富。

第四，电大对教学质量的重视、教学管理的严格和质量监控体系的严谨是出乎我意料的。这一点在很大程度上确保了电大的社会声誉。我到电大工作没几天，就按要求到地方电大去巡考。所有校领导都要去巡考，这是中央电大的规定。除了巡考，在有可能出现问题的一些地方，中央电大的考试中心还专门派人在那儿盯着"蹲考"。这说明了电大对教学质量的重视程度。

这是四个积极的方面。也有一些反映电大的困难和问题的地方，电大人的危机意识出乎我的意料。我在做调研过程中，几乎所有的电大人都提到了同样的问题——电大向何处去？他们流露出了对电大前途的担忧。电大人的危机意识是很强的，当然这个危机意识可以从两个方面来理解，一面是从消极的方面来理解，说明我们现在面临许多困难，而且有很多重要的问题需要去克服、去解决。积极的一面是说明电大这支队伍都非常热爱这个事业，并且不断地为这个事业出谋划策。到目前为止，我所听到、看到的，更多的是危机意识的积极方面。这种危机意识作为强劲的动力源泉一直激发着电大战线这支队伍不断增强自身的战斗力。有人说电大是三起三落，我说是四起三落，即我们现在正在起，正在发展过程中。正因为有这些起起落落，所以大家总有一种危机意识，不断地研究怎么把自己的工作做好。

电大所从事的是一个非常可爱又非常可敬的事业，也是一个非常有前途的事业。电大困难大、可维持、前途亟待研究，这是目前电大发展中稍微消极的一面。从积极一面来看可以概括为：困难大、空间大、希望大。为什么说空间大？为什么说希望大？现在党中央和国务院提出要建设和谐社会，要建设学习型社会，教育的对象要面向全民。当教育的主要对象从新生劳动力为主转向全民的时候，我们的任务是非常艰巨的，事业也是非常广大的。从整个国家来说，这方面的经验不多，积累不多，所以可以做的事情是非常多的。你做了一点儿就会对社会有所贡献，就会在社会上反映出来。因此，电大对社会的贡献和普通高校对社会的贡献一样重要。如果从国家教育发展的进程来说，可能电大现在做的这个事业更重要，因为以前对终身教育重视不够。现在需要在这方面投入更多的精力，使我们的教育能够更加平衡，特别是要把对新生劳动力的培养和对职业人的培养一并重视起来。

电大教育是职业人教育的主流

夏巍峰：尽管电大有 27 年的发展历史，并且已成为世界巨型大学之首，不论是招生规模还是毕业生数量都相当可观，为社会做出了巨大贡献；然而当人们提起电大时，仍然会流露出冷漠甚至不屑的神情，电大教育似乎总是徘徊在主流教育之外。您如何看待这一现象？

葛道凯：对于新生劳动力的教育来说，普通高校是主流，这是肯定的，这方面电大不会占据主流地位，也不应该成为新生劳动力培养的主流。但是，教育的另外一部分，就是职业人的教育，电大应该是主流，实际上也是主流。对职业人教育的认识应该是个社会问题。我们国家的成人教育从革命战争年代就已出现，对成人教育重要性的认识也很早就存在了。只是因为以前对新生劳动力教育的任务非常艰巨，所以它的地位自然就非常重要、非常突出。需要注意的是，我国的基础教育是到 20 世纪 90 年代以后才基本完成"两基"任务的，现在是在巩固"两基"阶段；普通高等教育的大发展也是在刚刚过去的几年内才实现的。在新生劳动力教育任务非常艰巨的情况下，我们国家非常重视新生劳动力的培养，这是符合教育发展规律的，也是无可非议的。

随着新生劳动力教育水平的提高，社会对教育的重视也会逐步从较多重视新生劳动力的培养，转向对新生劳动力培养和在职员工的培养并重；随着工业化进程和城镇化进程的推进，国家的更多精力将会转移到在职劳动力的培养上来，这是一个社会发展阶段的问题。我相信电大教育会成为整个教育的主流之一，也应该成为教育的主流之一。现在我们已经看到了这个苗头，即建设和谐社会、建设学习型社会目标的提出，将使终身教育成为国民教育体系的十分重要的组成部分，而在终身教育体系中，电大应该是主体部分，或者说将起到重要的支撑作用。

如果从操作层面讲，当然还有一些政策和措施的问题。由于多年来，政府对教育的关注主要放在普通教育上，所以普通教育的体制、机制、政策措施等相对比较完善，因此呈现出良性发展的态势，情况越来越好。然而，由于对终身教育这一块以往关注得比较少，相应的这方面的体制、机制还不够完善，政策措施还不是很配套；因此现阶段想发展这样的教育就会出现一系列的困难。我相信，随着教育工作重心的转移，我们电大教育的政策环境、社会环境等将得到较快的改善。

夏巍峰：在去年"2005中国国际远程教育大会"上，有一些电大校长提出了电大应该改个名字，比如叫"中国开放大学"。这些校长提出改名的用意是什么？关于更名的问题您如何看？

葛道凯：名字只是一个符号，但这个问题中隐含着另外一个问题，即电大的业务范围是什么？1988年颁布的《广播电视大学暂行规定》明确，电大的业务范围应当包括现在大家讨论的所谓开放大学的所有职能。我们以前一谈到教育主要谈的就是学历教育，而给电大的任务不仅如此，除了学历教育之外，另外的各种证书教育、面向老龄人的社区教育、文化教育、休闲教育等等，都是电大的业务范围。因此，从业务性质上讲，现在的广播电视大学就是国家的开放大学。既然包括了这么多方面，为什么还急于要在这里讨论改名呢。因为以前的电大教育不够平衡，更多地重视了学历教育，下一阶段应该在做好学历教育的同时，把社区教育、把各种各样的证书教育抓起来，真正做到与既定任务相符合，使电大真正实现两条腿走路。同时也呼吁各级政府把电大系统作为学习型社会的宝贵平台，充分发挥电大在非学历教育中的作用。

具体来说，关于电大更名问题是一个需要仔细论证的题目。27年来，电大在社会上已经有了一定的认知度，走到哪儿，人们即使不知道电大具体做什么，但也是知道这个名字的，知道电大出了很多人才，这是一笔财富。任何学校的发展都希望在继承原有财富的基础上进行，获得更多的社会资源。如果因为改变名称使原有的资源丧失了，那肯定在一个阶段是得不偿失的。

其次，近些年来普通高校更名的确十分盛行，其用意多是希望通过更名吸引更优秀的生源和引起社会精英的更多关注，以实现自身更好的发展目标。而电大是面向基层的，反其道而行之，思路不一样。比如说，"开放大学"这个词，有文化的人容易理解，但是别忘了，我们13亿人口中，绝大多数文化程度相对比较低，而电大教育的主要对象正是处于社会基层的绝大多数人群；那些对电大有深刻理解的人，知道"开放大学"内涵的人，他们很可能不必接受电大教育。而普通老百姓是不是能够认可"开放"这个名字？如果重新做到家喻户晓，又要投入多少？能不能有效？这都要做一些深入的研究。

发挥系统优势　扩大合作范围

夏巍峰：提到现代远程教育，很自然就会想到电大和高校网院。记得在试点高校网院出现时，在电大系统内似乎出现了短时间的恐慌；然而开展开放教育试点几年后，我们看到许多电大人又重新找到了自信。您觉得电大人这种前后心态变化的原因在哪儿？

葛道凯：网院做网络教育，电大做开放教育，都是为社会做贡献，都是提高国民的素质，也都是社会应该大力发展的。为什么电大人会越来越自信了？因为大家在不知不觉中认识到了电大客观上存在着一系列优势，是普通高校无法比的。普通高校的优势在校园内,有优秀的师资,有很好的校园,有严格的教学规章制度,但是这些优势很难走出校园,因为它没有校园外的网络来支撑。即使建立了学习中心这样的机构,学校对学习中心的约束也非常有限。而电大系统的优势在于它有一个延伸到基层行政区域的网络。尽管自己没有校园,老师可能没有普通高校的老师那么多,科学研究开展得也相对弱一些,但是在成立之初,电大的定位就已经弥补了电大这个非常致命的弱点。政府要求电大整合社会优质资源实施教育活动,这样电大的弱点反而成为电大的优势,自然其竞争的能力也比较强。这就是为什么2005年全国网络教育学生人数为265万人,其中200万人是在电大系统的原因。

其实我们关注的不仅仅是网院,如果要做分析的话,我们的眼光还会放在成人教育的其他各种形式上。函授、夜大、自考、培训机构等等,这些教育形式都是终身教育的组成部分,教育活动主要在校园外进行,教育对象主要是职业人。各类教育机构在开展这些职业人的教育时各自都有什么长短呢? 先说普通高校。它有好的资源,有经过实践检验的严格的教学管理制度,应该把它的优质资源向社会辐射,让全社会来享受。但是,这不是它的主业,同时它没有校园外教育的严密体系、严格的制度,因此优秀的资源很难走出校园。

再说独立设置的成人高校。这是它的主业,它非常爱护这个市场。但它的师资、办学经验、科研水平都没有普通高校强,同时它也没有严格的校园外的办学网络,无法向社区、城镇等地方辐射。

第三是自考。这是它的主业,它有严格的管理和相应的体系,它爱护这个市场,它的专家来自社会方方面面,都是优秀的。但它不直接管理和控制教学过程,这是社会上尤其是教育界不少朋友比较忧虑的方面,因为人们多倾向于认为人和人交流的过程是保证教育质量不可或缺的环节。除此之外,还有培训机构,他们也是为社会提供教育服务的,他们的长处是对市场非常了解和理解,它的资源适应社会发展的需要。但是,它的弱点是没有校园和办学、教学网络,社会认可度有限,很难大范围地推广他们的教育。

最后要说电大。这是电大的基本任务。它有一套完整的管理和运行网络，它爱护这个市场，有严密的教学质量保证体系。虽然自身独有的优质资源比较少，但独有的体制弥补了这一问题，它可以整合各种优质的资源。

国家建设终身教育体系，使全体社会成员都能够有机会接受教育，为社会做贡献，就需要把各种教育方式的优势结合起来。如果多种形式的成人教育达到最优化的组合，就能使最广泛的人群受益。因此，对于电大、普通高校、独立设置的成人高校、自考以及培训机构，应该在彼此最大限度发挥自身优势的基础上进行合作，从而为社会提供更好的教育服务。

夏巍峰：正如您前面所说，电大最突出的优势是它有一个遍布全国的庞大网络，然而据了解，目前一些省电大或地方电大出现了与当地高校合并的情况，电大该如何面对这一问题？

葛道凯：这是电大发展必须要认真面对的一个挑战。电大在新的形势下，要更好地为社会服务，扬长避短，就必须对这些问题进行研究。在电大系统中，有些地市级的和省级的学校被合并。我想，这些合并都是在一些人比较多地注重普通教育的情况下发生的，在这个背景下，出现这种情况是可以理解的。因为他们没有认识到终身教育的重要性和终身教育基本体系架构的特点。我相信随着中央对终身教育的重视，各级政府也会更加注重终身教育体系的构建。在这个基础上，他们就会重新审视已经合并的或打算合并电大的政策。当然对被合并的电大来说无论是对学校、教师、管理都会带来一定的损失，会走一段弯路，这也是令我们很遗憾的事情。教育部也非常关心这一情况，现在已采取了一些措施，不希望这个趋势继续下去。对于中央电大来说，在政府的政策之外，通过什么样的措施来巩固和发展这个体系，使这个体系能够为即将到来的终身教育大发展做好准备，而不是到时再重打锣鼓现开张，是我们现在要认真思考与研究的。

以新的思路推动电大发展

夏巍峰：中央电大在"十一五"发展规划中提出了四句话：扩大开放、

保证质量、强化特色、打造品牌。结合这样的工作方向，请谈谈电大下一步具体的工作思路。

葛道凯：扩大开放、保证质量、强化特色、打造品牌是中央电大"十一五"期间的发展方向和主要任务。结合电大的发展现状，要实现"十一五"规划目标，我认为电大需要强调理念引导、定位先行、固本培元、度势发展。为什么要理念引导？是要保证迈出的每一个步骤是按照既定的方向前进的；定位先行是说要找到自己合适的一个起点，如果起点错了，就算方向再对，也是有偏差的；固本培元是要做好自己强身健体的事情；度势发展就是要把握发展大势，从比较重视新生劳动力培养向更加重视终身教育发展，这是大的趋势。我在这里可以举一个例子，在高速公路上面坐汽车看路边的栏杆，从远处看时，栏杆非常直，当稍近一些，发现不是很直，而当你走到这个弯时，它又是直的。度势发展就是要把握大的趋势，把握了大势就可以避免大的偏差，即使操作上有一点小小的偏差也不会伤及根本。

这十六字里面的核心是"理念引导"，首先电大要确立自己的大学理念，即核心价值。我认为电大的核心价值有三点：对社会来讲，是平民进步的阶梯，可促进社会的垂直流动；对教育来说，电大是教育公平的砝码；对学习者来说，是增进动力的补给站，充实生活与解决困难的帮手。真正的核心在这几个关键词：阶梯、砝码、帮手。

第二个层面是办学理念，即以什么样的思想来办学？电大系统要明确声誉和质量是电大的生命；优质的服务是电大的立校根基。人们愿意接受知识，但能够提供知识的地方很多，电大要通过优质服务使学生有一个好的学习环境和好的学习心情，所谓优质服务就是要更加强调主动和高效的服务。同时，电大系统还要明确强化开放与系统建设是电大的未来，要面向所有学习者、面向各类教育机构，实现双向开放；由于电大是一个系统，系统的高效运行是保障。

第三个层面是目标理念，核心就是办成什么样的学校？培养什么样的人？首先电大的机构定位是国家的远程教育机构，政府的高等学校。中央电大就是国家的远程教育中心、教育部直属高校；省电大就是省里的远程教育中心和省里的高等学校；地市电大就是地市的远程教育中心和高等学校。电大不能只是整合教育系统的资源，而是要把各种资源都整合起来，在系统平台上提供优质服务。作为政府的高等学校要急政府之所急，想政府之所想；其实质也就是急老百姓之所急，想老百姓之所想。电大的社会定位是全民终身学习的支柱，学习型社会的平台。这些决定了电大办学要学历、非学历教育并重，办学和服务并举；致力于开展职业人的教育，应用型人才的培养。职业人的教育在实践教学方面不同于新生劳动力的教育，开放教育教学实践环节相对较弱，但社会实践非常强大。后者不能取代前者，但在一定程度上可以弥补教学实践环节的薄弱和不足，同时开放教育的教学实践也可以在社会实践的基础上进行。大家认为电大在科学研究方面相对弱一些，如果很好地利用电大与社会有机融合这一优势，深度开发电大学员拥有的来自中国社会基层的大量活生生的素材与资源，相信电大的科研工作也会有很大进步，也会对国家发展作出独到的贡献。

我们的目标就是要汇聚优质的资源，提供体贴的服务，运行高效的办学网络和开展鲜活的科学研究。如果这些都做到了，我相信电大会发展得更好。

（原载 2006 年 10 月《中国远程教育》（资讯））

中国经验

华东理工网院: 注重发展质量内涵

——与华东理工大学副校长兼网络教育学院院长涂善东对话

对话嘉宾: 华东理工大学副校长兼网络教育学院院长 涂善东
对 话 人:《中国远程教育》(资讯)执行主编 夏巍峰

◎ 与校内专业学院签订校内合作协议,依托专业学院办学
◎ 把网络教育的手段和课件应用到本科教学中,促进本科教学信息化的进一步发展
◎ 以行业内的重点高职、全国示范性中专作为校外教育中心,解决工科远程教育的实验难题
◎ 引进多媒体手段,给课件增加学习的趣味性

华东理工大学地处人文荟萃、海纳百川的大都市上海,原名华东化工学院,其办学历史可以追溯到100多年前的南洋公学和震旦学院,是1952年全国院系调整时由交通大学（上海）、震旦大学（上海）、大同大学（上海）、东吴大学（苏州）、江南大学（无锡）等校的化工系合并组建而成的全国第一所以化工特色闻名的院校。半个多世纪以来,学校秉承"勤奋求实"的校训,不断改革与建设,在学科建设与教育发展中重视"过程工程与过程思想",现已发展成为特色鲜明、理工农医法经管文等多学科协调发展的研究型全国重点大学。

2002年2月,教育部批准华东理工大学为现代远程教育试点高校。2002年3月15日,学校正式成立网络教育学院（www.ecustmde.com）,开展现代远程教育试点工作。试点五年,学院坚持"规范、质量、规模"的办学宗旨,走质量内涵发展道路,在"以质量为生命线"的前提下,适度发展网络教育,不断加深对远程教育的理解,逐步形成了自己的办学特色。

借助内力依托专业学院办学

华东理工大学远程教育试点工作从一开始就定位在面向社会、面向在职人员的继续教育,在具体工作中对网络教育和校内本科教育的相互联系进行分析,逐渐认识到网络教育在大众化高等教育中能发挥更大的作用,其培养目标应该是应用型、技能型的社会人才。网络教育要想可持续发展,就必须具备教育的内涵,而校内本科教育是其基础。因此网络教育学院根据社会需求及学校特色,开设了文科类、管理类、理科类及工科类共30个专业,其中为彰显学校的办学特色,先后开设了化学工程与工艺、过程装备与控制工程、自动化等专业。

既然网络教育学院办学是以校内本科教育为基础,就要与校内专业学院建立更紧密的合作关系。于是,2006年4月11日,华东理工大学网络教育学院与五个专业学院举行了校内合作签约仪式,合作的专业学院包括:化工学院、信息科学与工程学院、机械与动力工程学院、理学院、社会与公共管理学院。在签约仪式上，华东理工大学副校长兼网络教育学院院长涂善东教授指出："网络教育学院与各专业学院合作开展网络教育是一种新的尝试，对学院乃至学校的长期发展都是有利的，要求各学院抓住这次机遇取得更长远的发展。"根据协议，专业学院有两大功能，一是作为校内的网络教育教学点，为网络学生提供教学服务，二是对开设专业的教学计划、专业设置、资源提供、毕业环节等进行把关。此举使华东理工大学的网络教育品牌进一步提升，教学质量进一步提高。

对话

夏巍峰: 首先祝贺华东理工大学现代远程教育试点工作迎来了五周年。从现代远程教育试点之初，华东理工网络教育已经经历了五年的发展历程，你们对发展网络教育的意义和作用是否有了更深刻的理解？

涂善东: 网络教育对于促进高校的信息化、数字化建设具有深远的意义，对于构建学习型社会和终身教育体系正在发挥并还将继续发挥重要的作用。我校将网络教育列入了学校的总体工作规划，并作为本科教育的延伸，正在进行全面的探索和试点。

夏巍峰: 操作性、实验性环节是工科专业开设的难题。我们看到，华东理工大学网院开设了诸如化学工程与工艺、自动化、过程装备与控制工程、机械设计制造及其自动化等一些工科类专业。你们是如何来解决这个难题的？

涂善东: 主要是依靠学校专业学院开办工科专业的远程教育，对重点难点加强辅导，由专门教师指导实验实训，有教学经验的教师指导毕业论文。

向内发力促进信息化教学

网络教育学院与五个专业学院合作的另一个好处是，把网络教育的手段和课件应用到本科教学中，充分利用网络手段，促进本科教学信息化的进一步发展，为提升本科教学信息化做出贡献。目前，已有10门网络教育课件挂在华东理工大学的校园网上，免费供在校本科生课余自学使用。未来学校还将通过网络教育学院构建丰富的教学资源库，向全校学生开放，藉以丰富本科生的教学内容，进一步改善教学条件。

而教师也通过使用一些先进的教学仪器和设备，了解和掌握了如何采用现代化教学技术传授知识的方法。这对他们是一个非常好的锻炼。网络教育学院为此特别设立了"奖励基金"，奖励为教育技术现代化做出贡献的学校教职工。

对话

夏巍峰：华东理工大学现代远程教育试点五年，作为主管的校长，您认为试点的经验对学校发展带来了什么样的改变？

涂善东：现代远程教育试点五年，为学校教学体制改革进行了积极探索；促进了学校信息化、数字化建设；实现了优质教学资源的共享；为学校积累了教学资金。特别是激发了教师对现代化教育技术的重视，现在中青年教师对现代化教育手段的应用已经非常娴熟。我觉得教师们通过给网络学生教学，一方面培养了人才，另一方面也比较好地掌握了现代化的一些教学技术和手段，对教师来讲也是自我提高的一个过程。有些教师还设计了很多很好的课件，不但方便了自己，在给校内本科生上课的时候也能够更加深入浅出，把问题讲透，对校内本科教育很有帮助。

借外力与校外教育中心双赢

在申办现代远程教育试点时，华东理工大学的申报特色是高职后教育，五年后他们不但把这个特色保持了下来，而且创出了一个新模式。在华东理工现代远程教育里，校外学习中心被称作校外教育中心，它的选择与建立需要满足多个条件。首先它要有比较好的办学理念、管理力量、实验条件、师资力量、稳定的生源。签订合作协议之前，网院会和对方一起分析生源在哪里，招生层次是什么，开设专业的方向主要的侧重点有哪几个，适度发展的规模是多大等，这些都要在协议里写清楚。

其次，在建立校外教育中心时，还要求他们必须配备几种人员：教育中心主任（即总负责人），下设四个部门——招生（生源组织）、教学教务、技术，以及学生工作部门，每个部门都必须配备专门的人员。以学生工作部门为例，网院要求它做好几项工作：配合网院组织学生进行不定期的问卷调查，将学生的反馈归纳总结分析，与网院本部进行很好的沟通；针对一些问题给予学生答复和指导；配备班主任，明确班主任职责，与学生进行非常紧密的交流，哪一个学生没有交作业，没有来上课，都要知道原因；每年进行优秀学生和优秀毕业生的评比，把他们的事迹放到网上；对违纪现象进行通报；学生碰到特殊困难时，及时提出解决意见，并提交网院处理；组织优秀学生利用暑假期间参加社会实践活动。总之，力图让学生在校学习期间，感受到华东理工大学的校园氛围。

对话

夏巍峰：我们了解到，华东理工大学网院选择一些中专、高职学校进行合作，这么做是基于什么考虑？你们与中专、高职学校的合作模式是什么？与这些学校合作，是如何发挥这些中专、高职学校的作用和优势的？这样的合作对发展现代远程教育有什么借鉴意义？

涂善东：与我们合作的高职院校大都是行业内的重点高职，中专学校均为全国示范性中专。这些学校的学生动手能力强，学校的实验实训条件好，"双师型"教育队伍力量强，其中有些学校具有明显的工科特色，比如：南京化工职业技术学院、上海市第二轻工业学校、上海市医药学校等，依托这些学校更有利于培养应用型、技能型的社会人才。高职、中专毕业生就业以后，有一个继续学习、学历提升的需求，高职、中专学校本身也有一个教学层次提高的需求，我们与他们的合作完全是"双赢"的需要。

夏巍峰：我们看到，华东理工大学网院给予合作机构的名称是"教育中心"，而不是常用的"校外学习中心"。你们认为这仅仅是一个名称的区别，还是蕴涵着你们对现代远程教育理解的更深层次的意义？

涂善东：校外教育中心的名字是在教育部备案的，之所以叫校外教育中心，是考虑到它的作用不仅体现在组织生源，为学生的支持服务方面，同时也承担着对学生的道德与文明教育，正所谓"教书育人"。

以质量特色赢得市场

试点五年，华东理工网院一直以平稳的速度发展壮大，现已设有校外教育中心35个，正式注册在读的学历教育学生12,000余人，截止到2006年9月累计毕业6,000余人。形成了"网上自主学习、卫星直播授课、集中面授辅导、教师网络答疑"相结合的混合型学习模式和地网（Internet）、天网（卫星直播）和人网（校外教育中心）相结合的教学管理模式。实行弹性学分制，学生可根据自身学习状况，通过网上考试预约方式，合理安排学习进度。

网院拥有集网上报名、录取、学习、授课、作业、教学教务、考务管理及财物管理为一体的综合性远程教育环境平台（DEE平台），建成了学生学习平台、教师工作平台、教学教务管理平台（校本部和教育中心）、EQS作业系统、课件制作管理平台、Interwise视音频在线答疑系统和PSC学生个人学习平台。如今已建成课件资源300余门，另建有"天地结合网络教学课堂"系统，有30个校外教育中心可通过卫星实时接收校本部主播教室播出的辅导课程，并可异步接收卫星投包数据。目前已逐步推出形成性考核，为学生的自主学习提供新的平台服务，建立新的学习考核标准。此外，短信平台、学习支持服务中心（CALL CENTER）也已建成推出。毕业论文管理也由手工逐步转向平台管理，据悉今年毕业论文管理平台已开始投入使用。并成立了毕业论文指导专家委员会，专家队伍包括学院领导以及各个专业的系主任或教学副院长。

对话

夏巍峰：华东理工大学网院非常注重网络教育的教学质量。你们是如何构建网络教育的学习模式与教学管理模式以充分保证教学质量的？

涂善东：学院建立了"网上自主学习、卫星直播授课、集中面授辅导、教师网络答疑"的二十四字学习方针，并从四个方面保证教学质量：第一，教学内容、教学计划、课件建设符合教学对象的需求；第二，网上加强形成性考核，包括记录学生的网上学习时间、作业完成情况、与教师沟通的情况等；第三，学生可以根据自己的需求提前预约考试；第四，加强实验实训，完成对毕业环节的指导。

网络教育学生跟全日制本科学生还是有很大差别的，有的学生目标很明确，为了提高自己，对自己的未来有明确的目标；也有一些学生就是为了拿一张文凭。如何让所有的学生都能通过网络教育学到东西，我们在整个课程设计、学习方式的设计、毕业环节的设计上，要做到几个方面：第一要让学生乐学，第二要能学，随时随地都能学。我们现在对课件的编制要求生动，对过去三分屏的课件都要进行改造，尽可能使表达方法多样化一些，多引进一些多媒体手段，增加一些趣味性。学习手段要灵活方便，除了可以下载课件，还将学习内容及时做成了光盘，只要带着手提电脑，出差的时候也可以随时学习。第三在教学上加强规范。不放松考试环节，即使校外教育中心只有几个学生需要考试，我们也要派巡考老师下去。为了保证质量，我们还收回了毕业环节指导老师的聘任权，由网院统一聘任毕业环节指导老师，以校内教师作为毕业环节指导老师的主力军。

夏巍峰: 在上海被批准开展现代远程教育试点的高校共有八所，且招生主要都在上海、江浙地区，再加上其他地区的网院也在这里招生，竞争可谓十分激烈。面对这样一个同台竞争的局面，华东理工大学现代远程教育如何寻找自己的定位？你们是如何发展自己特色，形成自己的独特优势的？

涂善东: 一是树立以学生为本的优质服务理念；二是建立与地方经济建设相适应的人才培养观念：积极为地方培养应用型、技能型的社会人才；专业设置、课程设置努力符合地方经济发展对人才的需求；三是以"质量"与"特色"赢得市场。一般人都想办成本最低、收益最高的专业，我觉得不能这样，品牌还是很重要的，尽管工科专业需要更多的投入，但我们通过投入把品牌推广出来，对社会是有好处的。

夏巍峰: 经过五年时间，网院已经进入了成熟稳步的发展时期，回顾五年来的实践探索，你们有哪些经验和认识可以与同行共享？

涂善东: 我校有一百年的办学历史，正式建校也有半个多世纪了，对这个品牌我们十分珍惜。所以五年来，我们坚持"规范、质量、规模"的办学理念，实践中我们深深体会到，规范是试点工作成功的前提；质量是办学的生命线；规模是取得可持续发展的保证。跟其他网院相比，我们的规模不大。但是规模不是我们追求的首要目标，我们的首要目标是要培养合格的人才，把我们的品牌做好。

草根性和高素质人才不矛盾

五年的发展历程，华东理工大学现代远程教育在质量内涵的理论指导下走过了一条平稳的发展之路。下一个五年，华东理工现代远程教育的发展方向和发展重点在哪里呢？

对话

夏巍峰: 有专家说"上海地区高校网院优势是办教育，而不是网络教育"。您怎么看待他们对上海地区网院的总体评价？您认为上海地区网院

PRACTICE IN CHINA

应如何办出网络教育的优势？

涂善东：上海的试点高校与全国一样，在网络教育方面有一个起步、发展、提升的过程，目前无论是教学手段、教学理念还是教育本质均渐趋成熟。

我认为，网络教育根本的目标还是教育，网络仅仅是一个手段，根本的目的在于教育。在上海办网络教育的时候，网络技术有很好的平台是一个方面，有优秀的教育资源是一个方面，但更重要的是上海的教育要向全国辐射，教育的理念要渗透到网络教育中去，这是最重要的。要真正培养一个人才，不单是让学生从网上获得知识，还要全方位地对他们教育。从办大教育的角度，我们同样希望网络教育学生多方位地全面发展，至于如何做到，是一个挑战。人力物力如何配置？如何保证网络学生也能够全面发展？将来会作为科研课题好好研究。

网络教育容易给人一种误解，似乎是"鸡犬之声相闻，老死不相往来"，老师的道德感召力、人格魅力，学生很难体会到。的确，言传身教是网络教育比较欠缺的东西，那么如何既能利用好网络，又能让学生亲睹老师的风采？因此我们要做好这方面的互动，在网上要多加强思想政治的一些宣传，培养学生高尚的人格。另一方面我们的老师也要下到基层去，这样我们的教育才会有草根性。很多人对此不以为然，以为高等教育总是高高在上，但我觉得高等教育不能高高在上，高等教育要具有草根性，要跟民众很好地结合。

夏巍峰：面对新的五年，华东理工网院的发展方向和发展重点在哪里？是否有计划把优质的教育资源向全国拓展？

涂善东：学校的目标是国内一流，国际知名。网络教育方面，今后五年我们要进一步强化规范、质量、规模，提升我们的品牌。我们会根据国家的需求，适度扩大规模，我认为一个受人尊敬的大学，要有怀抱社会的责任。我们不光要在沿海地区办学，也要在西部地区办学。把我们优秀的教学资源向西部地区辐射，这是我们社会责任的一部分，网络教育学院要肩负起这样的责任。

从具体发展来讲，我们要逐步实现规模的发展。我们现在有一万两千名学生，我们想逐步提升到两万人左右的规模。从长远发展来讲我们还要进一步延伸，逐渐扩大对全国辐射的作用。这个目标在"十一五"期间能否达到，要看国家整体的情况。目前来看，形势会越来越好。

另外，网络教育学院还要做学校改革的一个先锋和试点。我认为大学里的管理相对于企业来说还是比较薄弱的，尽管大学会产出很多先进的管理理念，但应用到自身的却很少。网络教育学院是跟社会非常靠近的一个学院，我希望在网络教育的管理，在如何保证教育质量上，要向一些先进的制造企业学习，要制订严格的质量标准，严密的管理体系。

（原载 2007 年 3 月《中国远程教育》（资讯））

中国经验

西电: 发挥专业特色与行业合作

——与西安电子科技大学副校长李汝峰对话

PRACTICE IN CHINA

对话嘉宾: 西安电子科技大学副校长 李汝峰

对 话 人:《中国远程教育》(资讯)执行主编 夏巍峰

◎ 率先开展"双证书"教育

◎ 根据自身特色自行开发网络教学平台和管理平台

◎ 强调特色专业和专业特色

◎ 教学环节中注重人格培养，让学生终身受益

规范管理中诞生的网院

2002年2月教育部批准西安电子科技大学（以下简称西电）开展现代远程教育试点，同年7月网络教育学院开始组建、确立领导班子，并明确了网络教育学院为学校二级学院，网院院长由学校分管教学的副校长李汝峰教授兼任。

作为有着悠久历史，地处西部重镇的电子信息技术高科技特色的全国重点高校，西电在申请远程教育试点时，没有遇到多少阻力。然而正当西电人踌躇满志准备启动试点时，远程教育却进入了调整期，教育部开始整顿并规范远程教育，远程教育的发展从扩大规模转向规范管理、保证质量，发展速度趋缓。这一切让处于启动阶段的西电倍感肩上责任重大。

为了使网络教育尽快步入正轨，学校予以大力支持，将现代教育技术中心（原电教中心）的现成设备和人员，包括1,000多平方米的办公场地，全部划归网院。这项举措为西电网络教育的迅速起步创造了条件，但李汝峰副校长至今想起来还有些过意不去，"网络教育起步时很艰苦，学校只把电教中心给了他们，其实传统的电化教学与现代远程教育是两码事，除场地外，原有设备和技术都无法适应网络教育的需求。"当然，学校在政策上也给予了网络教育学院很大的支持。比如，受聘担任网院教学任务的教师，其在网院的教学工作量学校予以承认等等。

对话

夏巍峰：西安电子科技大学开办网络教育的初衷是什么？学校对网络教育学院是如何定位的？

李汝峰：我们是被批准开始试点比较晚的学校，但作为以电子信息技术为主要特色的国家重点大学，搞网络教育我们有自己的技术优势。我觉得，既然教育部批准我们开展网络教育，我们就一定要把它办好。我校对网络教育有三大要求：第一，严格按照教育部的要求，积极发展，规范管理，积极创新。第二，根据网络教育的特点，发挥我校特点，特别是学科的行业特色。第三，维护西电的声誉和品牌。西安电子科技大学前身是我党我军亲手建立的第一所电子工程技术学校，是1959年党中央首批批准的20所全国重点大学之一，是国家第一批"211工程"建设项目重点建设的学校。学校经过70多年的建设，现已发展成为覆盖信息与电子学科领域，理、工、文、管多学科协调发展的全国重点大学。现在是教育部直属高校，所以要维护教育部及学校的良好声誉。

夏巍峰：社会各界对网络教育的教学质量十分关注。西安电子科技大学网院是如何保证教学质量的？

李汝峰：网络教育有其自身的特点。首先，网络教育学院是集教学、管理、技术为一体的教育实体。其次，接受网络教育的学生相对分散。第三，学生成分比较复杂，学习目的各异。目前我们的在读学生中有些是高中毕业生，有的是具有许多年工作经验的局级干部。他们的社会阅历，文化基础，学习动机，人生目标千差万别，与传统的学校教育相比，保证教学秩序稳定、教育质量稳定，难度很大。我们必须重视以下几个环节：第一，树立科学的发展观。在建立校外学习中心时，要宁缺勿滥，成熟一个，考查一个，建立一个，稳扎稳打，步步为营。第二，严格招生环节，不能降低录取标准。第三，不搞无序竞争，不以降学费、降标准吸引学生。用学校的特色、品牌吸引生源。我觉得，先有规矩，再玩游戏，做到有章可循很重要。这样发展速度虽不快，但对持续发展是有好处的。

借助行业合作快速起步

解决教学资源基础建设之后，西电还面临着一个至关重要的问题——校外学习中心建设。2002年到2003年初，校外学习中心的审批标准还没有最终确定，各试点高校对此都十分慎重，西电网院新建的校外学习中心数量也很少。没有校外学习中心怎么开展远程教育？西电网院的启动似乎陷入困境。大家知道,西电归属教育部前是信息产业部部属院校。为加快我国信息化技术人才培养,信息产业部电子教育中心在全国建立了IT教育的培训体系和培训网络。借助学校以前方方面面良好的合作关系,双方同意在信息产业部电子教育中心已建立的计算机信息管理、计算机网络两个专业在全国设立的百余个助学机构中选取10个单位作为学院的校外学习中心,发挥双方学历教育和IT技术证书培训方面的优势,将学历教育与国家信息技术水平考试内容相结合,学员毕业时既可拿到毕业证书,又可拿到国家信息技术相关证书。实践证明,"双证书"教育很受学生欢迎。

对话

夏巍峰: 西电网院是最早开展"双证书"教育的网院之一,创建了学历教育与行业非学历教育相结合的新型教学模式。这种教学模式的好处在哪里?

李汝峰: 现在,劳动和社会保障部已明确规定了近百个行业必须持有职业资格证书才能上岗。随着社会经济的发展,很多大公司在招聘中都注明有职业资格证书的人优先录用,所以将学历教育与职业教育相结合十分必要,有职业资格证书的人起码表明他受过相关训练。我们与信息产业部合作进行双证互认、学历与培训结合、理论考试和操作技能结合,这样的人才培养模式很好,很成功。西电网院目前毕业的2,000多名学员中,同时取得了技术证书的有1,600多人次。

夏巍峰: 与行业合作是西电网院的最大特色,那么如今网院除与信息产业部合作外,还有哪些合作单位?合作是否愉快?

李汝峰: 2004年2月12日,我们与国家人事部中国国家培训网签订了共同开展针对在职公务员、专业技术人员的远程学历教育合作协议。中国国家培训网是经国家人事部批准设立,由国家人事部人事信息中心和清华同方股份有限公司合作建立的国家级培训专业网。中国国家培训网以国家人事部行业的优势,以及清华同方现代信息技术上的优势为依托,以提高国家公务员、专业技术人员和企事业管理人员的业务培训为主要内容,有计划地开展继续教育。我们双方的合作是新时期创新人事人才培训方面的一种积极探索。

"网络教育培养的学生应以技术应用人才为主,要充分注意当地经济建设对人才的需求,社会需要就是网院的专业方向。"李汝峰校长说。西电的通信工程等专业属于高精尖或专门技术特色非常强的专业,有很好的社会影响,但现阶段还无法通过网络技术实现全部教学要求,同时社会需求量也有限,所以该专业暂不招网络生。教育是百年大计,我们要为社会负责,也要为学生负责。

夏巍峰:我们发现,西电网院的专业很有特色,比如:电子商务、信息管理与信息系统、网络工程等,都是学校的优势专业。但是网络教育毕竟与传统教育不同,西电网院如何借助信息技术和教学设计把传统教育转化为适合在职成人继续教育的网络教学?

李汝峰:我们的办学原则是办出西电的特色和品牌。第一是我们的学科和行业特色。我们是电子信息为主的学校,所以要强调特色专业和专业特色,因此课程设置与其他学校有明显的差异。比如:电子商务专业,适当增加了电子技术方面的课程和计算机课程。第二,课件特色。聘请校内优秀教师为网络教育的主讲教师,课件时数都是按课程要求 1:1 制作的。第三,技术保障。根据网院自身的需求,自行开发了一个支持 10,000 名学生同时学习的教学平台和管理平台。

夏巍峰:地处西部,您认为网院肩负着哪些责任?

李汝峰:大学有三项主要职能:人才培养、科学研究、服务社会。西部院校要对西部开发做贡献。我们的校外学习中心有二分之一在西部城市,但西部经济发展相对滞后,开展现代远程教育所必须的技术设施也比较欠缺,加之接受新东西的意识也相对淡薄,这些也是我们办学规模不大的因素之一。同时也正因为这样，西部经济的发展更需要人才，我们必须着眼于未来，从专业设置到收费标准，都需要充分考虑西部地区发展的需要和经济承受能力，积极引导更多的有志青年，引导因种种原因失去接受高等教育机会的在职人员来我院学习，为西部经济腾飞做出自己的贡献。

（原载 2006 年 4 月《中国远程教育》（资讯））

中国经验

第二章

与院长对话

Dialogue with Directors

北大网院: 传承北大精神服务社会

——与北京大学网络教育学院院长侯建军对话

PRACTICE IN CHINA

对话嘉宾: 北京大学网络教育学院院长 侯建军
对 话 人: 《中国远程教育》（资讯）执行主编 夏巍峰

◎ 整合北京大学优质教育资源
◎ 以质量为核心，注重内涵发展
◎ 加强教学过程管理，强调师生互动
◎ 教师导学与学生自主学习相结合
◎ 坚持优良学风，实施系统管理

服务社会培育人才

北京大学创办于1898年，是我国第一所国立综合性大学，素以优良的治学校风，齐全的学科门类，雄厚的师资力量，显著的科研成果而著称。百余年来北京大学秉承"爱国、进步、民主、科学"的革命传统，为民族的振兴和解放、国家的建设和发展、社会的文明和进步做出了巨大的贡献。1998年初，为迎接信息时代的挑战和落实科教兴国战略，北京大学利用现代信息技术，积极开展网络教育，于1998年开始筹建北京大学现代远程教育，面向成人学习者提供优质远程高等教育服务，并于1999年开始招生。2005年3月，北京大学网络教育学院正式成立，更好地整合了北京大学的优质教育资源，开展北京大学现代远程教育的教学、管理、技术开发等工作。

据北大网院2006年9月统计，北京大学网络教育在校生共计33, 858人，其中校本部20, 858人，医学部13, 000人。在全国建立校外学习中心共113个，其中校本部校外学习中心65个，医学部校外学习中心48个。校本部目前开设有法学、国际经济与贸易、金融学、财务管理、市场营销、风险管理与保险学、行政管理、汉语言文学、信息管理与信息系统、计算机科学与技术等10个专科起点本科专业。同时，开设了"对外汉语教学"、"中小学教师教育"等非学历课程。北京大学网络教育至今已培养毕业生23, 000余人。

对话

夏巍峰：北京大学的继续教育有着悠久的历史，那么对于基于现代信息技术的网络教育，北大是如何理解的？北大创建网络学院的初衷是什么？

侯建军：一流大学有多项标志，现代信息技术的应用和发展，教育的现代化和教育的信息化水平也是标志之一。当然，不是为了信息化而信息化，而是通过信息化、通过网络使得学校的教育质量、教育的层次有所提升。网络教育不仅是一种教育的类型，首先是一种教育的手段。通过这个手段，可以开展校内网络教育，也可以开展突破校园围墙的网络教育。校内的网络教育为师生增加了一个交流互动的机会，另外也把学生带入世界，把世界带入课堂，为学生增加了了解世界的机会。

而面向成人突破校园围墙的网络教育主要行使了大学的社会服务功能，即大学的"人才培养、科学研究和社会服务"三大任务之一。北京大学学科门类比较齐全，师资力量比较雄厚，有着丰富的教育资源。通过网络教育的方式，将北京大学优质的教育资源投入到无限的社会服务中去，充分利用现代信息技术培养高素质的人才并促进终身教育体系的形成，是作为一流大学义不容辞的责任。整合北京大学优质的教育资源，变少数人的精神财富为全社会的财富，让全社会共享北京大学优质资源，使北大校园之外的学习者也可以听到大师的讲课，这是北大创办网络教育的初衷。

夏巍峰：与北大在校生培养标准相比，北大在网络教育中的培养标准有什么变化？

侯建军：网络教育和校园全日制教育还是有所区别的，关键是培养目标和培养方式上的区别。校园全日制教育侧重理论基础的培养，而面向成人在职人员学习的网络教育侧重应用能力培养，两者培养目标定位不同，但不存在培养目标谁高谁低的问题。应用型人才培养的目标，要求网络教育必须更加适应社会需求的多样化和个人发展需求的多样化，改革课程体系和课程设置，加强课程的综合性、应用性和实践性，强化学生的应用能力和实践水平。在网络课程建设中，怎样把校内的课程转化或改造成适合成人学习的实用性更强的网络教育课程，一开始给一些老师出了一道难题。好在北京大学开展成人教育有悠久的历史，积累了一些宝贵的经验，我们在课程建设中，专门为网络教育的学生编写了一批教材。比如在校内学生使用的教材的基础上，减少厚度，压缩理论知识的内容，加强案例方面的内容。至今，已经编辑出版适合学生自主学习特点的远程教育专用教材50余种，制作完成了295门课程、累计12,157学时的课件。

夏巍峰: 北大网院共经历了哪几个发展阶段？在发展过程中，哪些事情令您印象深刻？

侯建军: 北大网络教育的发展大致可以分为以下几个阶段: 初创阶段，即建设阶段，重点是网络传输技术和资源建设；发展阶段，这一阶段，围绕资源，对前一阶段做的一些课件资源进行调整、补充、修改更新，部分课件重新开发，大大提高了资源质量；巩固和提高阶段，即现阶段，对以前取得的成果进行进一步的梳理和巩固，加强规范管理，注重教学过程的控制和质量管理，总结经验以便再提高。

初创时期印象比较深刻，创业难，难在招生和资源建设同步进行。那个时候，尽管我们只招了974个学生，只开了两个专业，但是工作人员比较少，制作课件的任务显得特别紧张。今天讲的课，第二天就要整理，第三天必须制作完成，第四天就要发给校外学习中心。工作人员都比较辛苦，一个人干好几个人的工作，待遇也不高，但是大家对网络教育的发展前途充满信心，积极性也比较高，体现了艰苦奋斗的精神。

以学生为中心，提高教学质量

网络教育的本质是教育，教育的核心是质量。质量是网络教育长期发展的根本和生命线，网络教育要实现质量、规模和社会效益的均衡发展。人才培养是教育的根本任务，网络教育质量最终体现在培养对象的质量上，学生是网络教育教学质量保证体系关注的核心。北京大学网络教育始终坚持以学生为中心，加强教学工作。重视学生学习效果和学习质量的提高，坚持"一个中心，两个基本点"的质量管理思路——"以学生和学生的学习活动为中心"，一切为了学生，一切为了学生的学习；以"网络基础设施和网络教育资源为两大基础"，"提供以学生为中心的服务，实施以教师为主导的教学和以学生为主体的学习，建立以管理为保证的教学秩序"，全面实施教学质量管理。

在网络教育办学过程中，规模与质量的协调发展是重要的内容。北大网络教育在办学过程中正确处理规模和质量的关系，在保证质量的前提下，办学规模逐步扩大，注重内涵发展，切实把重点放在提高质量上。初创时期坚持一年只招一次生，三年加起来还不到 3,000 名学生。那段时间，北大网络教育在传输技术、技术支持服务的能力、课件系统开发以及自身建设等方面得到了检验。

众所周知，教师在教学过程中、在教育质量形成过程中具有极为重要的作用，有一支高水平的师资队伍，是保持高水平教育质量的前提。北大网络教育的教师全部来自校内，为保证教学质量把住了关键的一环。多年来，北大网院与相关教学院系合作，聘请各专业学科的优秀教师进行网络教育教学工作，担任网络教育主讲教师或辅导教师。各位老师在各自的院系承担着教学和科研任务，大都是各专业学科的骨干力量，具有副教授以上职称的教师占到了 80%。此外，还经各教学院系推荐选聘了一批优秀的博士生，担任教学辅导和答疑工作。据悉，2005 年时，北大网络教育的指导教师与学生的比例约为 1∶40，在毕业设计环节，大多数专业都在 1∶20 以内，有的专业甚至达到了 1∶14，较高的师生比，保证了每一个学生都能得到更为充分和细致的指导。

网络教育的教师和学生、学校和学生在时空上处于相对分离的状态，教学过程管理尤为重要。北京大学网络教育学院实施了"以班级为基础，以课程为主线，以关键教学环节为重点"的教育管理与服务路线。班级为基础的管理增强了学生的团队精神，学习的全过程以课程为主线，允许学生跨年级选课选考试；抓住课程学习、辅导答疑、作业、考试等关键教学环节，重点抓好教师导学、学生自主学习和多向互动，强化导学和助学相结合的教学过程支持服务，实现了在教师指导下的基于资源的自主学习和师生互动式学习，有效地保证了教育教学和管理质量。

知识的学习需要激活学生原有的知识体系，方能提高理解程度，加深记忆，北大网院千方百计通过各种方式实现师生教学交互。比如：网院在每个学期周一至周五每晚，周六周日全天，提供两个小时的网络实时语音答疑辅导。多年来一直坚持每个双休日在北大校内对部分专业进行全天的面授辅导，让学生直接与教师见面，沟通，使教师更好地把握学生的学习能力、知识层次，以及理解程度。这些措施都有效地保证了学生的学习质量。

北京大学网络教育毕业生质量追踪调查反馈结果表明，用人单位对网络教育毕业生的综合素质、专业理论水平、知识面、创新能力、工作业绩等方面给予了充分的肯定；毕业生表示自己参加网络教育学习后，各方面都得到了明显的提高，其中有不少毕业生在本职工作中做出了突出的成绩，绝大多数人成为行业系统、单位的骨干，在单位受到好评。

除此以外，北大网院对教学过程中的一个重要环节——考试，一直以来严格要求。在每次考试中，加大巡考力度，向所有组织考试的教学中心派出巡考教师，严肃考风考纪。同时处罚力度也是严格的，有作弊行为者即取消其申请学士学位资格。

对话

夏巍峰：北大网院严格的考核制度，严谨的学术作风，如何让学习中心以及广大网络学生认同并接受？

侯建军：严肃考风考纪是建设优良学风的重要组成部分，也是北京大学优良传统之一。考风考纪的好坏，直接影响到教学水平的提高，影响人才培养的质量。应该说绝大多数的学习中心对此还是比较理解的，考风考纪也比较好，这其中有一些原来就是我们的函授站，对我们有一种认同感。当然，也有个别的学习中心一开始不理解，因为我们抓作弊抓得太严了。曾经有时候，学习中心在考试时严抓学生作弊行为，结果真的把学生"抓"跑了，一个班的学生跑了一半。后来我们在巡考工作中，加强了防范作弊、事先扼制作弊发生的工作。严格要求巡考人员，要与学习中心的监考人员讲清楚严肃考风考纪的要求，工作要做到位。我们的原则是对考场的监控一定要严格，不给学生造成作弊的机会。当发现学生有作弊倾向的时候，及时予以警示警告，扼杀作弊苗头，做好防范作弊的工作。不过，一旦有了作弊事实，就必须给予严惩。常常有人反映我们的处罚力度过

中国经验

重，但是我们认为处理的程度如果降低了，威慑力也就差了。其实，即使学生这次考得不好，下次还可以重考，重考是不影响平均分的。事实上，我们严格的考试管理、严明的考风考纪得到了广大学生的理解和支持，促进了学习质量的提高，也赢得了良好的社会赞誉。

夏巍峰：每一个有考试的学习中心都派巡考人员，网院的投入会不会很高？

侯建军：是的。北大网院一年有两次入学考试，四次课程考试（包括期末考试和重考），每次巡考光交通费一项就达几十万元。所以我们开玩笑时常说，网络教育带动了交通事业的发展。这么多学校，这么多学习中心都在考试，满天飞的人以后会越来越多。

技术开发服务教学需要

网络教育质量保证体系的运作要充分发挥信息技术手段的优势，以技术支持服务和资源建设为基础。北大网院在没有与公司合作的情况下，采用卫星和网络相结合的网络教学传输技术方案，开发了课件制作系统、VOD 课件点播系统、语音答疑系统、文字答疑系统、网上作业系统、短信发送平台、网络教育管理系统等网络教育技术系统，提供网络课程、网上课堂、BBS 讨论、文字答疑、语音答疑、网上视频会议等课程内容传输和教与学活动，借助网络教育管理系统实现了招生报名、入学考试、网上录取、网上注册、网上选课、作业提交、课程考试、成绩管理、学籍管理、毕业审查等各教学环节的咨询、指导和助学服务，有效地支持了学分制、弹性学制的教学管理模式，克服了创办初期普遍存在的技术难题，将自己的教学管理系统做得有声有色。

对话

夏巍峰：北大网院与其他二级学院有哪些区别？运作以及管理上的不同之处在哪里？

侯建军：北京大学网络教育学院是北京大学继续教育部下属的办学实体。继续教育部作为主管全校继续教育的职能部门，主要是对招生、毕业、教学过程进行检查、督促。网络教育学院具体负责远程教育的技术开发、教学组织、实施和管理工作。网院的职能与其他二级学院是不完全一样的。其他的二级学院是教学院系，以教学和科研为主，重点在教学。

夏巍峰：北大网院没有采取校企合作的模式运作，这是出于什么样的考虑？好处在哪里？

侯建军：我们是按教育事业方式管理，按企业方式运作。也就是说，从管理上，特别是教学管理上还是按照学校的事业管理方式，但是在实际操作上是按企业的方式进行操作。比如：人员的聘任，是面向社会招聘工作人员。学费的收入也是自负盈亏。但财务上由学校财务统一管理，而非企业化方式。学费主要用于教学的再投入，教学投入多，教学质量就好，质量提升，又促进了招生，这样形成了一个良性循环。

夏巍峰：北大网院如何看待单项校企合作？

侯建军：在技术层面，比如课件制作、维持正常的技术服务等方面，我们主要采取与公司合作的方式，这样可以节省人力资源，提高工作效率。但是在教学方面，我们严格按照学校教学管理的要求，重视教学内容，关注教学质量，加强与教学院系的沟通与配合，严格控制教学全过程。在管理方面，借鉴ISO9000的管理理念，明确各岗位责任，加强过程管理和控制，提高工作效率。

以质量为核心，走内涵式发展

百余年来，北京大学以其精神魅力感召了一代又一代优秀学子走在时代的前沿，肩负着民族兴亡的重任。爱国、进步、民主、科学的精神和勤奋、严谨、求实、创新的学风在这里生生不息，网络教育中也秉承了这一优良传统。老师们乐意与学生讨论问题，学生们提出问题，老师们都会给予认真解答。2005 年，北大网院做了一个毕业生质量跟踪调查，通过对有效问卷的统计得到如下结论:学生认为北大的学风和教学质量对他们的影响最大，分列第一、二名。"在北大网络教育学习中，除了传授的知识和教授解决问题的方法外、老师们诲人不倦、严谨治学的态度也对我产生了深刻的影响。"这是网络教育学生普遍的评价。学生不在教师身边，分布在全国各地，但对北大学风却能有较深刻的感悟，这个结果让北大网院上下深受鼓舞，它意味着某种程度上的成功。因为让学生体悟到北京大学"勤奋、严谨、求实、创新"的学风和精神，是体现北京大学网络教育质量内涵的一个重要方面。

对话

夏巍峰:请您总结北大网络教育几年来形成的特色。

侯建军:北大网络教育办学体现为这样几个特点:第一坚持整合北京大学的优质资源;第二强调师生互动;第三强调学生自主学习;第四实施系统管理，不能出什么问题，抓什么问题，要找出问题的根源，彻底解决它;第五教学不照本宣科，这一点上，北大的特色是在教学内容之外，给学生讲更多的学科前沿知识。早期，我们的网络教育学生对此不太适应，提意见反映老师不按照教材讲课。后来学生理解了，教材上的内容学生可以自己看教材学习，而教师授课的课件除了加深学生对教材内容的理解，还有许多教材上没有的前沿知识和内容，这种教学法逐渐为学生所接受和欢迎。比如以前，我们也聘过一位老师，他一开始基本上就是照着教材讲，后来学生不满意，只好又改回来，所以照本宣科肯定不行。考试内容是教材内容和课件内容各占一定的比例。

夏巍峰:您作为北大网络学院的院长，感觉和其他网络学院的院长有什么不同?

侯建军:压力比较大。首先网络教育不能给北大抹黑，不能出任何的问题，包括学生的稳定问题、教育的质量问题。我们常说，宁可让学生

"骂"三年，不能让学生骂一辈子；就是说，不能让学生拿了毕业证、学历证，到后来却感觉没学到东西，那学生一生都不会舒服。在三年学习期间，可能有的学生会因学院要求严格而一时不理解，但是当他通过自己的努力拿到了北京大学的毕业证和学士学位证书，心里还是比较充实的，对老师和学校是感谢的。在每年10月5日举办的毕业生返校和学位授予仪式上，我们可以明显地感到这一点。

夏巍峰: 北大是国内一流大学，您如何来评价您所领导的北大网院？您是否认为是一流的网络学院？

侯建军: 坚持真理、追求卓越是北大精神的体现。我们现在并不一定都是最好的，但是我们力争向最好的方面努力，力争做得更好一点。事实上，实际效果不是自己说的，要看学生、毕业生、社会以及用人单位的反映。

夏巍峰: 未来几年北大网院的发展目标是什么？

侯建军: 近几年我们要将学生规模控制在一定的数量范围内，进一步提高我们的教学质量。特别是要加强教学过程的落实，因为教学质量的提高与教学过程、教学关键环节的落实是分不开的。另一方面，网络教育与其他教育形式的不同之处也在于依赖技术支持，包括网络的带宽、能够同时容纳上网的人数、网上提交作业的数量等，因此从技术上我们也要进一步下工夫。技术支持服务到位、教师到位、管理制度健全，这几个方面是教学过程的重要组成部分。我们相信，这些方面做好了，教学过程就落实了。总的来说，我们是以质量为核心，走内涵式的发展。

（原载2006年12月《中国远程教育》（资讯））

清华远程: 非学历空间很广阔

——与清华大学继续教育学院副院长吴庚生对话

PRACTICE IN CHINA

对话嘉宾: 清华大学继续教育学院副院长　吴庚生
对　话　人:《中国远程教育》(资讯) 执行主编　夏巍峰

◎　彻底转变观念
◎　走出围墙, 倾听社会的需求
◎　做出效果, 形成品牌, 才能被社会认可
◎　注重社会效益
◎　创新是关键

转型＝从头开始

有着96年悠久历史的清华大学是中国最优秀的综合性和研究型大学之一，在远程教育方面也是一名先行者。1996年2月，清华大学校长王大中院士率先提出开展现代远程教育的构想。1999年，国家教育部批准包括清华在内的4所高等学校为中国现代远程教育首批试点院校。2002年清华大学提出继续教育由以成人学历教育为主向非学历教育逐步转型，2005年清华远程全面停止招收学历教育新生，在人们的一片惊讶声中进入尚无人涉足的新领域——远程非学历教育，在更广阔的天地里继续他们的远程梦想和探索，并在很短的时间内取得成功，创出了新的发展之路。

对话

夏巍峰：清华远程 2005 年提出停止成人学历教育招生，着手实施远程教育的转轨，在当时引起很大的反响。现在回想起来，你们当时是不是也经历了一个痛苦的抉择过程？

吴庚生：痛苦是有一点儿，尤其是原来远程教育部的同事，确实有点儿想不开。但学校有长远的打算，从清华培养人才的角度来说，作为研究型大学还是要培养高层次的人才，专升本层次比较低，专科的生源也越来越少，清华没必要来抢这方面的生源。学校还是很有远见的，清华大学继续教育学院和我的同事们完全服从和支持学校的决定。

夏巍峰：在学历教育向非学历转轨的初期，清华远程教育路在何方，当时你们的思路清晰吗？经过一段时间的探索和实践，思路是不是更加明确？也更加有信心了？

吴庚生：当时思路上不是很明确。学校只是决定不搞学历教育，但非学历教育怎么搞，学校并没有定下思路，所以我们只能自己摸索利用远程手段怎么搞非学历教育。

现在谈到这块业务，我们的信心是越来越足了，可是在当时，那种感觉是无法形容的。我们等于抛下了按部就班的学历教育，抛下了做了几年业已相当成熟的课程体系，进入一个新领域，从头开始。

走出去倾听社会的需求

转型后的清华远程根据不同的业务分成两部分，一部分工作人员负责学历教育的善后工作，继续以认真、严谨的态度，一如既往善始善终、保质保量地继续做好现有学员的教学组织管理和服务等相关工作。"我们一定要对学生负责，继续这方面的工作，一直做到把所有学生送出去为止，"吴庚生用坚决的口吻表达了清华远程的态度。为实现对学生的承诺，清华远程甚至要拨专款支持那些经济比较困难的站点。而另一部分同事则专心研究非学历教育，他们的工作更加繁琐和沉重。如何根据市场需求，充分发挥清华在技术、资源和教学管理方面的优势，开拓远程非学历教育培训项目，打造非学历远程教育品牌，这是一个艰难的课题。

对话

夏巍峰：名牌高校远程教育做学历教育是"皇帝女儿不愁嫁"，可是现在你们做非学历，一定程度上要"看别人脸色"。你们能接受这样的转变吗？会不会有心态上的变化？

吴庚生：位置的变化必然带来心理上的变化，所以要有心理上的准备。做学历教育，大家都求着你，做培训就不一样了，得去了解社会的需求，得去说服别人，得去招生，位置倒过来了，原来是卖方市场，现在是买方市场。

夏巍峰：心态的调整大概经历了多长时间？

吴庚生：差不多有一年。现在大家都适应了社会的需求，角色也转变过来了。当时很痛苦，特别是原来搞学历教育的人。这部分同志有一个认识的过程，学习的过程，适应的过程。为了尽快实现从学历教育到非学历教育的转轨，我们从学院内抽调了一部分原来搞面授培训的骨干人才，去研究、开拓远程非学历教育，促进原来的同志更快地转变。

夏巍峰：清华远程在学历教育向非学历转轨的时候，你们当初是如何寻找到切入点的？

吴庚生：我们做了很多市场调研。清华的理念是教育服务社会，把培养人才作为主要的任务。这其中有校内培养，也有为社会培养。清华的三个办学机构承担着不同的培养任务，研究生院培养博士硕士，教务处和各个院系培养本科生，继续教育学院是为社会培养大学以后的人才。既然我们是为社会提供教学服务，我们就要主动到企业、机关、单位，去倾听他们的需要，然后开设课程。开始一定要走出去，不能在家里等，当你做出了效果，形成了品牌并成熟以后，人家才会走进来。

远程非学历教育发展空间很大

2005 年清华远程积极拓展非学历业务，首先延续了学历教育时期与司法系统建立的良好关系，采用远程与面授结合的教学手段助力系统内部的非学历培训，继续为司法系统培养人才。由于清华远程的司法培训针对系统特点，有的放矢地设置课程体系和教学内容，并创造性地灵活运用多种教学方法，很快得到了司法系统的认可。随后清华远程又把这种模式推广到国防、监狱管理、劳教干部等大型系统中，为这些单位系统培训的全面开展打下了良好的基础。

另外清华远程还成立了企业远程培训中心，面向全国企业推出"清华远程企业学堂"，打造全年 300 多天、每天近 10 小时的企业远程课程和近万学时的企业精品课件资源库；提供适合企业的培训公开课、系列研修班及内训定制课程等服务。以清华优质教育培训资源，助力中国学习型组织建设，帮助企业创建基业长青的自主培训体系。与此同时，清华远程还与国家发改委合作，大力倡导并实施"521"工程，即在未来 5 年中，帮助 20 万个企业创建自主培训体系，培养 100 万名具备工商管理知识的企业高级经营管理人才。"521"工程自2006年正式启动以来，清华大学已帮助近千家企业培训不同岗位员工数十万人次。

对话

夏巍峰: 目前清华远程非学历培训进展状况如何？

吴庚生: 目前各项业务都很顺利。去年企业远程培训中心在全院是收入最高的，毛收入6，200万元。而企业远程培训中心成立才一年多，是年轻的中心之一，说明远程非学历教育做好了，发展空间还是很大的。关键是有好的观念，好的思想，符合国家大的形势和企业的需求。

夏巍峰: 企业远程培训有没有后续服务？

吴庚生: 有后续服务。比如: 在中国神华能源股份有限责任公司神东煤炭分公司，我们是到企业里去做面授和论坛，我们还根据他们的需要为他们建了一个完善的网上学习平台，为他们提供课程。他们对培训比较重视，要求职工都要参加学习，学习完了要考试，以后还会跟人事管理、职位升迁联系起来。这种企业对人才，对知识很重视，愿意搞好培训，我们很愿意和这种企业合作。

夏巍峰: 在清华整个继续教育的大盘子里, 远程培训处于什么样的地位, 占多少份额？与传统面授培训是什么样的关系, 有没有矛盾和冲突？将来会是什么格局？

吴庚生: 面授跟远程之间有一定的矛盾，这是现在我们要解决的一个问题，它们的矛盾是市场的矛盾，比如争生源。继续教育学院有20多个部门，我们觉得有些面授的培训可以运用一些远程的手段，但是因为大家在经济上有分歧，互相支持得还不够。

我们要扩大其他部门利用远程手段，现在有些部门已经提出来利用远程手段，远程部门也提出来要利用面授部门的资源，我们正在研究怎么整合和理顺关系，让其他部门也参与进来。最早我提出过，不要成立一个远程培训的部门，以前远程教育部做学历教育，其他部门是非学历教育，所以才分开，现在取消了学历教育，都做非学历教育，这个手段当然大家都可以用，应该充分发挥它的作用。不应该把它限定死，只能用远程，不能用面授。我现在主张，面授加一些远程，或者远程加一些面授，不能完全隔离开。形式为教育服务，形式应该服从于教育，而不是教育服从于形式。各个单位如何做，要根据教学内容，教学目的，学员的需要等具体情况来决定。

教育扶贫服务社会

贫困地区脱贫致富的根本在教育。在"教育服务社会"理念的感召下，2003年清华大学启动了远程教育扶贫工作，学校成立了清华大学教育扶贫领导工作小组，并已将教育扶贫工作列入学校"十一五"规划。在学校领导的高度重视和大力支持下，清华大学的远程教育扶贫工作结合我国贫困地区的实际情况，面向贫困地区的乡镇干部、中小企业家、中小学师生以及当地农民，依托学校优质教学力量和各方面多年积累的教学资源，采用音像效果好、操作维护简便、成本低廉的卫星技术迅速在全国展开。近4年来，已免费为贫困地区建立远程扶贫教学站116个，免费培训贫困地区的干部、中小学师生和农民累计30万人次。

对话

夏巍峰：作为一个办学机构，清华远程为什么会想到做这样一个工程？有没有考虑过项目的经济效益？

吴庚生：教育扶贫工作完全是公益性的，考虑的只是扶助贫困地区的经济发展。我们主要是从清华怎么样更好地为社会服务的角度来考虑的。这项工作最早由继续教育学院发起，因为我们主要是为社会服务，社会服务里面包括扶贫这一部分。

我们发现尽管扶贫工作各方面都在做，但主要是经济上的扶持，人才

中国经验

培养方面考虑得还不多。事实上贫困地区需要的是观念上的、人才上的变化，这些改变了才会产生发展的后劲。我们认为扶贫要从根本上来扶，因为贫困地区观念比较落后，人才比较缺乏，知识比较缺少，信息比较闭塞，无论是干部还是普通农民，都需要给予他们新的知识，这样扶贫工作才能做得更好。因此我们的扶贫是教育扶贫，通过教育提高贫困地区人民的知识水平和观念水平，从这些方面树立起他们脱贫的信心，增加脱贫的思路和办法，促进全社会的和谐发展。

夏巍峰：教育扶贫的资金来自哪里？有没有得到国内外相关基金的支持？

吴庚生：资金方面，一是靠继续教育学院支持，二是靠社会赞助。我们现在已经建了116个站，但这个成绩距离592个国家级贫困县的目标还很遥远，学校要求我们在这几年把所有贫困县全部覆盖。去年年底我们把海南省的贫困县覆盖全了，今年准备把青海和甘肃也覆盖，一个省一个省攻克。我们希望在工作中得到省里的支持，与各省的领导共同探讨，与各省的扶贫工作和新农村建设结合起来，同步开展工作，这样做效果会更好。

世界银行学院对我们十分关心，他们是对发展中国家进行教育工作的，所以他们觉得我们是在支持他们的工作。有时他们会到我们这里讲课，或者把在其他国家、地区的课放到我们的网上传播。香港大学也十分支持我们的工作，贫困地区的干部到我们这里培训，可以到香港去听几天课，由香港大学来负责。美国有一个基金会，他们觉得促进中美大学生的交流很重要，进而可以促进中美友好关系的发展。去年暑假期间，他们组织了70多个美国大学生及教师跟我们清华的400多个学生及教师到我们的52个点去进行社会实践和社会调查，做外语教学和计算机教学，效果相当不错，总结的时候中美学生都很激动。今年还要组织这种活动，我们把美国学生的人数控制在100人，其实有更多的学生和学校对此都很感兴趣。

夏巍峰：如何保证教育扶贫工作长期开展下去？

吴庚生：扶贫工作几年做下来，影响很大，效果不错，是清华远程教育发展的一个新的亮点，完全利用了远程的一套技术手段和办学理念。在下一步的扶贫工作中，学校希望受益面更大，社会效益更大，所以我们正在考虑可持续发展的问题。目前我们主要是通过单向的广播，采用双向的交互的站点只有六七个。我们现在考虑有些地区可以利用电信的方式，把资源放到电信的网上，比如西藏；有些地区可以利用有线电视网，这样可以进到每家每户去，受益面更广。目前那里的人们只能到我们的站点来学习。

创新永远需要

利用现代远程教育手段开展非学历教育培训，清华远程首开先河，他们勇于实践探索的精神令人感动，他们取得的成绩让人振奋，而他们通过实践获得的第一手经验更是年轻的现代远程教育行业最宝贵的财富。

对话

夏巍峰：对比一下，高校远程教育开展学历教育和非学历培训，有什么根本的区别？如果由学历教育向非学历教育拓展，需要做好哪些准备和调整？清华有哪些经验可以与同行分享？

吴庚生：如果把赚钱作为第一目标的话，完全冲着经济目标去，就比较难做。

第一是理念。清华有教育服务社会的理念，我们认为作为高等院校，有责任为国家做出贡献，学校最能贡献的就是教育，培养人才、提供教育资源，这是学校应有的责任。第二，培训要从社会的需求考虑，去探索、去分析哪种人才需要我们培养，哪些知识需要我们传播，各个学校都要去探索，用自己的长处为社会的需要服务。这样你办的培训班，提供的教育资源才能得到社会的认可。第三，服务要到位。

非学历市场开发是比较难的。通过远程来搞非学历教育，原来的理念要变，人员要做一些调整，工作增加好多，难度也增加不少，就看你舍得不舍得做这件事情。

夏巍峰：我们看到，清华远程正处于一个"厚积薄发"的时期，下一步，清华远程将如何来全面进行布局？按照网络经济中"马太效应"的说法，只有第一、没有第二，那么清华远程全面布局非学历培训市场后，其他一些高校远程教育还有机会吗？

吴庚生：有呀，都有机会。各个学校都有自己的长处，发挥长处就行，大家有专业分工，谁也不可能包打天下。你的理念好，服务好，可能就把差的打败了。竞争就是这样。品牌要自己开创，创新永远是需要的。每个学校都可以创出比人家好的东西来，取得更好的社会效益、经济效益和社会地位。

夏巍峰：清华远程是不是有重新向学历教育发展的迹象？许多同行都非常关心这个问题，不知清华远程将来某一天会不会再"杀"回学历教育？

吴庚生：用目前的远程教育方式做大学本科学历教育，清华肯定不会做了。我以前一直认为，目前的远程教育方式不是一种全面的教学方式，人才的培养通过远程教育不够全面。远程教育是一种很好的知识传播手段，但是人才的培养要通过知识的学习、能力的训练、人文素质的提高等多方面的培养才够。尤其是18岁左右的年轻人，上大学和在家学习完全不一样，因为学校里还有很多非知识性的东西，世界观、人文观念、各个学校的传统，只有在学校里，在一定的人文环境里，才能得到潜移默化的教育。所以教育部最后把远程定位于成人教育很对。今后，随着我国教育的发展、观念的变化、技术的提高，远程教育将成为一种更全面的教育模式，到时清华大学才有可能根据社会的需要，重新研究是否开展远程学历教育。

夏巍峰：会不会通过其他途径进入学历教育，比如把清华优质的教育资源提供给其他的高校？

　　吴庚生：那是完全有可能的。我们不反对别的学校在维护我校知识产权的前提下利用我们的教学资源。

　　夏巍峰：展望未来，清华远程的发展方向和发展目标是什么？

　　吴庚生：利用远程的方式搞好教育扶贫，要做大做好，对社会的贡献更大，可以持续发展。利用远程加面授的方式搞好非学历培训，进一步探索，扩大发展和效果，让更多的培训项目可以利用远程的方式。

（原载 2007 年 2 月《中国远程教育》（资讯））

中国经验

北外网院: 坚守外语网络教学规律

——与北京外国语大学网络教育学院副院长曹文对话

对话嘉宾: 北京外国语大学网络教育学院副院长 曹文
对 话 人:《中国远程教育》(资讯)执行主编 夏巍峰

◎ 用"全人教育"理念培养终身学习型人才
◎ 以"十二字方针"创建高质量的教育体系
◎ 坚持、坚守语言学习规律
◎ 拥有全职专职英语教师,论文辅导由网院直聘老师负责
◎ 致力于网络英语教学研究,以科研促实践
◎ 实施"模块制双证教育课程体系"

享誉中外的北京外国语大学（简称北外）成立于1941年，是开设外语语种最多，学科专业比较齐全的重点外语类大学。学校经过60多年的发展，已为国家培养了数以万计德才兼备的外语和外事人才。"世界上凡是有五星红旗飘扬的地方，就有北外校友的身影。"北外被誉为"中国外交官的摇篮"，是我国培养外交、外贸、对外文化交流及外事翻译人才的主要基地。2000年，北外成为教育部批准开展外语网络教育的第一所重点外语类院校，北外网络教育学院正式成立。六年多来，北外网院专一专业坚守外语网络教学规律，为社会培养了一批优秀的英语人才，并以其坚定不移的严谨教学态度赢得了社会各界和用人单位的赞誉。

全新理念打造"全人教育"

以培养网络时代具备优秀信息素养的终身学习型人才为目的，北外网院成立之初就超越了仅培养英语人才的局限，将最终教育目标定位在为学生提供"全人"教育上。"全人"教育就是培养学生具备十大素质：有能力独立学习和与他人合作学习；有能力自我约束、自我管理、自我监控；有能力主动获取信息和筛选信息；有能力解决学习与其他事务之间的矛盾；有能力积极主动做事；有能力与人交往；有能力寻求帮助；有自信和毅力；有能力培养自己的学习方式和策略；有能力领导和驾驭事务。

对话

夏巍峰：北外网院提出了"全人教育"的思想。北外网院为什么要特别强调"全人教育"的理念？在网络教学中，又是如何来体现"全人教育"的理念？

曹文：谁要是英语学不好，都会说是英语难学。其实，从纯语言角度看英语比汉语简单多了，所以难点并不在于语言本身，而在于很多非语言因素，简单点儿说，"全人教育"的理念就是把这些非语言因素以十大全人素质的形式列出来。如果学习者能够拥有这些素质，英语肯定能够学

中国经验

好，而且不仅是在北外网院学习的时候能够学好，即使以后离开网院自主学习，也可以不断提高。这就是"授人以鱼，不如授人以渔"的道理。特别是英语学习，无论在网院学得多好，只要毕业后放一两年，就意味着前功尽弃。因此，培养学生的学习能力非常重要。

"全人教育"的培养贯穿我们学生学习的始终，我就拿一个头、一个尾来举例吧。网院所有学生刚入学时，必须参加"新生拓展训练"，这一训练每天一个目标，这些目标和全人十大素质都是对应的，在每个目标下都有一系列的学习活动。比如，学习目标是"Learn to seek help 学会求助"，学习活动就是指导学生使用我们的助学热线、助学邮箱、论坛、网上实时互动课堂等，让他们了解学习过程不同的问题如何选择最佳求助渠道。网院学生的学位论文是做一个项目，要求学生从其所从事的工作中发现问题、分析问题、设计解决问题的方案、实施方案、收集数据验证方案的效度、最后完成项目报告。学生评论这样的论文写作过程不仅帮助他们拿到了学位证书，也帮助他们掌握了在实际工作中进行项目设计、实施和评估的能力。

创建高质量的教育体系

北外网院在"资源、服务、过程、监控、质量、效益"十二字教育理念的指导下构筑了"资源体系"、"服务体系"、"评估与测试体系"和"质量监控体系"等核心体系，并依托北外雄厚的教学科研力量，结合现代网络技术，建立起了一套现代化、开放式、多层次的教学和管理模式。采访中，让人印象最深刻的是北外网院对英语学习规律的坚持与坚守。在很多人追逐速成、考级等浮躁的英语学习大环境下，北外网院在学制、课程考核方式等方面的严谨性使想混文凭的人望而却步。

坚持面授，据统计不参加面授辅导学生的终结考试成绩比参加面授者大概相差20个百分点，参加面授的学生更容易感受到学习的乐趣；坚持口语面试；论文辅导由网院直聘学习中心的老师负责，网院直接对老师进行管理并支付辅导费用。北外网院十分重视教师在网络教育中的作用，不但在全国范围内建立了500多人的兼职教师队伍，还在总部聘请了11名全职英语教师和3名全职外教担任课程主讲教师，如此巨大的教师队伍投入在网院中间是十分罕见的。

对话

夏巍峰：北外网院在成立之初就提出"资源、服务、过程、监控、质量、效益"的十二字方针。这十二字在北外网院几年来快速发展的过程中，起到什么样的作用？

曹文：不仅是这十二个字，它们的顺序也必须如此呈现，它意味着一个高质量的教育体系。任何一个教育项目，对我们来说都不是简单的课程开发，必须包括对课程各类资源的设计、对学生、教师和教务人员在课程学习过程中的支持服务和监控，只有这样才能确保质量，而只有质量，才能确保效益。一旦这样的体系建立起来了，无论是什么项目，和谁合作，在哪里合作，我们都非常有信心。

夏巍峰：北外网院提出基于"资源学习"的教育思想也比较新颖，"资源学习"在课程设置、资源开发、教学支持、质量管理等方面是如何实现的？

曹文：其实任何成功的学习都是基于资源的学习，但千万不要将这误解为只要资源好学生就可以学好，很多做网络教育的都走入了这个误区。资源好是前提，而学生在利用资源进行学习的过程中，我们需要开展针对性的服务和考核，来检验资源的利用程度和效果，才可能确保学习的真实过程。

另外，对资源必须有广义的理解，我们不仅要开发服务于学生的资源，还要有服务于教师和教务人员的资源；不仅要开发线上资源，还要有线下资源；不仅要开发文字资源，还要有音频和视频资源；不仅要开发学习资源，还要有学前指导和学后复习资源。同时，一定要重视对如何筛选和利用资源的指导和培训。

中国经验

夏巍峰: 在网络学习环境下, 如何才能保证语言学习过程的完整性? 语言学习不同于其他专业学习, 很强调 "听、说、读、写" 的实际能力。北外网院如何保证英语网络教育的教学质量?

曹文: 这个问题你是从专业角度问的, 其实更多的时候, 我们要面对媒体、公众, 甚至同行对网络教育质量的置疑, 特别是他们会认为通过网络开展的语言学习更难保证学习者听说能力的提高。

首先, 我必须说教育质量同它的传输媒介没有必然的逻辑关系, 面授也好, 函授也好, 网络教育也好, 是否能够有高质量关键在于其是否拥有一个完善的教育体系。如果有人问我, 网络上如何保证学生练习口语? 我就会反问, 教室里如何保证学生练习口语? 其实, 学生是否开口不取决于他是在网络还是在教室, 而是取决于老师的教学方法和学生的学习动力等非媒介因素, 为什么要把这归于网络带来的问题呢? 相反, 网络比面授更容易实现对学生的个性化服务、即时服务、过程考核和监控。

要说到技术层面, 我们可以回想一下, 我们是不是因为要学习英语而购买了第一台录音机、第一盘录音磁带、第一张 VCD 光盘、第一台复读机? 其实, 语言教学是最紧跟新技术的, 因为它对文字、音频、视频的结合与互动有着特殊的要求, 而网络将这一结合与互动发挥到了极致。因此, 充分利用网络优势设计的语言学习课程将提升语言学习效果, 而不是相反。举一个例子, 听力练习要求学生必须把练习都做对了, 才能看听力原文。网络课件非常容易实现这一要求, 以答案全部正确来控制听力原文打开钮就可以了。但面授环境下要实现这一点就复杂多了, 老师要确认班里的每个学生都做对了, 才能把原文篇子发下去, 如果有几个落后生, 难道全班同学还都陪着听好几遍不成?

网络教育是 "学习型社会"、"终身学习" 这些在中央文件中重复率很高的概念的最佳解决方案。我们要打破的是这样一个固有的模式, 人在教室、前面是老师、周围是同学、手上是课本才叫 "学习", 或者更有甚者认为这才能学好, 要是中国人真的都只能以这样的模式才可以让学习发生，我们都该成文盲了。

以科研促实践

北外网院一直致力于网络英语教学的研究，尤其与中国外语教育研究中心共同主办的中国网络英语教育研讨会已经举办了四届，给全国各高校从事网络英语教学的教育工作者提供了一个相互交流、沟通经验的平台。在北外网院人的眼中，科研绝不是走形式，而是决定着网院下一步的发展和走向。据他们回忆，科研活跃的时候开始于2004年，在那之前他们忙于搞开发、做课件，根本没有时间考虑科研的事。直到2004年，课程全部开发完毕，准备开发新课程，改造旧课程的时候，他们才突然发现再不做科研就不知道下一步该怎么做才能做得更好了。更让他们困惑的是，他们无法确切地了解学生的学习过程，不知道学生为什么辍学、在什么时候会发生辍学？这些问题只有做调研，才能知道答案。因此网院明确规定，课程主讲教师每次参加研讨会都必须结合自己的工作做论文。高涨的科研热情催生出硕果，北外网院即将推出的eEducator（网络时代的教育者）项目证书就是其中之一，此前这项培训主要针对北外网院校外学习中心的辅导教师。而计划于2007年2月5日开通的第四版网络学习平台也是在科研与实践的互相促进中产生的。

对话

夏巍峰：北外网院第四版网络学习平台的特点和优势是什么？它可以解决什么问题？

曹文：事先我们对各种平台进行考察，发现国内的平台偏管理，国外的平台偏教学，世界上不缺好的网络教育理念，也不缺先进的现代教育技术，缺的是这两者相互完美结合的产品。在整体的开发过程中，我对这一点的感觉非常强烈。在开发启动会上，我提出的第一原则就是"一个团队"，负责教学设计的网院和负责技术的公司一起肩并肩整整做了两年半，像一个团队一样共同探索和完善，在不断的磨合中取得了成功。

这个平台有很多独一无二的设计,可以从网络教育理念、语言学习规律、技术等多角度阐述,要是都说,恐怕得再写一篇采访了。这里从解决网络学生主要学习困难的角度介绍两个特色:一是提醒功能,我们可以在平台上设置任何事件的提醒,这一提醒可直接反映在平台首页的日历上,今日日程上,并通过手机短信发送到学生的手机上。二是学习进度的显示。学生每个课程都有一个计划进度,然后根据学生完成学习任务的情况显示学生的实际进度,学生进入平台,就可以看到计划进度与实际进度的显示,以此判断自己的快慢。这两项设计针对性地解决了在职学生在自主学习状态下经常发生的缺乏计划性的情况。

首推"模块制双证教育课程体系"

随着时代的发展,社会竞争日益激烈,企业对复合型人才如英语和职业(如 IT、财经、金融、会计、贸易、旅游、市场、航空、新闻、教育等行业)并举者需求旺盛,而传统的学历教育已经无法完全满足这一需求。2006 年年底,北外网院率先推出"模块制双证教育课程体系",为网络教育里学历教育与职业教育相结合的探索与实践,创出一条新路。其专科、本科英语课程及课程资源全部自主开发,共有 5 大系列 18 个模块 50 多门课程,学生学完一个模块课程就可以获得相应证书,积攒了一定数量的模块课程,即可获得相应的专科、本科毕业证书。同时,在目前英语本科已经设置的三个方向(商务英语、英语教育和英语翻译)里,分别有相应的课程模块对应剑桥商务英语证书(BEC 中高级)、剑桥英语教学能力证书(TKT)和全国英语翻译证书(NAETI)。这样,学员在学习结束、获得本科毕业证书的同时,还有机会获得权威能力证书。学历教育与职业教育的有效结合,不但节省了学员的学习时间与费用,实用的课程和权威的认证也有利于学员的职业发展、符合企业的用人需求,显得颇为灵活和实用。而不久前,北外网院相继成为剑桥商务英语证书(BEC)考点,以及剑桥英语教学能力证书(TKT)认证中心,亦为"模块制双证教育课程体系"的推出创造了前提条件。

对话

夏巍峰：北外网院在国内网院中，率先推出"模块制双证教育课程体系"，实现学历教育与非学历教育一体化，学历证书与非学历培训证书的对接。这样做的意义是什么？在课程与证书设计方面如何实现？

曹文：我们推出的这个课程体系其实体现了三个层面的对接，学历证书和非学历证书的对接，我们的标准与国际标准的对接，学术英语（EAP，English for Academic Purposes）与职业行业英语（ESP，English for Specific Purposes，特殊用途英语即职业行业英语）的对接。

构建模块制课程体系，将学历和非学历打通，这一思路在网院成立之初就已形成，而且我们完全按照这一思路设计了我们的教育项目和课程。这一体系多入口，多出口，学习者可以根据自己的英语水平、学习需求、时间长短等进行模块的任意组合。

大学毕业生拿了一个学历证，只能证明他达到了他所在大学的毕业标准，但是大学和大学之间没有可比性，这也就是四级八级、四级六级这样的标准考试拥有今天这个地位的原因之一，即可以相互比了。但这些考试说到底是我们关起门来做的，与国际上成熟且公认的英语等级标准及与其相对应的英语水平证书并不接轨。因此，我们现在设计的课程体系瞄准的是托福、雅思、剑桥五级、欧洲六级这些英语水平标准，我们可以非常明确地告诉我们的学生，如果你完成这一模块，你处在这些国际标准的哪一级上。学生就可以根据他们的需要去考取相应的证书。

英语学历证书反映的是学生的英语语言文学的学科水平，但无法证明学生使用英语的就业和从业能力。我们力求让学生通过学习获得学科与职业双重能力。在我们的模块中，有一个职业行业系列，比如商务英语模块是按照剑桥商务英语证书（BEC）中高级的大纲设计开发的，英语教育模块则对应剑桥英语教学能力证书（TKT）三级水平，这些模块同时又是我们学历课程的方向课，这样的设计使学习这些模块的学生一举两得。

夏巍峰: 目前英语学习的需求很大，前景广阔，北外网院准备在哪些方面入手？北外网院现在开展了什么样的证书教育和英语培训？进展如何？

曹文: 网络的优势为我们的课程根据需求自由组合创造了条件，在证书分类上，我们除了英语学历学位教育外，还有"北外成功英语"品牌下的系列证书，包括英语技能、学习方法、英语文化、学术英语、职业英语这五大系列；在学习模式分类上，我们可以提供全面授、全在线、在线为主面授为辅和面授为主在线为辅这四种；在对象分类上，我们有面向在职人士、在校大学生和企业的个人和团体服务。

专一才能深入

与绝大多数网院不同，北外网院成立伊始就只有一个英语专业，六年来不改初衷，这是出于什么样的考虑呢？当被问到是否羡慕别的网院有多个专业时，曹院长断然表示，不羡慕。因为就像买电器一样，人们习惯买专不买全，将所有的资金和精力都投入一个产品的企业必然更加专业，其产品也更出色。当然这并不是说北外网院不会再开其他语种的专业，只是他们无论做什么事都希望做得更深入更专业，这就需要大量的时间、精力、资源以及资金积累，目前向其他专业拓展显然还不到时候。

对话

夏巍峰: 北外网院作为专业的网络英语教学机构，对其他网院开设英语专业有何建议？

曹文: 我们应该搭建一个共同的平台。其实每个网院都有英语课，都有公共课，资源浪费特别严重，学生也很累。那还不如合作，所有的公共课在一个平台上学，像大学语文这样的课程不是我们的重点，组织课件和教师十分牵扯我们的精力。现在的问题是我们的学术环境不好，大学之间的学分互认推动起来有难度。

PRACTICE IN CHINA

夏巍峰: 展望未来，北外网院的发展目标是什么？

曹文: 现在任何领域都不能也不敢忽视和回避网络的力量，教育也不例外。我们这些搞网络教育的一直在说，也坚定地相信着，网络教育必将成为主流教育模式，我们如果做得好，会加速这一进程；如果我们做得不尽如人意，会给这一进程带来波折，但无法阻挡这一进程。现在，全日制本科教学评估都已经把多媒体和网络在教学中使用的百分比作为硬性的考核指标了。

市场会给予我们用不完的机会，我们只是希望政策和政治能够不干扰我们对这些机会的把握和获取。北外网院只专注一件事，一个学科，那就是语言学习，我们要做这方面的专家、引领者和标准制定者。

（原载 2007 年 1 月《中国远程教育》（资讯））

中国经验

PRACTICE IN CHINA

江大网院: 追求服务品牌

——与江南大学网络教育学院院长黄正明对话

对话嘉宾: 江南大学继续教育学院、网络教育学院院长 黄正明
对 话 人: 《中国远程教育》（资讯）执行主编 夏巍峰

◎　网院享有较大的办学自主权和行政管理权，实行独立核算
◎　校企合作，实现优势互补
◎　强调"服务至上，让学生满意"，实行"三阶段"方法，督促学生学习
◎　垂直管理、区域化管理结合，使校外学习中心管理具有统一性、规范
　　性和标准性
◎　继教与网教合并，采用岗位目标管理和绩效考核体系，集中办公，统
　　一考评

机制促发展

　　江南大学继续教育学院、网络教育学院坐落在一墙之隔的江南名城无锡市风景名胜锡惠公园旁，也就是原无锡轻工大学校园内。葱郁的古树指引着来者向校园深处张望，仿佛从葫芦口往里看，逐渐宽广与深邃。江南大学继续教育学院、网络教育学院院长黄正明告诉记者，明年这个时候，这个古朴优美的校园将完全属于江大继续教育与网络教育，成为江大继续教育腾飞的基地。继续教育占有整座校园，这在全国范围内都是不多见的。

　　看到江大网院今天宽敞的办公环境，谁能想到网院初创时期包括黄院长在内只有两个人，一间小房子。盛夏时节，两个人汗流浃背地整理招生材料，一位学生来取录取通知书，见此情景不禁说："这么热，我帮你们买个空调吧。"听了这话，两人一齐向学生笑，"不用啦，谢谢！"后来，网院与中华学习网合作，队伍壮大到十几个人，小房子坐不下了，就临时找了一个小教室，每人一张电脑桌，其他什么都没有。虽然辛苦，但是网院毕竟在发展，此后他们又换了几次办公地，逐渐从一间教室，发展为两层600多平方米，三层1,600多平方米（含教室）的教学楼，环境明显改观。现在，网院办公面积就达1,700平方米。办公面积的不断扩大从一个侧面折射出江大网络教育的蓬勃发展。

对话

　　夏巍峰：2000年7月，教育部正式批准江南大学开展现代远程教育试点。江大网院如何快速起步的？创办初期您最难忘的事情是什么？

　　黄正明：快速起步一方面因为学校对网院的建设给予了很大的支持，网院除了享有较大的办学自主权和行政管理权以外，还在用人、分配等运行机制上得到了学校很大的政策倾斜，实行独立核算，网络教育学院办学中的各项收入大部分作为学院建设和运行经费，滚动发展。第二方面是因为跟中华学习网合作以后引入了公司体制和机制。

学校组建网络教育学院的时候，从学校各方面抽调了十几个人，人员远远不够，跟中华学习网合作后，人财物有了保障。校企合作，实现优势互补。学校在教学、师资、管理等方面有很强的优势，企业有资金、市场拓展、技术等方面的优势。学校与中华学习网的合作，正是基于这一基础。合作以来，学校在招生录取、教学、管理等方面有着绝对的决定权，公司利用其现有的人力、财力、物力，按照网院的规定和要求在招生宣传、课件制作、网络平台等方面协助网院开展工作。从2001年开始到2003年，江大网院发展势头比较快，为网络教学打下了良好的基础。

创办初期最难忘的事情就是忙。万事开头难，什么事情都要从头做起，所有的管理制度、流程、规定，先由几个人商量一个大致的框架，然后起草，讨论，修改，利用双休日和晚上十，来个人围坐在投影仪旁一字一句地讨论修改。我在学校教务处工作过十年，虽然对学校的教务管理、教学要求十分熟悉，但是既不能完全照搬过来，也不能脱离学校大的框架。我们要怎么适应这种教学形式，如何操作日常教学活动，当时没有任何可借鉴的经验，有的时候只能拍脑袋、凭感觉去做去摸索，先把内部手册搞起来。可以说我头两年没有一个休息日，如果哪天能有一整天的休息，自己反倒感觉不正常了。

服务至上　让学生满意

江南大学网络教育学院自办学以来，一贯重视办学过程中的服务工作，强调"服务至上，让学生满意"，学生服务中心由此成立。中心设置"网上江大"服务热线，周一至周日以及节假日8点至晚上7点对学生的咨询进行答复。为了达到服务学生、丰富学生网上学习生活的目的，中心开设了多个栏目，为学生提供答疑、咨询、交流的园地。

设立"刘老师论坛"，学生们在学习中遇到的各种问题可以在论坛上提出，学生服务中心会及时有效地解决学生在论坛上提出的问题，并将问题反馈给学院各相关部门及各位院领导，学生服务中心起到了学生和学院沟通的桥梁作用。"刘老师信箱"还列出了所有开课任课老师的邮箱，学生可以直接进刘老师信箱发信到招生信箱和老师的信箱，并得到满意的解答。设立"学生论坛"，为学生开辟了属于自己的空间。建设虚拟校园，组织开展网上学生活动，如："网上知识竞赛"、"同学风采"、"优秀刊物"、"作品赏析"等。开展丰富的网下活动，如："母校游"、"重阳登高活动"等，并和校外学习中心共同组织"郊游活动"、"同学联谊活动"等，丰富学生的业余生活，增加学生的归属感。2005年，大连校外学习中心的学员共190个人到无锡参加毕业典礼，包了四节车厢过来，流连多日，进行毕业前的体检，参观校园，游览无锡，所有组织工作都由学习服务中心负责。为激励学生勤奋学习，网院还特别开设了优秀学生奖学金。

对话

夏巍峰：我们看到，江大网院非常强调服务。你们是如何构建和完善网络教育学习支持服务系统的？有哪些具体措施？

黄正明：学习支持服务系统包括技术支持、资源支持、导学支持、教师支持和管理支持等诸多方面。对学生的服务是从学生报名开始，到录取、注册、交费、选课、免修、学习、答疑、考试……等等一系列环节提供全程跟踪服务。比如，我们发现网上直接看课件的质量受客观条件带宽的限制，所以每门课我们都配有光盘，免费的，跟教材一起发，叫做"送你光盘"。还有，我们发现虽然我们在学习过程中提供了很多资源，但学生并不习惯去用。有些学生在考试的时候书还是新的。另外，很多学生习惯于把宝押在最终的考前辅导上，之前不看书。为了逼着学生翻翻书，我们又拍了一下脑袋，想出一个"三阶段"的方法，把一门课分成3个1/3。根据层次、学习形式，学习期间形成性考试一般有三次阶段测验。每个阶段安排实时辅导，由学院教学管理部门下发各开设课程主持教师出卷的三套测试题，各校外学习中心组织学生完成，并聘请辅导教师阅卷，主持教师进行网上评点，成绩计入该课程的平时成绩。如果学生三个阶段测试都能独自完成，最后的考试就不成问题。

"双重服务" 与学习中心相互支持

能否使现代远程教育的效果得以实现，关键在于"服务"二字。在江大网院看来，这里讲的服务有两层含义，一层是指江南大学网络教育学院对全国各地的学生在学习过程中的支持服务，另一层是指江南大学网络教育学院与各校外学习中心之间的相互理解、相互配合、相互支持，这也是一种服务。江大网院将这种理念称作"双重服务"。

对话

夏巍峰: 校外学习中心是网络教育学院在各地的"窗口"，江大网院如何提高校外学习中心的服务质量？

黄正明: 对校外学习中心，我一直强调合作不是居高临下，不是领导和被领导的关系。只要我能做的事情我全做，包括教材、课件的统一配送，还有用实时答疑部分替换校外学习中心的面授辅导。因为一开始我们与校外学习中心签订的协议里明确规定每门课程面授要达到30%，可事实上专业教师在当地非常难找，所以从2004年起我们开始了网上测试、网上实时辅导答疑，减轻了校外学习中心的压力，降低了他们的成本。所以校外学习中心在与我们合作时感觉很放心，不会由于计较分成优惠多少的问题，把江大网院扔掉。

夏巍峰: 在校外学习中心管理的改革中，江大网院实行了垂直管理，在垂直管理的过程中实行区域化管理，采用这种管理方式的目的是什么？

黄正明: 我们实行校外学习中心垂直管理模式，即垂直的端对端管理。垂直管理可以减少中间管理环节，有利于网院政令畅通，使对校外学习中心的管理具有统一性、规范性和标准性，可以避免校外学习中心各自为政和失控局面的发生。另外，校外学习中心管理还需要有效的监控机制。所以我们在垂直管理的过程中，采取了区域化管理形式，将校外学习中心以省、地区为单位，划分为若干区域，每一教务人员负责一个区域，其业务工作涉及所分管校外学习中心的教学教务、日常管理及业务指导、过程监控、各类材料及报表的催收、工作执行情况的记载、材料的归档等。

开设特色专业为行业服务

江南大学的优势特色学科是轻工，牢记自己特色的江大网院一直在寻求把轻工特色专业网络化的机遇。2003年这个机遇终于来了，在中国焙烤食品糖制品工业协会的大力推动和学校的支持下，江大网院开设了食品科学与工程（焙烤）专业。事实上，中国焙烤行业从业人员有三、四十万，有些人已享有很高的声誉和专业级别，但是在专业理论上还十分欠缺。食品科学与工程（焙烤）专业一经推出，立即受到关注，首届大专班成员中不乏这个行业中的国家级裁判员、国家职业技能鉴定考评员、高级考评员、中国十大名师、全国技术能手、技师与高级技师，一些业内的企业家、行业先驱、企业高级管理人员也踊跃报名。三年的学习期间，江大网院将读书自学、面授讲座、辅导课件、讨论交流、课堂学习、实际操作，多种教学形式融合在一起，使这些学生系统地学习了"食品卫生学"、"食品营养学"、"食品品质控制"、"微生物学"、"食品工厂设计"、"食品工艺学"、"谷物化学"、"食品保鲜技术"、"企业发展战略"等23门课程，掌握了基本的专业知识，了解了一些仪器设备常识及性能，完成了从实践到理论、从理论到实践的质的飞跃。本届学生中最年长的胡泽彬老先生，已经60岁了，17岁入行，凭借几十年的经验、资历、技术、声望，在行业中早已功成名就。在毕业典礼上，他感慨万千，他表示，文凭不是目的，以前遇到问题很难得到圆满的解答，吃的就是文化层次不高、理论基础不扎实的亏。"三年里，我用心研究，刻苦学习，用科学理论指导自己的工作实践，在实践中感悟，体会理论指导实践的现实意义，并形成了自己的理论，再以此来贯彻到实践的整个环节。由此，我真正感受到了学习的快乐。"

对话

夏巍峰：江南大学在我国轻工领域是国家重点建设学校，江大网院开设了食品质量与安全、工程管理专业、工程管理（土木工程方向、工程造价方向）、食品科学与工程专业（焙烤）。开设这些独具特色的专业是否因为地区需要？这些课程在引入网络教育时的难度在哪里？怎么克服的？

黄正明：我们学校申办试点高校时有两个特色，一是轻工特色，二是面向西部服务。从2001年起步的时候到现在我们一直想做轻工特色专业，但是到目前为止我感觉还没有做好。江南大学的生物工程、食品工程、工业设计这几个专业学科确实有优势，可是工科类做远程教育也有一定的难度，就是实践环节的问题。现在我们和中国焙烤食品糖制品工业协会合作开办的食品科学与工程（焙烤）专业之所以比较成功，主要是解决了实践环节。

夏巍峰：江大网院如何有效地利用学校的优质教育资源为行业服务，为社会服务？

黄正明：通过我们，江南大学与学校所在地——无锡市政府通力合作，以建设学习型城市为宗旨，积极策划并参与组建了无锡市"网上学习城"，免费向无锡市民开放了50余门精品课件。我们还为无锡市委组织部开通了"无锡市干部教育网"。2005年无锡市市直和区直机关共3万名公务员通过这个平台完成了信息化与电子政务的远程培训和考核。此外，我们为无锡市经贸委开通的"无锡市企业培训咨询网"、"无锡市社区教育网"也在各级各类继续教育工作中发挥了重要作用。

网教与继教合并以利整合资源

近年来，成人继续教育与现代远程教育相近的培养对象、培养目标，使得一部分高校产生了将两者合二为一的想法。2004年底江南大学经过充分调研和准备，也做出了将网络教育学院和继续教育学院重组合并的决定。此次合并为整合资源、扩大办学形式构建了基本的框架。在这种形势下，江大网院决定重新定义网络教育的办学方向、办学定位、办学措施，从2005年起，江南大学的试点工作在网络教育与继续教育实质性融合的基础上，把办学重点转移到大学后的继续教育上，面向"长三角"地区、面向轻工行业、面向农业系统、面向西部地区，更好地把学校的优质、强势学科教学资源，通过远程网络手段输送出去，为国民经济和社会发展提供更多的智力服务，为国家培养更多的适用性人才。

对话

夏巍峰：江大网院从2005年初开始与继续教育学院合并，两院之间如何有效融合，以利资源共享？

黄正明：网络教育学院和继续教育学院于2005年1月重组合并，一套班子，两块牌子，工作人员78人，半数员工为学校编制人员，半数员工以现代人事制度聘用。对学校的人，一开始我可能有一点儿偏见，接触长了以后，感觉人都不错，虽然年纪大，但是工作起来主观上很努力，勤勤恳恳，只是观念与我们不大一样，适应不了网络教育的快节奏。后来，我决定采用现代企业管理制度的岗位目标管理和绩效考核体系，集中办公，统一考评。把合并后的学院重新划分为五个部门：办公室、事业发展部、教学管理部、学生工作部、技术部。根据部门设岗，将每个岗位的岗位职责以文字形式固定下来。在2006年4月把全部岗位职责公布，自愿竞岗。合并后的继续教育与网络教育学院注重内部体制和机制的改革，实行了准企业化的运行机制，实行岗位责任制和目标管理考核办法。这些改革的实行打破了干多干少一个样的"大锅饭"，将绩效考核量化，提高了工作效率。对于学生来讲，合并肯定是好事，现在网教的课件已经可以放在函授教育里让学生来学习了。

夏巍峰：江大网院提出要走一条追求品牌发展之路。您是如何理解网络学院的品牌的？它与传统大学的品牌是什么样的关系？您认为网络教育

品牌的核心是什么？

黄正明：在各试点高校中，有许多兄弟高校比我们的基础要好，优势要大，牌子要硬，实力要强。从品牌角度来讲，首先不能给学校造成负面影响，其次至少要把事情做好。从网络教育学院成立以来，我们也为学校做了很多宣传工作。比如，2001－2002年我们学校在外省招生时，人家都以为江南大学是民办大学，因为三校刚刚合并，外界不了解情况。现在学校在外省的知名度提高了，外省招生数量也上来了。我认为要想办好网络教育，一是要充分依托母体学校整体的综合优势和办学实力，二是用服务把这种优势体现出来。二者相加质量一定有保证。关键是要把质量落实到实处。我现在也有危机感，有些网院比我们做得好，说明我们下一段时间要多多学习了，跟其他网院沟通，多学点儿人家做得好的方面。加强理论研究，进一步完善质量保证体系，进一步提升服务质量，把江南大学现代远程教育试点工作做得更好。

（原载2006年8月《中国远程教育》（资讯））

重大网院: 打造一流团队

——与重庆大学网络教育学院院长李海拉对话

对话嘉宾: 重庆大学网络教育学院院长 李海拉
对 话 人:《中国远程教育》(资讯)执行主编 夏巍峰

中国经验

◎ 在继续加强技术建设、制度建设的同时,狠抓团队建设
和企业文化建设。目标是打造一支技术过硬、作风顽强、
服务到位、具有高度责任感的技术队伍和管理队伍

◎ 通过报告、培训、讨论、活动、户外拓展培训、调查、
评价、考核等方式,进一步强化学院"诚信、敬业、互
助、和谐"的文化核心

◎ 提高员工队伍的素质,根本目的是提高员工的服务水平

企业发展的保障是文化

平均年龄29岁，52%以上的员工年龄在25岁以下，重庆大学网络教育学院拥有一支令人羡慕的年轻团队。这支朝气蓬勃、活力四射的生力军与重大网院一起成长、成熟，他们以极大的热情和真诚，将自己的青春融入到远程教育事业中，为重庆大学网络教育的发展带来了勃勃生机。

员工队伍的成熟取决于团队建设的力度，更取决于网院文化的形成。2005年，重庆大学网络教育学院在继续加强技术建设、资源建设和制度建设的同时，将工作重心定位为团队建设年。学院狠抓企业文化建设和团队建设，进一步提高网络教育学院的凝聚力和战斗力，以打造一支技术过硬、作风顽强、服务到位、具有高度责任感的技术队伍和管理队伍为目标，通过报告、培训、讨论、文体活动、户外拓展训练、调查、评价、考核等方式，进一步强化学院"诚信、敬业、互助、和谐"的文化核心。那么什么是文化？重庆大学网络教育学院理解是：文化是在做事过程中所表现出来的一些行为准则；是一个人的举手投足、一颦一笑和整体气质；文化在于待人、待己；文化在于价值和秩序。

对话

夏巍峰：重大网院的团队建设始于何时？我们知道重大网院的发展之路并非一帆风顺，比如：转型，停招，在不同的发展阶段，团队建设的关注点有哪些变化？在团队建设中遇到过哪些困难，如何克服的？哪些事情令您记忆深刻？

李海拉：2003年重大网院落实教育部指示，将网络教育从全日制彻底转向基于互联网的全业余学习模式。转型意味着所有工作都要重新开始，这就需要引进大量的人才，也就是从这一时期起，我们开始面向社会招聘人才。那个时候我们是摸着石头过河，很多东西都是向别人学来的，所有人员都在做工作的过程中不断地学习。2004年，学院意识到人力资源管理对学校网络教育发展的重要意义，聘请了学校经济与工商管理学院人力资源教授在岗位说明书、业务流程、工作质量标准、员工招聘、干部选拔、薪酬体系、绩效考核指标体系、员工培训、企业文化等方面指导我们的工作，正式启动了制度建设、文化建设和团队建设。而停招是一个无法回避的事实，幸运的是2005年停招之后，我们抓住了一个机遇，就是在没有新的招生的情况下，利用这段时间进一步完善制度，打造团队，把坏事变成好事，为未来发展奠定一个很好的制度基础、文化基础和团队基础，创造和谐的工作和生活氛围。

有一次我看到中央电视台的一个节目里，一个企业领导人被问到"你觉得作为一个领导最重要的是要领导什么？"他说了一句话，使我很受启发。他说："作为一个企业的领导，第一要领导这个企业的使命，第二要领导这个企业的价值观，第三要领导这个企业的文化。"后来，我认真思考了很久，得出一个结论，作为一个企业，要想做得一天比一天好，有两个东西不能缺少：制度和文化。制度是基础，保证企业不出问题，但制度保证不了发展，只有文化才能保证企业的发展。我认为，制度是对员工的最低要求，要创造性地把事情做好，还要靠他的敬业精神和责任心。而敬业精神和责任心实际上是靠文化来保障的。

夏巍峰：我们知道企业文化是一个抽象的东西，很多企业的文化仅仅流于形式，您怎样防止企业文化表面化？

李海拉：我想我们的企业文化之所以能够做起来，主要是靠几条原则保证：第一，员工对重大网院的发展有一种希望和愿景。他们相信重大网院能够做得更好，做到一流，做到全国领先。第二，公平公正地处理一切事务、对待每个员工。重大网院67个员工，只有7个是重大编制，其余都是企业编制，我们对待每个员工都一视同仁。第三，言行一致。特别是领导所说的和所做的要保证一致。

集体活动增强团队凝聚力

曾几何时，重大网院内部也出现过不和谐的音调，部门之间互相推卸责任，人与人之间关系紧张，压抑的空气影响着整个网院。如何使团队精神状态发生根本性的变化，增强凝聚力，让员工们愉快地工作起来？一次打乱部门混合编队的体育运动会开始改变了这种压抑的局面，人与人的了解迈出了关键性的一步，团队协作精神首次显现出来。

在这种情况下，网院领导经过商量，决定再搞一次活动。于是2005年7月23－26日，连续进行了三项活动，文艺晚会、运动会、拓展训练。拓展训练前一天下午，李海拉院长用一个小时的时间从重大网院的使命、价值观、企业文化等几个方面谈了做人与做事的道理。

李海拉院长用了四个需要来诠释学院网络教育的使命，"国家的需要是我们的使命，重庆大学的需要是我们的责任，网络教育学院的需要是我们的义务，远兴公司的需要是我们的动力。"他强调，发展网络教育是具有未来意义的使命，每个员工都是肩负着这一使命的无数网络教育人中的一员。

"诚信是立业之本，敬业是成就之基，互助是快乐之源，和谐是成功之道。"领悟到重大网院的文化核心后，员工们深受鼓舞，接下来两天的拓展训练虽然艰苦，大家还是咬牙坚持了下来。尤其在最后一个项目"翻越'毕业墙'"时，取消分组，全体上阵，男员工们默默地用身躯搭起了人墙，大声呼唤女员工们从上面踩过，56名员工花了17分钟，成功地翻越过一堵高四米的"毕业墙"，一些男员工的手臂被墙壁磨出了血。而今这个令全体员工永生难忘的时刻，已经被印成巨幅照片牢牢镶嵌在网院会议室的一面墙壁上。

拓展训练结束归来第二天，网院四位院长早上八点钟就赶到网院，为全体员工举行了一个隆重的欢迎归来仪式，要求每一位员工进来的时候相互拥抱，整个过程中没有羞涩或者不好意思，有的只是感动，所以不少人哭了。

事后，网院把这次户外拓展训练定义为"互助·团队"，就是说单个人的力量是渺小的，每个人都需要别人的帮助，不管你有多强大。事后每个人被要求写下自己的感想，于是一篇篇感人的小文被贴在网页上，在这里记者看到了李海拉院长的一段感言:"责任已经深深扎根在我们心中,文化在我们的血液中流淌,服务体现了我们存在的价值,互助使我们变得高尚。四天的户外拓展训练结束了,感受颇多,感触颇深。面对全体员工,我既熟悉又陌生,既意料之中又深感惊讶。感激、感动、感慨,时时伴随着我;自问、自省、自责,使我难以释怀。辗转反侧,我终于明白了一个道理:没有不好的员工,只有无能的领导。收获的季节就要到了,面对如此优秀的团队,我要说:一个都不能少!"

此后,重大网院将这种激发团队精神的集体活动延续下来,陆续开展了"年度颁奖典礼"和"野外徒步穿越"等活动,都取得了良好的效果。集体活动发掘出这个年轻团队的潜力,在"徒步穿越"(又被称作"驴行")途中,团队分成五个小队,平均每个人要驮十多公斤的帐篷、睡袋、食物和个人物品,在杂草丛生的野地里蹒跚而行,当李海拉院长突然发现前面的道路已经没有坦途时,也不由担心起来,幸运的是整个团队终于安全地走出来了,没有人掉队,也没有人受伤。看上去这似乎是一个偶然,但事实上这里面存在着一个必然,那就是,这个团队不会让任何一个人掉队和受到伤害,工作中是这样,生活中也是这样。整个团队需要相互支持、相互帮助、相互鼓励、相互搀扶,"人"就是要相互支撑。

对话

夏巍峰:"驴行"的结果,哪个队的表现最突出,最让您满意?

李海拉:各有所长,五个队都有表现突出的环节,每一个队都有自己的特色,到最后我觉得评分已经不重要了,因为每一个人都尽到了自己应尽的一份责任和义务。根据"木桶理论",网院要创一流,如果我们有一个队是二流的,那么我们网院就注定是二流的。至于这次活动规定的各个项目,我想每一个人都有发自内心的第一名。就总分来看,每一个人都已经评出了自己的第一名。通过这次活动,每一个人都已经找到了自己的差距和努力的方向,这就已经足够了。这次"驴行"对我们的团队是一个挑战，我们成功了，再次证明我们是一个具有互助精神的团队，是一个能够应对任何挑战和困难的团队。

特别要提一点，我们每次出去活动，担任队长和副队长的都是在网院里没有担任一官半职的普通员工，而且每次担任队长的人都不一样，去年担任过队长的今年就不能再担任队长了。包括我在内，都只是小队里的一个队员，听从队长安排。我希望所有管理人员都去接受一下别人的领导。

夏巍峰：重大网院的团队建设除了开展一些员工培训活动之外，在其他方面还有哪些做法？

李海拉：我们很重视组织架构和组织建设，2005年11月成立了党支部、工会。以后，所有的活动将由工会、党支部和人力资源部联合策划、组织。

另外，作为团队建设来说，除了以活动为载体之外还有其他一些手段，包括中层领导会议，报告会，校外学习中心会等。还有在员工招聘的时候，把沟通能力作为考核内容之一，沟通能力实际上就是协作精神，互助精神。我们的文化发展到现在有两个核心，一是互助，一是感恩。学会感恩，在重庆大学，也许我们是最有理由怀有感激之情的，因为我们得到了特别多的关心、关爱和关怀。是学校给了我们这样一个体制和环境，使大家能够相聚在一起，为自己的理想和事业奋斗。是弘成给了我们这样一个平台，使我们能够为了实现学院的发展目标纵横驰骋。是兄弟网院的无私帮助，使我们能够取得今天令人欣慰的成绩。是学习中心不断提出的问题，使我们的工作不断得到改进。是学生不断增加的需求，使我们保持了创新的活力。是教师们的奉献精神，使我们的教学得到了广泛认同。是学校各部处和相关学院的理解与关爱，使我们有了一个宽松的发展环境。只要学会感激别人，别人对你有一点点的帮助，你就会感激别人，别人就会进一步地帮助你，而你也会帮助别人。"滴水之恩，当涌泉相报"。用我们"感恩的心"，用我们出色的工作，用我们无私的奉献，用我们不懈的奋斗去感谢那些帮助过我们的人！

提高员工素质就是提高服务水平

以人为本是当代管理理念的核心。重大网院将自己定位于：通过现代远程教育，为建设学习型社会、构建网络化开放式终身学习体系服务；通过现代远程教育，推动教育教学改革，加快教育现代化建设；通过现代远程教育，培养社会需要的合格人才。其发展目标是成为全国知名、具有自身特色的网络教育学院，在远程教育领域做到"五个一流"：一流的网络教育网站（www.5any.com），一流的教学支持平台和管理系统，一流的课程体系，一流的网络教育资源，一流的远程学习支持服务。

实现以上目标，人的力量是不可忽视的。如今，重大网院的机构建设已经初具规模，67个员工齐心合力，在教学管理及服务中心、学生管理及服务中心、技术研发及维护中心、课程建设中心、重庆学习中心、招生培训中心、教学研究部、计划财务部、人力资源部、行政部中发挥着自己的光和热，在网络教育事业的发展中实现着自身的价值。学院员工自我价值的实现离不开学院的发展，学院价值的实现是员工实现自我价值的载体。

对话

夏巍峰：您认为，网院内部的文化建设和网院的业务发展之间的关联在哪里？

李海拉：网络教育最终发展要靠服务。那么我们提高员工队伍的素质，根本目的就是提高员工的服务水平。我们要求服务的水平要达到：服务是一种心态，服务是一门艺术，服务是一个流程。流程就是制度和体系。艺术是沟通的技巧，做到不发生冲突的同时让对方接受我们的思想和观念。但要将服务做到流程化和艺术化，首先要解决心态的问题，如果解决不了心态问题，服务的基本理念和概念就会成为空谈，又何谈艺术和流程呢。所以我们要进行文化建设，要打造团队，力争为学生、学习中心、教师及

中国经验

社会各界提供最完善和完美的服务。

夏巍峰: 从您个人的角度讲，您欣赏什么类型的员工和领导？

李海拉: 就我个人来讲，我觉得作为领导的人不要把自己看成是领导，你是不是能够受到员工的尊重，是不是能够得到员工的认可，你的领导地位是在干工作的时候确立的，而不是在权力中实现的。领导是一种责任、领导是一种服务、领导是一种职权。首先是责任，最后才是行使职权，而行使职权也是为了担当责任。我要求网院每一位领导同时要做一个高尚的人。包括四个层面: 不做"违心之事"，不做"亏心之事"，做好"相宜之事"，力做"应当之事"。"相宜之事"是份内之事，"应当之事"就不一定是份内之事了，在绝大多数的情况下"应当之事"是份外之责。力做"应当之事"是要将人做得高尚。我对别人是这样一种要求，对自己也是这样的一种要求。言传身教，更重要的是身教，把自己变成一个高尚的人，以我的思想、我的行为，来影响大家。

夏巍峰: 那么，目前重大网院的文化建设到了什么程度？是否令您满意？

李海拉: 文化是一个底蕴，是一种意识。文化是在做事过程中所表现出来的一些行为准则；是一个人的举手投足、一言一行、一颦一笑和整体气质；文化在于待人、待己；文化在于价值和秩序。一个人可能学了很多的知识，但是他不一定有文化。现在，我看我们的员工，包括他们的言谈举止，他们的笑容，我感觉网院现在已经开始变得有文化了。

我把我们团队的每一位员工都视为战士，军人生来为战胜，这就是一种高度的责任心和职业要求，做什么事都需要这样一种精神，否则什么事都做不好。一旦形成整套完善的制度和整个团队的文化之后，无论我在不在这个地方，这个团队的文化都不会解体，这就是我为什么把制度和文化建设看得这么重要的原因。

如果你把网络教育作为一项事业扎扎实实做下去，你就会做得很好。

如果你仅仅为了自己的职务患得患失，你绝对做不好。网络教育是一项新兴的事业，它需要体制创新、机制创新、制度创新、管理创新、技术创新，要做的事情太多，我没有时间和精力再去做其他的事。我的精力全部放在怎么样把网络教育做得更好上。就像"驴行"中我们走过油草河一样，2003年和2004年，网院的前途未卜，能否招来学生还不知道，我们的技术、课件、服务和管理能否得到学生的认可和学习中心的认可也不知道，能否在网络教育这个行业走出自己的一条路还是不知道。但我们的每一步都在脚踏实地向前迈进，离我们奋斗的目标越来越近，我们每天都在进步。

（原载 2006 年 7 月《中国远程教育》（资讯））

中国经验

北大医学网院: 企业化的创新管理

—— 与北京大学医学网络教育学院管理团队对话

PRACTICE IN CHINA

对话嘉宾： 北京大学医学网络教育学院副院长　高澍苹
　　　　　北京大学医学网络教育学院院长助理　刘义光
　　　　　北京大学医学网络教育学院教学总监　周宇菲
　　　　　北京大学医学网络教育学院技术总监　李　瑛
对 话 人：《中国远程教育》（资讯）执行主编　夏巍峰

◎　追求学院价值最大化
◎　用 ISO9001: 2000 规范管理制度
◎　整体提高网院核心竞争力
◎　引入管理咨询公司，对组织机构进行调整
◎　重视远程教育成本分析

保持学院价值最大化

如果追溯远程教育的规范管理历程，也许是从医学远程教育开始的。那些早期从事远程教育的人们或许还记得，2002年8月，教育部与卫生部发布了《教育部、卫生部关于举办高等医学教育的若干意见》，停止自学考试、各类高等学校的远程教育（广播电视教育、函授教育、网络教育等）、学历文凭考试试点学校举办医学类专业学历教育。那时节，北京大学医学网络教育学院（简称北大医学网院）成立还不到两年时间，刚刚开始起步。出乎意料的是，遭遇了招生危机的医学远程教育没有就此夭折，而是顽强地生存下来，并凭借着不断创新，稳健地发展起来。回顾走过的路，高澍苹说："那段路虽然很难，但是很快乐。"

北大医学网院实施校企联合的办学模式，实行企业化运作。2000年6月2日，成立了北京医大时代科技发展有限公司，公司成立之初的主要任务是提供技术服务、市场推广和资金支持。同年10月10日，北京大学医学网络教育学院成立。网络教育学院主要负责网络教学。2001年9月，学院招收的第一批学生800余人进入网络学院开始学习。这一时期，公司掌控经济、技术和人力资源。由于公司希望快速扩大规模，获取更大的回报，而学院更关注质量和管理，学院和公司在办学理念上存在着一定的矛盾和冲突。为顺利开展远程教学，解决矛盾冲突，在学校领导决策下，于9月28日将公司和学院融为一体，合二为一，一套人马两块牌子。

办学初期，网络教育学院缺少市场意识，计划经济思想根深蒂固，所以在2002年招生时更依赖学习中心上报的教学计划，没有做任何的宣传工作，但是这些教学计划都是虚假的。教学计划报了9,600多人，临近入学考试时全国的报名人数却不足700人。北大医学网院面临生存危机。此时，学院领导和医学部领导再次做出决策，要求网络学院积极拓展市场，经过全院上下不懈的努力，终于在2002年底，艰难地完成了3,700多人的招生任务，解决了网络学院的生存问题。自此以后，在校生规模每年递增，与第一年相比，2002 年增加 5 倍，2003 年 9 倍，2004 年 11 倍，2005 年在校生规模已经是第一年在校生规模的 12 倍。目前，网络学院已有在校生 11，000 余人，一直保持着稳定的发展速度。

对话

夏巍峰：北大医学网络教育的发展初期，教育界与医学界的许多学者和官员都不看好这个项目。就在北大医学网院成立的第二年，教育部和卫生部又发布规定，要求自考、远程教育、学历文凭考试试点校的医学类专业停止招生。北大医学网院是如何顶着压力找准自己的发展之路的？那段日子，您印象最深的事情是什么？

高渫苹：卫生部的文件主要是停止招收临床专业（如临床医学、口腔医学、预防医学），可以招收辅助医学专业（如护理、药学、管理等）。结果很多学习中心和学员对政策理解不清，认为不让招收临床专业，护理专业也不能报了，所以那一年的招生工作困难非常大。面对严峻的招生情况，我们积极拓展新专业，如：应用药学、医学信息管理、卫生管理等专业，扩大招生。

招生困难导致资金紧张。我在大学工作这么多年，从来没有为钱和工资焦虑，可现在我们面对的是企业化运作的学院，很多员工都是从社会招聘的，在最艰难的时候，给员工发工资都很困难。

夏巍峰：北大医学网院是采取"校企合作"模式运行的远程教育机构，在管理机制上实施"企业化运作"。当初为什么选择这样的运作模式？北大医学网院在"企业化运作"过程中，如何处理好教育与商业的平衡关系？

高渫苹：远程教育本身具有市场属性，这是因为远程教育的成本基本上由学生个人负担。可以说，我国从现代远程教育试点伊始，就将远程教育推向了市场。所以不管网络学院采取何种运作模式，都应该遵循远程教育规律和市场规律。北大医学网络教育学院实行的是企业化运作的管理模式，但我们还不是完全的公司，或多或少带点儿学院风格。作为学院，我们更多关心的是教育质量。

有人问我，你如何保持利润最大化？我说我一直在保持学院价值最大化，企业价值最大化。从所有权来讲，网络学院是北大医学部的，可实际上我们在上缴了一部分学费收入后，剩余部分的资金都留在了网院里，作为运营成本和发展基金，继续投入到网络学院的再次发展中。医学部给了网络学院很大的发展空间，将剩余资金的控制权和分配权留给网院。这一点很不平常，它意味着网院的发展资金有了保障，使得资金可以再次投入到远程教育的教学管理、课件制作、技术平台升级和研究上来，提升教学质量。我们知道有的网络学院收入上亿，即使有这么多钱，他们也不能拿出一两百万元投入制作课件，就是因为自己没有资金的支配权，不能将多余的资金投入发展。

"ISO9001：2000"带来变革

早在2002年3月，北大医学网院就正式导入了ISO9001：2000质量管理体系，并于2003年3月28日成功通过了ISO9001：2000质量管理体系认证，成为全国首家通过ISO9001：2000质量管理体系认证的远程教育机构。

那时我国的网络高等教育还处于发展初期，社会认可程度不高，办学模式也少有借鉴，医学网络教育更是处于探索阶段。北大医学网院初期的教学管理也出现了很多问题，经常有学习中心打电话来抱怨：电子教材错字太多，章节混乱，令高澍苹感到问题非常严重。更让她恼火而又无奈的是员工的服务态度、工作的严谨度，以及出错后的麻木与不觉悟。网院管理层认识到要改变现状，获得长期稳定的发展，就必须有科学、规范的管理制度做基础。由此，他们想到了ISO9000。

现在人们已经了解ISO9000质量管理体系可起到三方面的作用：增强客户对组织的满意程度；满足客户的要求；为组织持续改进提供框架。但在几年前，知道它的人还不多，而且它也没有在高校中实施的案例，只是用于企业和生产制造业。高澍苹清楚地记得2002年她向当时的北京大学副校长吕兆丰提出导入ISO9000的情景。吕校长虽然表示疑虑，但还是同意网络学院可以尝试。不了解的事，绝不妄下评论，吕校长遵循的是北大人的治学原则，却不知此举为北大医学网院打开了一道突飞猛进的发展之门。

ISO9000质量管理体系有八项原则：以顾客为关注焦点；领导作用；全员参与；过程方法；管理的系统方法；持续改进；基于事实的决策方法；与供方互利的关系。构建医学远程教育的管理体系，就是把这八项质量管理原则蕴含的理念和方法，导入到远程教育之中，与工作实际结合起来。

在这里，"导入"是实施ISO9000标准的关键。而实际导入的过程，就是对自身工作的识别和梳理的过程，要充分认识每一个岗位的输入、输出、相关方、接口以及自己岗位的关键环节到底是什么。这个过程，不论在思想观念和实际操作方面，对网院都是一个"痛苦"的过程。几个办公室主任一开始就表示强烈反对，不能理解导入ISO9000的目的。学院教学总监周宇菲还打电话给高澍苹，说ISO9000没用，记录表都是走形式，废纸一麻袋一麻袋的装。尽管接受不了，可大家还是照着要求去做了。整个导入ISO9000的培训过程在吵吵闹闹的反对声中度过。

难怪员工们不理解，第一个环节"识别产品"就遇到了困难。产品的定义是活动的结果。医学网络教育的"结果"是什么？一开始大家识别不出来，曾经将产品识别为课件，后来又认为产品是学生，认为产品是学生能力的增长部分。实际上，学生能力的"增长"只是网络教育活动的间接结果，在学生能力的增长过程中，网院提供的是"服务"。

质量管理体系的建立，为网院带来了三大转变：由经验管理转变为规范化管理；由事后补救转变为事先预防；由要我怎么做转变为我要怎么做。通过建立和运行ISO9000质量管理体系，全体工作人员在办学意识上明显提高。在办学初期，出现过招生咨询电话无人愿意接听，甚至故意将电话占线的现象。现在，所有工作人员接听电话均态度认真、耐心，重要电话还记录下来以便回复、追踪。北大医学网院逐步形成了这样的认识：

网络教育的过程和结果都是教育服务，而教育服务就是我们网络学院的"产品"。以往对远程教育理解不透，缺乏服务意识。现在大家都做得非常主动，只要事情和学生有关，都要优先考虑。服务意识已经转变为所有工作人员的自觉行动。

ISO9000质量管理体系规范了学院的主要工作流程，使决策更加科学。在没有建立该体系之前，决策往往是领导凭感觉。建立体系后，学院在进行充分的市场调查、分析和论证后，才做出决策。目前，学院在重大决策之前，都要收集相关的数据或事例，根据数据及事例的情况作出科学判断和决策。

ISO9000质量管理体系对于关键工作环节要求各个部门和岗位职责明确，流程清晰。通过ISO9000质量管理体系的建立，学院主要的工作环节均得到了规范，减少了工作责、权不清的现象，也减少了工作的随意性，保证了学院工作在有序中稳步开展。

对话

夏巍峰：六年发展之路，北大医学网院从初始创立时的一间房，十几个人，发展到现在的一百多人，办公面积扩大数十倍。除了硬件条件的改善之外，引起远程教育界关注的，是北大医学网院实施的新的管理理念和管理方式。北大医学网院于2002年3月在国内远程教育界中，率先导入ISO9000质量管理体系。导入ISO9000质量管理体系五年来，北大医学网院发生了什么样的显著变化？

高澍苹：ISO9000强调全员参与，我们网院的发展使团队的整体水平得到了提升。这个提升主要凝结在我们的员工身上，你可以发现我们员工的精神面貌与众不同，接受新事物的能力很强，更富有朝气和团队精神。

李瑛：今后，我们还将把ISO9000引入平台开发中。目前我们已经开发了一个新的网络教育实施平台，按照ISO9000的PDCA（计划、实施、检查、纠正）循环实施，把所有工作人员、所有工作流程纳入系统平台管理，使很多工作在网上即可实现。这个平台贯穿了我们的管理理念，可以解决数据挖掘与共享的难题。相信有了一个好平台作支撑，整个网院的管理品质将会再提高一个层次。

远程教育必须进行成本核算

长期以来，高校都是按事业单位的会计核算规则进行会计的各项管理工作的，成本管理在进行会计核算时被忽视，以收付实现制代替了成本核算。大部分网络学院延用了高校的事业单位做法，但这种做法并不符合网络学院的实际。因为，远程教育具有潜在的规模经济特性，它的成本结构与传统学校的面授教育是完全不同的。

高澍苹在她发表的论文《深度解析网络远程教育成本管理的思路》中详细阐述道，由于长期受计划经济观念的影响，许多网络教育学院在成本管理中往往只注重与合作方的利益分配以及技术、课程开发成本的管理，而忽视其他方面的成本分析与研究。这种成本管理观念远远不能适应市场经济环境的需求。在市场经济环境下，为使远程教育产品在市场上具有强大竞争力，成本管理就不能仅仅局限于课程的生产（制造）过程，而应将视野向前延伸到教育产品的市场需求分析以及相关技术的发展态势分析，包括教育产品的设计，向后延伸到学生对教育产品的使用及维护。

按照远程教育成本的系统管理要求，其管理的涵盖面将涉及教育产品的信息来源成本、市场拓展成本、课程资料开发成本、技术成本、人力资源成本、质量控制评价成本、教学过程管理成本、学习材料的发送以及学习支持服务成本等各个范畴。对所有这些成本内容，无一例外都应进行严格、细致的管理，以增强网络远程教育产品在市场中的竞争力，并保证在市场中立于不败之地。

对话

夏巍峰：北大医学网院重视远程教育的成本分析，是国内少数几个能够对网院各项成本作深入分析的网络教育学院之一。这种深入分析对网院制定相关决策有无帮助？

高澍苹: 当然有帮助。成本管理是经营任何事业成功所必不可少的手段，做远程教育当然也不例外。无论从事任何产业，其成本管理都是每个经济实体不可回避的现实问题。尤其是远程教育，没有国家投资，更需要算成本，算今年的收支，算下一年大约需要多少钱，花在什么地方，这样心里才能有数。我们现在每一年都要先把今年的工资和奖金早早算出来，放好，计入成本预算。什么叫企业？企业对内对外都有契约关系。但契约有不确定性和不完备性。与员工签合同也是契约，契约一旦形成，合同规定期间的工资就要安排支付。这是企业的固定成本，不管企业一年的风险有多大，都不能变。然后才能考虑有多少钱去发展，最后还要留点儿风险基金。我不讳言谈成本，网络教育学院作为独立核算的机构，实际上成本已经存在。现实就摆在面前，同样是一千元，带来的效益有多大？都要算。看上去有点儿残酷，但既然是在经营企业，就要有合同，有契约，就要进行成本管理。成本管理绝对不是只算赚了多少钱，而是考虑价值的增减，价值越高，核心竞争力越强。我们网院的核心价值就是整体水平在提高。

夏巍峰: 北大医学网院也是国内第一家引入管理咨询公司对组织机构进行调整的高校网络教育学院，调整后的机构组织发生了巨大变化，其中涉及到网院对各部门的考核方式的变化。这项改革进行得顺利吗？它给北大医学网院的组织管理带来了什么影响？

高澍苹: 主要是解决了相对公平的问题。经营公司不是我们的长项，做了一段时间后，我们发现公司内的规则不是很清晰，大家执行起来很困难。而要吸引人才就需要建立一套相对公平的规则。

当公司越来越大的时候，分配没有标准，就会给管理者带来很多麻烦。以前，我们在招聘工作人员时，就没有岗位薪金标准，完全凭个人判断来定工资，往往不能正确评价某个岗位实际能创造的价值。在年终分配奖金时也一样，取一个平均数，上下浮动调整，既不科学，又非常麻烦，员工还不满意。因此，我们借用社会上已成熟的企业管理方法，引入到公司里来，根据公司实际，建立一套我们自己的科学的人力资源管理体系。

这套管理体系有三大管理制度: 薪资管理, 绩效考核, 职业生涯规划, 把员工工资和绩效考核规范纳入到公司整体发展中来。现在, 这套制度已经建立起来, 每一个岗位根据不同的职责和所创造的价值, 有不同的薪金点数, 这样核定工资和分配奖金时就有据可查了。

停不下来的发展步伐

随着高等教育大众化进程的不断推进, 目前成人高等教育及在职继续教育领域已陆续出现招生拐点, 表现在学历教育生源大幅减少, 一些网络教育学院也感受到了这种变化。那么同样的情况是否会出现在远程医学学历教育中, 北大医学网院又将如何应对这一状况, 实现"创建中国远程医学教育卓越品牌"的战略发展目标?

对话

夏巍峰: 随着在职的卫生技术人员的学历层次不断提高, 接受远程医学学历教育的学员会越来越少, 北大医学网院会做出什么样的调整?

刘义光: 接受医学在职成人学历教育的人数不应该越来越少。从社会总量来看, 卫校、大专层次的毕业生每年都有新人出来, 但为他们提供提高学历渠道的高校, 尤其是在职学历教育的医学教育高校又很少, 所以接受医学在职成人学历教育人数的总量不是越来越少, 而是相对稳定。而且各医学高校都会不断扩宽招生面, 开设新专业。比如将来我们要开心理、健康咨询等专业, 面向的受教育对象将从专业化的医疗从业人员转向半专业化的社会人群, 接受学历教育的人数应该是越来越多。当然每个学校的情况不一样, 我们规划学历教育的规模还会逐步增长, 因为社会上参加高等教育的总体愿望和人数是在增加的。

夏巍峰: 北大医学网院的发展给北大医学院带来了什么样的贡献? 北大医学网院的未来发展目标是什么?

周宇菲: 如果说贡献, 我们在医学远程教育发展过程中探索出了一个医学远程教育的模式,医学网络教育得到了社会和政府的认可,促进了学校信息化建设的发展,不但给医学部带来了一定的经济效益,同时也带来了社会效益。比如:教校内老师做PPT,参与学校精品课程的制作。开始时校内老师根本不习惯用PPT讲课,现在他们做的PPT文件非常漂亮、实用。他们已经喜欢上了这种教学方式,并把它应用到本系的教学中。我们新型的教务管理,对学校教务处也有一定触动,成为有益的参照。

高澍苹:当初学校里大多数人看待网络教育学院,都不能正确理解,现在远程教育的教学已经得到学校老师的认可。我们老想做第一个吃螃蟹的人,老想去创新,去尝试。但走得太快,会产生孤独感。有人劝我,步子慢一点儿。我也感觉步子太快了,但实在是停不下来。我总认为,要珍惜发展环境,珍惜医学部给我们的发展空间,珍惜我们这个优秀的团队,在远程教育里做更多的事情。提升整个学院的核心竞争力,就是要不断创新。网络学院的工作是忙是累,但是我们累并快乐着。

(原载 2006 年 5 月《中国远程教育》(资讯))

中国经验

贸大远程: 创建和谐网院

——与对外经济贸易大学远程教育学院院长谢毅斌对话

对话嘉宾: 对外经济贸易大学远程教育学院院长 谢毅斌
对 话 人:《中国远程教育》(资讯)执行主编 夏巍峰

◎ 学院的体制特色是将远程教学纳入学校一级教学管理
◎ 倾全校之力制作课件,对保障课件质量起了重大作用
◎ 推行诚信考试,体现以透明获尊重、以考试促德育、
以考风促学风、以考试诚信促教育公平的主旨
◎ 提供个性化学习支持是学院的服务特色
◎ 第二课堂活动消除孤独感

建立完整的虚拟空间大学

国家开办远程教育五大目的："推进教育现代化；实现教育公平；营造大众化终身学习氛围，构筑学习型社会；提高国民素质，增强专业、行业知识技能；实现人才强国的梦想。"这是对外经贸大学通过投身中国远程教育的丰富实践，得出的一个颇具业界影响力的结论。四年来，随着远程学院稳步发展壮大，他们积极传播经贸大学的教育与文化，培养外经贸领域的国际人才，推动外经贸高等教育的大众化，始终坚持"发展远教要注意目标与手段的统一"，将办成让学生满意、社会满意的远程教育、"虚拟空间的对外经贸大学"，作为学院的发展定位。

2002年建院之初，陈准民校长亲任第一任院长，并专门成立学校远程教育指导委员会，成员由主管校领导、学校各学院院长及教学科研相关部门领导组成，他们坚持"先规则后游戏"也就是"先扫屋子再请客，做好饭菜后开宴"，不是先急于招生而是先着手制作技术需求报告，建立了大量关于教学管理、规章制度、教学大纲、建站招生等相关文件，最终达到了磨刀不误砍柴功的效果。

在教学上，远程教学纳入学校一级教学管理的体制。远程教学任务，远程的专业设置、课程设置、教学方案，尤其是教学任务书，均由学校教学管理部门直接下达。教务处可以根据远程学院提出的教学计划需求，直接把教学安排到各院系去，因此远程学院教学计划的执行比较快捷。为调动各院系教师的工作积极性，学校对教师采取了倾斜政策，远程教学及课件项目纳入学校日常教学工作量和科研工作量，参加课件制作项目统称科研项目。学校在前期工作中给予的大力支持，为远程教育后来的发展打下了坚实的基础。

对话

夏巍峰：对外经贸大学一开始就将远程教育定位于"虚拟空间的对外经贸大学"，为达到这个目标需要付出哪些努力？

中国经验

谢毅斌: 我理解就是一个完整的、全程的、一体化的经贸大。要意识到远程教育有它的探索过程和规律,要面向广大在职人员,不是简单的课堂搬家,而是要把现实与虚拟有机结合起来。我要求全程的工作都要做到位,无论规则运行、教学约束、学习规章等等。经过四、五年的努力,我们形成了自己成熟的团队和学院文化——"奉献、拼搏"。"奉献",不讲价钱;"拼搏",永不言弃,一直往前走。

考虑到我国教育有不均衡的问题,社会需要远程教育,西部更需要远程教育。因此,贸大在建立远程教育学院初期,就把倾斜西部、发展西部纳入重要议程。在远程教育中心布局上,先发展西部,积极寻求与西部的合作。现在已经建立的广西、乌鲁木齐、兰州、昆明、包头、四川、重庆等远程教育中心占据了我校远程教育 1/3 的江山。并计划一两年内在西藏、青海等地设立远程教育中心,尽量覆盖西部大部分地区。要使西部学生能够享受到高等教育资源,还得让西部学生上得起学。根据西部地区的经济状况,学院坚持对西部学生的收费以成本价甚至低于成本价的标准,仅收取相当于东部学费的一半。对于确有困难的学生,实行学费缓交或减免的政策。

夏巍峰: 对外经贸大给我们印象最深的是: 远程教学纳入学校一级教学管理的体制特色。请您谈谈这种体制的好处?

谢毅斌: 我们早就发现,远程学院独立于学校之外无法生存,与兄弟院系打交道并不是一件容易的事。因此,我们主动向学校申请纳入学校一级教学管理,在体制上得到保证的情况下推动远程发展。事实证明,一级管理收到了实效,整个远程推进十分顺畅,与其他院系之间形成了良好的关系。所以我们非常感谢学校,没把远程看作另类。

创造性措施严控教学质量

为确保教学质量,贸大远程学院提出在学习过程中,采取全程教学质量监控的概念。从学生一入校门,到每一个教学和管理链条,一环扣一环,环环相扣,不留死角,不留漏洞。在网上设立质量监控系统,包括:答疑量、日流量、上网点击量等,每周都有数字统计,一个学生到底上网多少次,提问了多少个问题,老师的回答如何,都可以监控到人,为定时定点定量分析教育过程质量提供了很多有益的信息。为防止质量监控流于形式,学院建立了一个由学校退休老校长、老教授等组成的专家组,专门进行质量监控,他们会把一些信息反馈给院领导,并提出一些好的建议,从而使质量监控落到实处。

对学生的管理,如何以人为本、服务为本,贸大远程认为主要是努力让学生有归属感和荣誉感。课程设置要突出个性化、人性化,增强学生学习的自主性和主动性,强化自律学习观念。对学习中心则需要强化他律和自律。事实证明质量保证的难题主要集中在校外学习中心,尽可能把办学权牢牢把握在自己手上至关重要。为此,学院出台了校外学习中心管理细则和若干补充规定,以便有效管理校外学习中心,对其进行他律约束,同时又使校外学习中心以此为依据加大自我约束。

从某种意义上讲,课件质量是衡量一个网院治学态度和教学投入的重要核心指标,课件没有保障就意味着网络课堂"开天窗",课件质量低劣就意味着教学质量的低下,就很难说融汇了学校的优秀教育资源。由此,贸大首先确立了"市场机制运作与行政命令相结合"的原则,成立了课件制作评审组,确保课件保质保量完成,决不允许一门劣质课件登入远程课堂。第二,把远程教育师资圈定为名师名人和中青年骨干教师。中国著名的WTO专家薛荣久教授、博士生导师黎孝先教授、著名音乐人刘欢教授等一大批名师名人先后步入远程课堂。第三,结合学员的不同特点,制作复合课件。比如英语教学课件,贸大就从50名外教中选出2名作示范朗读部分,另选2名具有资深国际教育背景的中国教师,按照中国学生能够接受的速度和学习习惯进行双语讲解示范。这样,同一门课件的同一个章节,既有原汁原味的外教朗读,又有中国资深教师的双语讲解,还有会发音的词汇表、语音,再有语法、练习和作业,另有答疑信箱和定时答疑系统、期末串讲等等,就可以最大限度地满足不同层次学生的不同需要。第四，知名教授及学者亲自参与网上答疑。第五，所有课件在正式进入网络课堂之前，均须在贸大成人传统课堂上进行试用。

目前，贸大远程教育学院已自主开发了105门课件，有29门课程获得国家级、省市级或全国性专项评比奖项。其中，《国际贸易实务》获得国家级二等奖；5门系列课程获得北京市一等奖；《领导科学》入围第五届全国多媒体课件大赛决赛并获得三等奖，《大学英语（四）》、《日语》、《人力资源管理》等9门课件获得优秀奖；《国际贸易》、《企业财务报表分析》等12门课程获得"2005年北京市级精品课程"称号。

质量是远程教育的生命线，考试是质量控制的最后一道关口，实现诚信考试是确保"严出"的关键环节。远程试点高校不仅负有抓质量的责任，同时也负有让社会各界客观了解远程教育质量进展状况的责任，这就要求学院不断增加远程教育质量环节的社会透明度。倡导诚信考试，敢于并主动接受社会各界监督，本身就是强化质量的重要切入点。诚信考试体现了以透明获尊重、以考试促德育、以考风促学风、以考试诚信促教育公平的主旨。

学院2005年开始推行了"四信四书"。"四信"即致广大巡考人员、监考人员、考生及员工考生的公开信。要求学院派出的巡考员、各远程教育校外学习中心负责人、监考人员、考生都必须认真诚信，各尽其责。为此，学院专门发放了有关考试的培训资料并组织相关培训。"四书"是要求上述四种人员必须分别签署《诚信巡考承诺书》、《诚信考试管理承诺书》、《诚信监考承诺书》、《诚信考试承诺书》。在此基础上，各地远程教育校外学习中心要建立期末诚信考试档案。

据学院教学管理部门2006年的统计，各项考试的作弊率由以前的千分之三，降低到现在的万分之三点二。

对话

夏巍峰: 教学质量从课件质量控制开始, 这个思路是怎样确定的? 学院如何保证课件的质量优秀?

谢毅斌: 把优秀师资变成课件，需要兄弟院系选派优秀师资支持，但怎么调动教师的积极性是个问题。我回忆当时部分教师对此有抵触情绪，后来把教师在远程的教学纳入他们的教学工作量计算，制作课件纳入科研工作量计算，加上我们不断地向教师做工作，才使他们逐步转变观念。我们的课件，可以说几乎是倾全校之力制作的，这对保证课件质量起了重大作用。

为了保证课件质量，我们还制订了退出机制，如课件质量达不到要求，就不算科研工作量，并退回教师。

夏巍峰: 对外经贸大现在在全国校外学习中心推行诚信考试。这种诚信考试希望达到什么目的？有没有切实减少考试违纪事件？

谢毅斌: 远程教育的出口管理和进口管理之间的过程管理非常重要，而过程管理的核心部分是考试管理。考试是质量监控的重要一环。怎么把诚信融入我们的考试，保证教育的公平？管理上要履行承诺，我们今年实行了"四信四书"措施，巡考人员、校外学习中心、监考教师、学生都要签承诺书。其中校外学习中心最容易出问题。曾经有个别校外学习中心在试卷中出现少量雷同现象，给我很大的刺激。因此，要保证考试不失控，首先要跟校外学习中心明确在业务上垂直领导关系，主办方和依托方的关系，自律和他律的关系。建站之初就约法三章。尔后在年度会议、网络视频会，日常交流中不断提醒，明示规章制度和要求。我认为，诚信是道德观、综合素质的重要部分，党中央最近提出的"八荣八耻"再次将诚信放到了一个至关重要的位置，实实在在把素质教育搞好是教育工作者起码的良知和责任。

以综合手段实现个性化服务

品牌是抽象的，更是具体的。贸大远程学院认为要把品牌建设进行细化，落实到每一个服务环节，切实体现大众化教育的个性化服务本质。根据在职学习特点，学院采用弹性学制和学分制；针对不同生源群的习惯需

中国经验

求,开辟了网络加强型和导学加强型两种学习模式;结合大众化学习基础各有千秋的特点,贸大远程着重开发了高、中、低普遍适用的复合课件;为确保服务信息畅通,实行网络公告、手机信息群发、电话沟通、邮件联络、班级协作转告等方式,保证学生在第一时间接收到第一手信息;面对特殊群体,贸大远程为他们专门提供了孕妇考场、巨人考场和上门导学等个性化服务。比如:为云南八十七岁的老学员提供特殊化的教学服务。从中体现了当今大众化教育的理想和以综合手段实现个性化服务的得天独厚的优势。

远程学习过程中的孤独感是远程教育不可回避的问题之一,也是造成生员流失的重要因素。第二课堂既是学院教学管理的重要组成部分,也是孕育学校文化的沃土,重要是在于解决学生的归属感和孤独感。现代远程教育作为一种新的教育类型,在人才培养过程中只有让个性化的学习与群体性的活动有机结合起来,才会更加完整、更富魅力。近期,学院还将以"跨越时空,体验真实"为主题,对虚拟校园进行大幅度调整,通过"远程英语角"、"认识贸大"系列活动的开展,大力营造富有贸大特色的远程教育的第二课堂活动氛围。

对话

夏巍峰: 如今"个性化支持服务"被网院提到很高的高度,那么对外经贸大远程教育学院的个性化支持服务是怎样开展的?

谢毅斌: 个性化支持服务有时很具体,像每一次考试,学院都要把医务室、饮用水配好,比如夏天里三天考试下来,有的校外学习中心会用掉100多桶矿泉水。对于一些特殊群体,还有特殊方法。远程教育年龄最大的学员八十七岁,是我们云南校外学习中心的学员。我们一开始就对他进行了特别的关注,选派专门教师对他进行特殊辅导,特殊考试。我去云南开会还专程看望过他。老先生患有癌症,现在住医院里还在看书做作业。正是求知的宿愿,支撑着他的生命,这种锲而不舍的精神值得倡导。我对他说过,"如果你能毕业,我将专程飞过去,就是为了给你戴上学士帽。"

无序教学必将导致混乱，我们的学生不多不少，也就是处于可控制的规模，与我校当前发展的远程教育承载量比较吻合。现在即使给我10万人，我还真的不要。我们现在的管理要能够包容得下，掌控得住，不能超过管理边缘。坚持科学发展观就要量体裁衣，远程教育不能片面追求规模和效益，质量是我们的生命线。

夏巍峰："7+1"教学模式中，其中"1"的部分——第二课堂活动，如何进行？怎样做，才能达到缓解自主学习孤独感的效果？

谢毅斌：设身处地为学生着想，没有"7+1"就不是完整的教学链。我们说第二课堂就是学习外的课堂，营造文化氛围非常重要。我们经常与学生召开座谈会，了解学生需求。各地校外学习中心都会组织学员进行户外活动。学院设立了英语角，搭建学习交流互动平台。能到主校区的学员，我们尽量创造机会让他们来，比如参加一些大型活动，毕业典礼等，我们努力让学生体会到虚拟校园和真实校园的结合。凡有益于学生提高素质、技能的事，学院从来不惜代价，我们认为应该取之于学生，用之于学生。例如，我们注重结合在职学员的职业、作业特点，结合学生自己的特长和优势适时组织远程在职篮球队、师生联谊会、协作学习小组等等，其中贸大远程篮球队还连续三年获得BBA（北京业余篮球联赛）冠军，最近还代表北京市参加了国家业余篮球赛。

拿出强势专业满足行业和社会需求

试点高校都是著名大学，北京更是名校云集，要打出自己品牌，在专业设置上就不能落入俗套，拿弱势专业拼市场，迎合了一时赢不了一世。贸大远程教育目前设置的专业均为本校强势专业和拳头产品，均是国家级的重点学科或全国行业系统内居于明显优势或特点的专业。这些专业与市场结合紧密，具有鲜明的国际化特征。在课程设置上，70%以上的课程涉及国际贸易、国际金融、国际企业管理、国际法、商务礼仪等方面的国际化内容，英语类课程涵盖了所有专业。在师资配备上，参与课件制作和课程答疑的教师集结了学校最强的师资阵容,90%以上的教师具有国外工作或学习的经历。

对话

夏巍峰: 对外经贸大与行业的联系非常紧密,特别是对外贸易,那么在课程和专业设置上有什么特色? 在行业培训、职业认证等非学历方面进行业务扩展,有什么样新的思路?

谢毅斌: 我们许多校外学习中心的依托单位本身就是各省商务厅下属的教育机构。像国际贸易专业结合商务部系统,金融专业与银行系统联系也比较紧密。民生银行、太平洋保险公司都以集体的名义参加学习,一些地方银行和支行对我们也比较认可。我们对他们实行了一种两段制定单式教学,一部分远程自学,一部分面授。

在行业培训、职业认证等非学历方面,我们也以满足行业和社会需求为前提,进一步挖掘、探索和行业挂钩的内容。目前单科进修项目正在运行,准备启动研究生课程进修班项目。国际课程进修远程项目、职业资格培训远程项目,实用专业英语远程项目等也正在积极推进。

夏巍峰: 有些网院已经采取远程与函授合并的方式改进函授教学条件和教学方式。对外经贸大的做法是什么?

谢毅斌: 贸大的函授教育迄今已有 20 年的办学历史,多年来培养了大量的人才,为学校遍地插满小红旗——函授教学站。但随着信息技术的发展,函授依托的传输手段越来越落后。函授与远程教育针对的教育对象相同,为什么不可以让函授学生也像远程学员一样享受资源呢? 从 2002 年开始,我萌发了主动将二者融合的想法。

远程教育是新生事物,教学模式区别于传统的夜大、函授教育,在网络技术飞速发展的今天,远程教育的教学手段、教学模式其实在不断地促进着成人教育、函授教育、夜大的发展和升级。远程教育日益强大,是否可以促进学校其他教育类型的发展,辐射其他领域? 答案是肯定的。2003

年10月贸大函授教育自继续教育学院并入远程教育学院，成立了现代函授教育发展中心，赋予了函授教育新的内涵。目前，函授课程已经100%地引入了现代远程的方式。

和谐发展是网院办学要义

不同的发展理念将带来不同的发展成果、结果甚至后果。坚持科学发展观，是实现现代远程教育事业全面、协调、可持续发展的基础和前提。在发展的道路上，无论是和谐的脚步还是不和谐的音符，其实都与办学者自觉或不自觉确定的办学理念息息相关。贸大远程学院提出的"坚持科学发展观，创建和谐网院"的要义即在于此。

谢毅斌院长说："在我院具体的办学实践中，我们深深感受到，只有在科学发展观的指导下，与党的教育方针保持一致，与政策要求保持一致，与市场教育规律保持一致，与国情民意保持一致，'积极发展，规范管理，强化服务，提高质量'，我们的远程教育事业才能多一份和谐。"

贸大相信最高的效率来自规范。只有规范办学，才能赢得发展高效，因为按规则办事，就能降低许多由不规范带来的违规风险，至少可以省去许多不必要的麻烦，更利于集中精力、一心一意谋发展，效率才会更高，发展也会更稳健、更快速。2002年贸大建远程学院之初，设计招生章程时，认真学习研究了部领导的讲话指示和[2002]8号文件精神，全面分析了远程脱产招生的背景、现状和走势，由此决定无论是高起本还是高起专、专升本的脱产学员，一律不招。几年来的实践证明，招脱产班带来的一系列问题从头至终与贸大远程教育无缘，大大加速了贸大专心搞在职教育的建设步伐。

和谐是教育者与学习者共同进步的体现。现代远程教育作为一种崭新的教育形式，带来的是一场教育的革命。几年来，贸大的远程教育在课件制作、网络答疑方面走过一条艰难、困惑，但最终却是可喜的道路。从教育者层面上看，远程教师大多经历了从不习惯到习惯到喜欢，从无处下手到得心应手到爱不释手，从抵触到理解到支持的过程，他们正在迅速成长为对外经贸大学现代教育手段的先行者，他们以高度负责的职业精神、丰富的教学经验和智慧，在虚拟空间塑造着学校的新形象。从学习者层面上看，远程教育自主选课、弹性学制、电子课件、网络交互、预约考试等新型学习模式，带给了学生前所未有的学习自主权。对于一向惯于机械学习、被动上课的学员来说，学习自主权在学习初期曾给他们带来叶公好龙式的惶恐。随着学习技巧培训、答疑辅导、技术答疑的逐步推进，学生对网络教育已逐渐适应，提问题的积极性和问题质量开始提升，网络课堂的平均点击量开始加大，呈现出良好的平稳势头。

对话

夏巍峰：对外经贸大提出"坚持科学发展观，创建和谐网院"。应该怎么理解"和谐网院"？

谢毅斌：和谐的概念很宽泛，可以延伸到社会各个领域。我认为和谐网院由几点构成：第一，各种教育类别的学生群体和谐共存。第二，不违规操作。以解决在职成人群体再深造、再学习、再教育、再升华为原则。坚决不搞脱产班。第三，教学管理规范化、制度化。第四，校方与学方和谐共存。我们做的一切工作都是为了学生，尽职尽责，规范管理，服务于学生，让学生在平稳满意的状态下学习，办让学生、家长、社会满意的远程教育。远程教育作为教育事业，作为百年大计，要为计深远，不能杀鸡取卵，不能搞一锤子买卖。

我常说，走一步、停下来、回头看、继续走。无尽的长路，荆棘密布，但还得往前走，总结经验后再勇往直前，远程教育将前途无量。

（原载 2006 年 3 月《中国远程教育》（资讯））

北京电大: 扎根基层服务首都

——与北京广播电视大学校长阎拓时对话

对话嘉宾: 北京广播电视大学校长 阎拓时

对 话 人:《中国远程教育》(资讯) 执行主编 夏巍峰

◎ 坚持"水往低处流"的发展思路,随时与政府和广
  大群众的实际需要保持同步,哪里公众需要,就覆盖
  到哪里去

◎ 培养出新型毕业生,一要理念新,体悟自主学习;
  二要思维新,培养研究型思维;三要精神状态新,具
  有主动、坚定的特质

扎根基层服务首都

作为中国开放教育事业的巨擘,广播电视大学凭借覆盖全国的系统,二十多年来为推动社会建设作出了巨大贡献。而北京电大近年发展势头尤其突出,明显标志便是在2005年实施远程教育的网院普遍预计招生数量下滑的情况下,仍维持了连续招生增长。6年来,北京电大招生规模持续增加,从2003年开始,每年的招生数均超过2万人;2005年全年招生23,847人,创近年来最高,其中截止到2005年秋季已累计注册学生99,001人,其中本科41,321人,专科57,680人。这一骄人成绩吸引了远教界的广泛注意。

诸多内外因素的综合作用才能凝结出这些数字。对于任何地方性院校来说,将自身融入本地区的综合社会环境中去,才能获得坚实的发展基础和最大的发展可能,这是一条普遍规律。北京电大自觉地确定了"为首都社会经济发展服务"的明确目标,从而明确了自身的位置,由此出发,在过去的几年中发展得稳健而自信。

贴近首都发展需求,利用远程教育和系统办学的优势,为首都的发展培养大量应用型人才,既是北京电大的办学目标,也是其办学特色。北京电大校长阎拓时说得好:"高等教育在这个时代的发展特点,要求办教育者主动去适应区域社会、经济、文化的发展要求,构建办学的目标定位和人才培养目标,这是形成特色的前提。"北京电大根据经济社会发展和行业的需求,开办了水利水电工程、护理学、药学、园艺学、汽车运用与维修等特色专业。这些专业的开办,为北京市各行业系统、党政机关、文化企事业单位及部分中央在京机关的各类从业人员提高学历层次和综合素质,提供了有效服务。

在北京地区高校林立、竞争激烈的高教格局中,北京电大充分发挥以网络教育为基础、进行多种媒体教学的现代远程开放教育的优势,举办多种层次、多种形式的远程学历教育;大力开展社区教育、农村教育,积极开展岗位培训、社会教育等非学历教育,尽可能满足最广大社会成员的教育服务需求。如：为加快京郊农村的城市化进程，提高农民的就业能力，北京电大于2004年秋季启动了"一村一名大学生计划"，为郊区农村培养管理干部和技术人才，得到了当地政府和农民的广泛欢迎。目前，北京电大正在依托系统和资源优势，利用改革的成果向继续教育、社区教育、农村教育、市民教育等方面辐射，并已经在老年教育、首都职工素质教育、社会培训、在京务工人员培训、中小学教师英语口语培训及其他形式的社会培训项目上，形成了自己的特色，创造出了自己的声誉，在北京市构建终身教育体系和形成学习型社会中发挥了独特作用。

电大教育的职能，从前在于社会职能层面上的补偿教育。而在今天这个时代，历史原因所造成的学历补偿教育需求已经很少，北京电大为何还能体现出如此强劲的发展势头？就此，阎拓时谦虚地认为，有两个主要原因：其一，是社会生活的发达，为人们提供了学习所需的物质条件的准备；第二，是社会的发展，对人们提出了个人技能提升的迫切要求，尤其是在北京这样经济、文化发展水平较高的大都市。实际在外人看来，最重要的并不在于上述两个外部原因，而是另有内部原因。北京电大始终明白，自己的发展应该时刻贴近政府对推动区域经济发展所规划的人才需求；既然普遍提高广大市民和职工的素质恰是政府的需求所在，作为北京地区的电大，就应该为北京地区的基层服务，所以他们提了一个说法："水往低处流"。急政府之急、应百姓之需，在政府的"急"和老百姓的"需"的统一性上做自己的文章；哪里公众需要，电大教育的服务功能就覆盖到哪里去。

北京地区高等教育强手之林立、资源之丰富，为全国首屈一指。尽管如此，但是真正能与北京电大在同一层面上构成竞争的高校却不多，在这个城市里大家各有自己独特的办学定位和办学所面对的社会群体。在这样的空间中生存，北京电大自我确定的"水往低处流"的发展思路，就开辟了一条坦荡大道和广阔天地。由此，北京电大为自己构建了一个良好的教育生态环境。

中国经验

对话

夏巍峰: 能否总结一下, 在北京的经济社会发展中, 北京电大作出了什么样的贡献?

阎拓时: 要说贡献, 就是培养了大批首都发展所需要的实用型人才。培养出来的人数, 现在已有十四五万人; 而在 2005 年以后, 本专科两个层次每年都将有一万人毕业, 并且这些毕业生绝大部分已经工作在第一线。

说这么一个事, 大概有利于理解北京电大在北京经济社会建设中的作用。不久前我跟中央电大的孙绿怡副校长去英国开会, 孙校长演讲时打出PPT: 中国的电大系统在校注册生总数现已有230万人。下面听讲的老外都哗然大笑, 说有的国家全国都没这么多人, 你们一所学校怎么有这么些学生? 他们根本不相信。他们反复追问我们一个问题: 你们不能单独授予学士学位, 为什么还有这么多学生来你们这里上学? 我给他们解释说, 我们的学员大部分都是在职的, 是已经在基层显示出才能、有了重要岗位的人。我说: 我们的情况跟你们的有所不同, 我们的学生在基层已经获得了周围社会的认同, 所以只要在我们这里再进行一些学习, 得到一些知识和学历的提升, 他们在那个岗位上就能发挥更大作用。后来我对此用了一个名词叫"草根", 他们马上就听懂了。

夏巍峰: 那么又该如何理解北京电大的发展与北京这个地区的关系?

阎拓时: 北京电大知道, 自己赖以发展和生存的是北京这块地域, 是其经济社会文化环境决定了我们生存发展的可能性和优越性。我们招生多, 不是完全因为我们有什么特别的创意, 而应该说更多地是因为这里的社会经济文化条件和社会生活基础, 使得这里的人们更容易接受我们的办学方式。当然, 我们以人为本、为学生着想得多, 以及在专业设置上比较注意主动适应人们的需求, 这些积极的努力也起了很大的作用。

所以, 我们的办学思想, 笼统一点来说就是"遇到什么干什么、需要

PRACTICE IN CHINA

什么干什么、找到什么干什么"，随时与政府和广大群众的实际需要保持同步，机动性尽可能地强一些。

北京这么多学校，都在使劲追求建立更多的硕士博士授权点。我们不盲目追求这些，我们不去攀高——我们也知道自己不具备攀高的条件。我们认为在现实社会竞争环境中，要生存发展，必须各得其所，各具特色。我们崇尚"上善若水"，在"水往低处流"中寻找自己的发展空间。我们坚定地认为，我们的办学定位就应当为那些渴望接受高等教育、因生活和工作中这样、那样的原因而不能进入全日制高等学校接受教育的人们，提供一条接受高等教育，改变自己的命运、使生活质量到达理想状态的通途。

整合利用首都优秀教育资源

强手如林，对于一般院校的发展是严苛的考验，但在坚持"水往低处流"的北京电大面前，反而成了一个巨大的优质教育资源库。北京电大懂得充分利用这些就在身边的一流师资和课程资源。

北京电大正在大力建设两支师资队伍。首先，这几年，进入北京的硕士博士们很多，北京电大抓紧了这个机会，广纳人才，尽力充实、提升、强化自己的专职教师队伍。其次，注意更好地发挥自己的兼职队伍的作用。

众多高校聚集一地，汇集了非常丰富的教师资源；而电大有聘用兼职教师的传统，如今北京电大兼职教师的数量远远大于专职教师的数量。实际上，北京电大作为全国创建最早的电大，最初全是由各大名校的名师教学，如数学教学由北大数学系的老师承担，汉语言专业是王力先生亲自授课，等等。而自"文革"后1979年复校起，北京电大才逐渐形成自己的专职师资队伍。

所有的远程教育院校都在讲质量保证。而强大的专职教师阵容、庞大的兼职教师队伍，二者合一，这正是北京电大质量保证的一个重要的特色措施。一来，北京地区丰富、优质的教育资源为电大提供了高质量的兼职教师队伍，确保了师资队伍的整体素质。二来，使得北京电大师生比达到了一个比较适当的比例，保证学生能够接受到与普通高校同样高素质的教育。

同时，北京电大突出地方特色，采用自建、共建、借助社会力量、与企业公司合作以及外购等多种形式，加快资源建设速度、提高资源建设的水平和质量。目前北京电大远程开放教育各专业开设的课程，建有两种和两种以上媒体形式的教学资源的比率，本科达到了98.9%，专科达到了97%。

对话

夏巍峰：为什么北京电大要投入这么多精力搞两支教师队伍的建设？

阎拓时：教育，说来说去，教师对学生的影响还是主要的。我们并不认为有了这个技术那个技术，远程教育就可以完全排除教师的作用——至少短时期内不可能。学生来你这里学习，除了学一些知识外，还要学另外一些东西。念大学，念来念去，最重要的不就是念个眼界吗？先拓展眼界，接受思想熏陶，这是最重要的，然后才是接受知识。一个人没有眼界、没有思想，即使脑子里有一大堆知识也无法充分利用——而如果能培养并开拓了眼界和思想，明白自己到底要什么，就能更加自主，大大提高学习效率，而且学过了马上就可以拿来灵活运用。由优秀教师为主构成的良好教育环境的巨大作用，至少目前我还没有看到能被取代的迹象。

我们还打算，2006年要把自己各学科各专业兼职队伍的需求公布出来，公开招聘。其次还打算在内部专门设立一个机构，负责兼职教师的物色、聘任、培训、考核等。在我们的办学策略中，教师队伍占有绝对重要的位置。试点项目总结性评估以后，我们要在规模略有增长的基础上，重点思考提升教育教学质量，而提升教育教学质量的重要措施就是提升教师素质，为教师的提高开辟更广阔的平台。这些在我们看来也是属于远程教育的本质和必须解决的问题之一。

充分发挥系统优势

阎拓时校长有一句话意味深长："电大与普通高校网院确实存在着较大的差异。电大的开放办学模式中，把远程教育的手段作为主要的手段，但并没有放弃传统教育中许多优秀的做法，北京电大同时在教育教学中还充分适应了大都市学员学习的特点。"

单提电大，自身有两大优势，一是系统优势，一是理念和办学手段的优势。系统优势是其最大的优势，电大系统为自身发展定下的许多策略，都是与这一优势联系在一起的。电大校党委书记于云秀曾明确指出：电大发展的重心要继续向下延伸。而要深入下去，就必须有庞大系统的支持——这正是电大的先天优势。北京电大目前在北京各区县和行业，已有 51 个分校、工作站、教学点。

因此，北京电大坚持"水往低处流"，也正是其深刻明了自身优势使然；是其自身状况的必然要求，也必然会转化为他们的自觉追求。蛛网一般撒布在基层的网点，从内部驱动着它走下去、走到社会的深层去，而那里恰巧是多数强大的对手难以到达的空间。

围绕这一优势，北京电大建立起自己的一批特色专业。如前述的园林专业、水利专业等，都有自己强大的实验和教学基地作保障，这正是下延的系统所给予的。

而基于第三代现代远程教育办学理念与先进手段的电大，更是如虎添翼，这使得它将原来的系统优势发挥得更加淋漓尽致。北京电大参加"中央电大人才培养模式开放教育试点"之后，在北京区县基层，多年来办学的信誉确实有增无减、口碑相传，又有越来越多的基层学员走进电大。

据悉，北京电大正雄心勃勃，要建设成为未来的"首都开放大学"，成为北京的远程开放教育中心。其中的含义，一是远程开放学历教育的基地；二是教育资源建设的中心——不仅仅是学历教育资源，而是整合各种形式的远程教育资源，然后通过其渠道和载体向社会辐射，并且面向社会提供媒体资源的制作服务；三是远程教育的研究中心，围绕远程教育里的

中国经验

理论层面、技术层面、传播手段层面等等开展研究;四是远程教育的资讯中心,搜集世界远程教育所有可能的信息、资料,为北京所有从事远程教育事业的人提供一个大数据库。

对话

夏巍峰:北京电大是否感觉自己的系统优势已经得到完全发挥了?

阎拓时:我觉得这个系统在北京地区未来的社会发展中,还应当能够发挥更大的作用。比如,北京2008年前的一系列活动,以及北京建设学习型城市的活动,我们这个大系统就可以配合市政府的这些举动。像这类围绕一个重要事件的培训教育活动,通过我们的系统很快就可以大面积铺开;在这些方面,我们觉得,我们这个系统可以在以后首都的社会生活里发挥更大的作用。这样我们在市民心目中的印象、在领导决策中的地位就可能更高。到那一步,我们的生存和发展就更有优势了——遇到一些需要大面积教育培训的事,市政府可能自然就委托你去做,然后可能给你投资等等。

总之,我觉得,这个优势的价值我们还没有完全挖掘出来,今后可以做的事还很多,机遇可遇,也可找。发展的突破点和增长点,随着新北京、新奥运步伐的加快,肯定会更多。现在我们还处在前期阶段,正在做的主要是一些尝试性的培训,以及教育资源的准备工作。

培养电大新型毕业生

在第三代远程教育中,相比第二代远教时代,北京电大对毕业生培养的目标也有了新的含义,他们认为自己应当培养出新型的电大毕业生。

2004年秋季,全国电大系统进行了毕业生和社会用人单位追踪调查,北京电大系统共收集了1,002名毕业生和714个用人单位的有效数据。分析表明,大多数用人单位对北京电大毕业生在思想品德、知识、能力、业绩四个方面实际表现的评价都较高;对电大毕业生的工作能力、业务水平和综合素质都给予了充分肯定。同时,大部分毕业生也认为,自己的工作能力与业务水平，以及自身视野、自学能力、人际交往能力等都得到了明显提高。

阎拓时校长对新型毕业生的"新"作了阐述。他说，在这一代毕业生身上的种种突出表现，其实主要来自三大新：

一，理念新。也许此前这些学员只是听说过自主学习这个名词，但其真正的内涵是什么，怎么用自主学习的理念来武装自己、把它作为日后参与社会建设时的自觉行动——还没有到这个程度。他们入学之后，立刻就会接受一次入学教育，电大的老师会就此重点讲解。而经过一段时间的自主学习训练之后，在学习的理念上他们会有质的提升，在这方面的体悟可以达到比较理想的程度。这对他们是思想上的一种武装。

二，思维新。电大的人才培养模式改革中，提倡学生自主学习为主、老师导学为辅，使学生在反思性学习中不知不觉培养起研究型思维。在电大特设的学习情境里，再加上与实际紧密结合的学习内容，学生将在不知不觉中变成一个研究型思维的人。

三，精神状态新。体悟到了新的学习理念，学生将获得更宽广的眼界，同时又形成新的思维，这样他们在追求既定的目标时，自立自信，形成了一种稳定的品质，整个精神状态就会完全不一样了。体现在工作中，这是一种主动、坚定的特质。

这些新的素质当然不会自然生成，它们来自特殊的办学理念和人才培养模式。普通高校对人才的培养，在知识性、思想性的武装上要求得更多。电大对学生的培养在实用性上要求得更多，电大的人才培养目标是为基层、为一线培养应用型人才，学生群体绝大多数是在职工作的成人，因此在教学内容上对学用一致性的要求更高；而在学员身上，对学用结合的意识和要求也更高——这渗透在电大教育的整个质量要求之中。

同时，北京电大积累了几十年的开放教育办学经验，进入第三代现代远程教育时代之后，对于开放教育的教育规律更形成了自己的独特理解，并完善了自己独特的教学管理模式：在现代教育思想和远程开放教育理论指导下，以学生和学生自主学习为中心，以课程管理为主线，以教学过程

中国经验

管理为重点，以教学支持服务体系、教学质量保证体系、教学评价体系为支撑，突出系统整体优势，实行统筹规划、分级管理的远程开放教育的教学管理模式。

　　所有这些，都是为了最后的结晶：每年万人规模的北京电大新型毕业生，他们绝大部分始终工作在首都建设的第一线。

对话

　　夏巍峰：北京电大确定的培养新型毕业生目标，是什么教育思想指导的？

　　阎拓时：大致说来就是这种思想：教育，最要紧的是素质，知识倒可能在其次。怎么说我们毕竟只是个学校，教育的价值，是要通过教育出来的人到社会上去做事来体现的。而做事的能力强与弱，往往并不完全由知识的多与少决定，现实中很多情况下，悟性高的人，耐受性、自主性强的人，要比普通人更有可能做成功。也就是说情商在人的成才中占有重要地位。我们说培养电大新型毕业生，新就新在这一点上，通过我们独特的培养方式，从理念、思维、精神状态上熔铸他们，使他们最终形成更优秀的个人禀性。我们觉得，这在一定程度上应该是体现了素质教育的某些本义的。

（原载 2006 年 2 月《中国远程教育》（资讯））

北邮: 创建特色网院

—— 与北京邮电大学网络教育学院院长勾学荣对话

对话嘉宾: 北京邮电大学网络教育学院院长 勾学荣
对 话 人:《中国远程教育》(资讯) 执行主编 夏巍峰

◎ 坚持"质量第一"原则
◎ 重视过程管理
◎ 控制师生比、提高服务质量
◎ 函授与远程优势融合
◎ 开发虚拟实验室
◎ 牵手行业,关注培训市场
◎ 重视科学研究,用理论指导实践

质量第一

北京邮电大学1998年开始筹备开展远程教育，1999年成立远程教育学院，作为教育部启动的首批4所试点院校之一，在大起大落的浪潮中，既没有在困难面前停滞不前，也没有张扬地宣传自己，而是坚持低调，练好内功，走自己的发展之路，是国内远程教育试点院校中最具特色和亮点的院校之一。

对网络教育而言，质量是生存之本。而学习过程的控制是影响教学质量的重要因素。为实现规范化管理，保证教学质量，北邮网院在国内率先将ISO9000质量认证管理理念引入到学院管理中，并于2002年通过了教育部专家组的试认证工作。为我国网络教育质量保证提供了创新性控制方法和理论研究。

对话

夏巍峰: 北邮作为最早开展现代远程教育的四所高校之一，一直以来，保持着稳定的发展势头，在行业内和远程教育领域赢得了良好的声誉，您认为是什么原因保证了北邮的稳步发展?

勾学荣: 保证质量是维护良好声誉、保持持续发展的重要因素。注重教学过程的管理，让学生学到知识是关键。北邮网院继承了函授教育的优良传统，坚持"质量第一"、不违规办学原则。与多数网院不同的是我们有一支专职的教师队伍，有一批有经验的教学管理人员，以及覆盖全国的函授站点网络，能够比较有效地控制教学质量。我认为，希望轻松拿文凭是学生暂时的要求，当他们毕业后回过头来，会发现严格要求有好处，这样的文凭份量重，社会认可度高。

夏巍峰: 你们如何根据成人教育特点来保证教学质量的? 你们率先实施ISO9000系列的质量认证体系，这为北邮网院带来了什么?

勾学荣: 保证成人教育的质量，考试是最后一关。但这是传统教育的管理模式，不符合教育规律。我们在质量上追求在过程服务、过程控制上多做工作，不是全部留到最后来检验。针对目前学生学习习惯的现状，我们采取一步一步牵着学生走：第一步导学，告诉学生怎么学；第二步检查学生学了没有，安排第一次作业；第三步，了解学生进一步学了没有，安排第二次、第三次作业。我们在教学中重视过程管理，增加环节控制，比如平时成绩，作业成绩等，用各种政策鼓励学生跟着老师走。毕业设计是学习的重要环节，同样要加强过程控制。我们发现大部分学生不知道怎么写论文，就在网上做毕业设计辅导培训；然后中期检查，老师亲临现场一对一辅导；最后才是答辩。

评估是检验结果，ISO9000是追求过程。看你有没有过程？有过程做到位没有？做到位了肯定有好结果。2003年我们做了试认证，每一个部门和岗位都经过了认真的梳理，明确了部门职责和岗位定位。在工作过程中发现做得不到位的地方及时加以调整，我觉得质量认证体系非常科学，现在我们还在继续做这方面的研究。

夏巍峰：北邮现代远程教育学员规模仍处在万人左右，后来的一些试点院校已经远远超过你们。目前在68所试点院校中，你们的学员规模并不算大。这是为什么？

勾学荣：我们对规模的定位一开始就没有追求太高，虽然规模大效益肯定就高，但师生比是一个衡量服务质量的重要的指标。对全日制的高等教育，教育部评估的A级指标是1：16，对网络教育的业余学习还没有太科学的评估指标，我们应该折合成全日制的指标，才能保证好的服务质量，降低流失率，提高学生的忠诚度。因为企业讲用户的忠诚度，我们讲学生就是用户，他们的忠诚度决定了流失率。即使规模不很大，但流失率低，网院的发展就会比较平稳良好。当然现在我们做得还不够，还要继续努力。

函授与远程融合

2001年，面临高校合并、行业院校归并的浪潮，北京邮电大学校领导做出了一个大胆的决策,将北邮负责行业成人学历教育的函授学院随北邮整体划归到教育部,并将函授学院和远程教育学院合并,命名为北京邮电大学网络教育学院。这一重大举措不仅仅是简单的机构合并和名称的变化,还预示着北邮网院将采用什么定位和方向发展自己。严格的教学要求,务实的管理理念,与近50年历史的函授教育融合后的北邮网络教育,不仅积淀了多年的成人教育经验,而且拥有了遍布全国的庞大而紧密的组织体系,这些都为网络教育的发展提供了一片肥沃的土壤,同时新技术的应用令函授教育重新焕发勃勃的生机。

对话

夏巍峰: 北邮2001年起就开始进行网院与函院合并,是首家将函授教育与远程教育整合的试点院校,在合并过程中,第一代与第三代远程教育是如何逐步走向融合的?

勾学荣: 函授教育开始于19世纪的英国,至今已有100多年的历史。它采用写信的方式教学,是最原始的远程教育。教育行政部门曾经提出不要把函授两个字带入21世纪,但今天函授教学模式仍然存在,我们还是把它带进来了。我认为,在培养目标、培养方式、培养对象上,函授与远程一致,只是由于入口出口的不同政策,人为地造成了两个系列。

2002年我们提出融合概念。希望用网络方式向学生传递信息,给学生提供更多的便利。道理很简单,但做起来非常不容易,整整花了三年,直到目前才基本把它融合进来。教学模式、管理模式、收费标准都是融合的难题。原因在于,函授生有一种观念,习惯了等老师来讲课,不习惯上网。融合初期,我们对待函授生还是用纸介发通知,纸介邮寄作业,派老师现场辅导,学费也比较低。而对待网络教育学生,老师和教学站点都普遍认为,他们是通过网络自主学习,不用辅导,也不用与老师见面。结果发现学生没有归属感,等到毕业很少见过老师。学生花了昂贵的学费,却没有享受良好的服务。

另外,网络教育一开始就提出实行完全学分制,但国家政策并不支持学分收费，也不支持学分制的弹性学制，函授教育一直延续着几十年来传统的学年制，按学年收费，这对于成人教育的发展产生了很大的制约。要实现融合，就要在政策的夹缝中生存，为此，我们首先将所有课程融合，统一课程，统一老师，统一试卷，今年考试时间也要实行统一。从机构上合并两个独立的教学管理部门方便了融合的统一管理。

夏巍峰：北邮现代远程教育与函授学院合并时，你们名字变为"网络教育学院"，名称的这样变化有什么样的含义？合并后，函授教育与远程教育是如何充分发挥各自优势的？北邮的成人学历教育发展发生了什么样的变化？

勾学荣：远程与函授合并时，"网络教育学院"的名字是教育部定的。从名字可看出，中国人对技术很看重，用技术的属性定义学院的名字也比较中性。实施现代远程教育不是要废弃所有的东西重来，而是要继承优秀的东西，再创新，往前走。我们的网络教育学院就是在原函授教育学院的基地上建立起来的，人们容易怀旧，定名为网络教育学院之后，我们也没有摘掉函授学院的牌子，所以我们办公大楼前悬挂着两块牌子。

融合就是把两种教学方式的优势融合起来，让学生受益。合并后，我们把函授教学方式的临场感延伸到远程教育。将教学过程分成几个阶段：学生入学是第一阶段，不管函授、远程，老师一定要亲临现场，给学生讲第一课——《远程学习概论》，教学生如何在网上学习。第二阶段，学生自学，老师网上授课、辅导、答疑、交付作业。第三阶段，考试前面对面或网上实时辅导。

合并前两年，函授招生情况比网络教育招生好，直到 2003 年，网络教育的招生规模才第一次超过了函授。到了今年，网络已远远超过函授，函授连招生计划都完不成了。这种情况说明社会认可度与学生的心态、学习习惯都在发生变化，网络教育的声誉也在发生变化，网络教育自然地走向替代函授教育，或者认为是一种教学手段的替代、走向融合的趋势。从发展趋势看，函授教育、网络教育、自学考试等多种面向成人教育的教育模式必将走在一起，实现全方位的融合，这样才能搭建起继续教育人才培养的立交桥，使成人教育成为构建终身教育体系的重要组成部分。

技术对教育的支撑

技术的进步直接影响到教育的重大改革，包括教育方法、教育内容、教育观念、教育模式的发展与进步。1998 年国内四所高校在教育部逸夫会议中心向教育部领导汇报远程教育的准备情况，当时的教育部副部长韦钰说："我看四所大学做的准备工作，北邮的技术方案是最好的。"当时，北邮试图借助中国电信的 ATM 网络，把包括文本、声音、动画、图片等资源，即时传送到远端的多媒体教室同步播出。为了实现这一创举，北邮和原中国电信强强联合，总投资 5 千多万元，启动了当时国内技术手段最先进、投资力度最大的北邮网络教育的技术平台，覆盖全国 8 个省市近 40 个多媒体教室的全交互式会议电视宽带网络。这项合作的轰动效应可谓空前，由此，北邮网院具有了明显的起跑优势。后来，为了适应西部或通信不发达地区的教学需要，北邮网院又开通了卫星教学系统，并在互联网技术应用神奇般扩展的背景下，及时启动了基于互联网的实时、非实时教学系统。而今，支持北邮网院的技术平台已从单一的技术手段发展成集卫星、宽带 ATM 网络的视频会议和互联网为一体的立体式教学平台。

对话

夏巍峰：我们知道，北邮非常重视先进技术在现代远程教育的运用。您认为先进的技术手段对开展现代远程教育有什么重要意义？北邮现代远程教育教学平台未来的发展方向是什么？

勾学荣：因为网络有了网络教育；又因为网络教育使网络的应用更加丰富多彩，而且也使传统的教学模式和教育理念发生了很大的变化。随着信息技术的飞速发展，远程教育应该不断融入新的技术，为教育提供服务。开始北邮的远程教育网络采用全交互视频会议系统，实际上是一种"以教为中心"的传统课堂教学搬家的模式，老师和学生可以实现在镜头里的交互，很受学生的欢迎。实际上学生很在意教师的存在和具备交互的条件，尽管大部分时间他们并没有完成交互；可是后来发现因为远程学生工学矛盾愈来愈突出，要在固定时间集中到教学站点听课很困难，学生的到课率越来越低。我们开通的卫星远程教育系统具备覆盖面广、扩展灵活、成本低等优点，非常适合边远地区，但缺点是单向通信看不到学生，更不能及时准确掌握学生的信息。随着互联网技术的迅速发展，在提高网络带宽同时，网络的应用也发展很快，今天互联网已成为人们生活工作中不可缺少的重要部分，也极大地影响着网络教育的技术支撑体系。尽管互联网在网络速度和网络安全等方面还不尽如人意，但互联网的低成本、高灵活性、适合自主学习、交互性强等突出的优点已成为各网络教育学校必备的技术手段。不久前，我们刚刚完成自己的远程教学平台开发，今后大部分的教学活动将依托该教学平台。目前我们的技术体系是以互联网为主，卫星、ATM为辅，发挥各种技术的优势，在实践中不断引入更新的信息技术以完善管理环节和教学环节的需求。比如最近我们为了向学生提供更好的服务，又开通了短信平台，随着第三代移动技术的发展，移动式学习将是又一个现代技术在教育中的应用亮点。

另外，在应用特定技术产品方面我们开始尝试新的技术合作模式，把过去的买设备变为买服务。由于技术更新的加快，学校的主要功能是教育，是技术成果的使用者，而跟踪技术开发的能力有限。开发产品的公司如果靠一次性销售的定制性产品很难保证持续发展，如果教育作为产业，那么产业链中的每一个环节就应该越来越专业化，公司负责开发技术产品，提供技术支持服务，与学校捆绑在一起，形成长期的合作关系。

夏巍峰：作为以工科专业为主，同时又是以技术见长的网院，在利用技术手段解决学生的实践操作问题上北邮做出了哪些探索？

勾学荣：理工科院校在教学中，学员除了学习理论知识，更需要实际的动手与操作。北邮网院要求教学站点具备基本的实验设备，但是在一些偏远地区有些站点由于经济条件的限制不可能马上拥有足够的实验设施，同时这些地区还不同程度地存在学员分散学习时间不固定的情况。在这种形势下，网络虚拟实验环境的需求显得越来越迫切。教育部2003年为虚拟实验项目立项，北邮网院承担了一个开发计算机网络虚拟实验的项目。以该项目为基础，我们已经成功研发出电路分析基础虚拟实验系统、电路与信号虚拟实验系统、数字电路与逻辑设计虚拟实验系统、计算机网络虚拟实验系统，并已投入网院的实际应用。这些电类试验还成为产品，推广到多所大学使用。

牵手行业

在学历教育方面，现代远程教育已经积累了相当丰富的经验，并逐渐形成相对稳定的业务模式。要实现突破性发展，就要寻找新的业务增长点，这是多数网院苦苦思考的问题。北京邮电大学网络教育学院也开始将一部分关注点投向非学历教育领域，提出了网络学历教育与非学历教育两大分支同时并进的战略转型策略。

对话

夏巍峰：北邮与行业的联系非常紧密，特别是邮政、电信及高新技术产业，那么在课程和专业设置上如何做到实际操作性及前瞻性？在行业培训、职业认证等非学历教育方面进行业务扩展，有什么新的思路？

勾学荣：我们和行业一直牵着手，即使受到电信重组的影响，也一直在牵手行业。但是我们过去没有太多关注非学历培训，与隶属于行业的教学站点在目标关注点上存在着差异。近年来，受高校扩招的影响，成人学历教育的市场竞争非常激烈，而随着企业的竞争加剧，非学历培训的需求增长很快，企业在在职培训上的投入很大，我们应该调整我们的市场定位，满足企业的需求，与行业拉紧牵手的力度。北京邮电大学在产业链中的作用和优势主要在资源上，无论教师资源、内容资源、课件资源，都具有学历教育和培训的双重优势。我们应该关注培训市场，加入产业链的某一个环节，作为重要补充，这样非学历培训和学历教育才能并进发展。我的合作设想是：学历教育主要是以学校为主体，学习中心为辅助；而培训可以以学习中心为主体，我们来辅助。北邮网院的学习中心多设在电信或网通的培训中心或省邮电学校，这些中心对于市场需求把握得更准确，在合作过程中，学校需要做的是充分发挥其学习内容及技术支撑上的优势。

从长远来看，成人教育也许会和普通学历教育走到一起，因为国外没有成人学历教育系列，高校人才培养标准都是统一的。而且国外证书类的继续教育做得非常好，清华大学的在职培训每年净增是一个亿，可见培训市场是一个长期的朝阳产业，我们应该十分关注。

创建一流网络教育

北邮网院的目标定位是：立足成人在职教育，利用现代远程教育的技术手段，利用函授教育在成人教学全程全网管理的经验，将函授教育和远程教育在教学过程上逐步融合。创建具有北邮特色的、国内一流的网络教育学院。

对话

夏巍峰：您曾到加拿大进行半年的远程教育考察与调研，回国后在媒体上发表了调研结果，受到业界关注。结合调研结果看，您以后在北邮网院发展中是否会做出一些思路上的调整？

勾学荣：去年上半年我去加拿大西门菲沙大学（SFU，Simon Fraser University）做了四个月的访问学者，收获很多。对网院的发展确实有一些思路上的调整。

首先是用理论指导实践，重视科学研究。远程教育本身是一个新的课题，梳理和反思式的研究，对于我们这些有一定实践经验的人非常重要。从实践到认识，有了实践做一些理论研究，再用理论去指导实践。我们的网络教育技术研究所目前有七个研究室，已经成为北邮的教育技术学学科研究基地。只有重视科学研究，加大学科建设力度，学院才能在理论的指导下健康有序地发展。第二条思路是注重服务。建立学生支持服务系统，降低流失率。第三，关注技术。注意新技术的发展，选择合适的技术合作模式。第四，多层次多元化业务并举。国外远程教育是锦上添花的工作，而中国远程教育要多做些雪中送炭的事情。国务委员陈至立说过，对信息技术方面的人才如何加大培养都不过分。2000 年邮电没有分营前 IT 从业人员有 121 万，最近的数据达到了 267 万，其中本科学历者所占百分比也从 121 万的 5% 左右发展到 267 万的 10% 以上，但大城市与小城市、城市与农村、东部与西部人才培养的市场需求相差很大，总体来看 IT 从业人员的培养空间还很大，我们应该重心下移，雪中送炭。

夏巍峰：北邮网院提出创建具有"北邮特色、国内一流"的网络教育学院。通过几年试点，您认为"北邮特色"是什么？

勾学荣：我认为最主要的"北邮特色"应该是函授教育与远程教育的融合和牵手行业。北邮网院近年来一直主张低调宣传，练好内功，我们的目标是要创建"国内一流"，但要有具体的指标和参数做比较，比如：师生比、研究成果和应用、培养的学生的社会认可度等，只有社会认可，学生信服，别人评价处在国内同行的第一梯队才是真正的一流。

（原载 2006 年 1 月《中国远程教育》（资讯））

华中师大网院: 建设完备资源体系

——与华中师范大学网络教育学院院长汪继平对话

对话嘉宾: 华中师范大学网络教育学院院长 汪继平
对 话 人:《中国远程教育》(资讯)执行主编 夏巍峰

◎ 依托校内优势学科,根据社会需求,开设专业
◎ 修订人才培养方案,增加实用性学科
◎ 与技术型公司共同开发标准化平台与课件
◎ 按照科研立项方式重点建设标准化的、有自主知识产权的课件
◎ 建设以专职教师为骨干、兼职教师为主体的高素质教师队伍

华中师范大学位于九省通衢的湖北省武汉市,坐落在武昌南湖之滨的桂子山上,是教育部直属重点综合性师范大学,全国教师教育网络联盟的主要成员单位。建校一百多年来,华中师范大学以"求实创新、立德树人"为校训,以培养优秀教师为己任,以"忠诚博雅、朴实刚毅"的华师精神著称,在中南地区乃至全国都有着广泛影响。

华中师范大学网络教育学院成立于 2000 年 7 月。建院以来,华中师大网院依托学校的学科和师资优势,以先进的网络技术为支撑,在标准化资源建设,专兼职教师队伍建设,保障网络教学质量方面进行了有益的探索和实践,获得了良好的社会声誉和品牌效应。

定位于在职人员继续教育

七年来,华中师大网院经历了三个发展阶段,即构建框架、探索模式的初级阶段,规范发展、夯实基础的第二阶段,协调创新、科学发展的第三阶段。

据华中师范大学网络教育学院院长汪继平介绍,2004 年以前为网院发展的初级阶段,主要以搭建框架、探索模式为主;第二阶段是从 2004 年到 2006 年的三年间,这期间网院有意识地控制了规模,从原来一年招生 8,000-10,000 人,控制到一年招生 4,000-5,000 人,把工作重点主要集中在加强资源建设,规范管理,打牢基础上;第三阶段则是从 2007 年开始,网院的主要任务是创新发展、科学发展、合作共赢。在今后很长一段时间里,创新、发展、共赢将成为网院发展的关键词。

对话

夏巍峰:作为师范类高校,在开展现代远程教育时,你们的办学定位是什么?

汪继平:我们的办学定位简单来说是"一个面向一个为主","一个面向"就是面向在职人员的继续教育,"一个为主"就是以中小学教师为主要对象。但是我们也不排斥其他服务社会的功能。我校现代远程教育试点工作的具体定位是,面向中小学教师为主体的在职人员继续教育,为在职人员提高学历、更新知识、增强技能提供良好的教育服务;同时积极推进职业资格证书教育、岗位培训和其他继续教育,构建具有自身特色的远程教育和教师培训模式。

我们做网络教育是依托于我们学校本身的特点,以及我们学校的优势学科、优势资源,比如:教育学、语言学、社会学、管理学、政治学和历史学等等,优势学科很多,但是社会需求和优势学科之间有没有一种必然的联系,就要根据市场的需求来决定。

夏巍峰:2004年,新上任的一届网院领导做的第一件事情就是组织修订人才培养方案。为什么要调整人才培养方案?你们希望达到什么样的培养目标?

汪继平:修订人才培养方案其实应该说是顺理成章的事。在刚刚成立网络学院的时候,人才培养没有固定的培养方式,唯一的办法就是把普通全日制的模式复制过来,稍微修改一下。可以想象,复制的培养方案肯定和我们成人教育、网络教育的人才培养方案不是非常吻合的。在座谈时,学员反映有些课程作用不大,有些课程他们又非常感兴趣。比如汉语言文学专业中的写作课,他们就觉得对公文写作非常有帮助。通过了解学员的要求,我们明确了在新的人才培养方案当中,应该贯彻什么原则。我们觉得,学员到我们这里来学习,不仅仅是给他一点儿知识让他拿到文凭,而是应该让他们通过在网院的学习,提高能力和水平,使他们能够更好地胜任现有的工作,并且能够为将来职业升迁提供知识储备和能力储备。只有做到这点,他们才会认为上华中师大网院值得,有收获,而且不仅仅只是文凭上的收获。所以在人才培养方案的修订中,我们增加了一些实用性的,对学员工作有帮助的课程,减少了在工作当中应用机会比较少的一些课程。

技术先行

华中师大网院在技术建设方面一直走在前列,他们提出了"技术先行，加强技术支撑与服务，保证教学工作正常需要"的口号。华中师大网院最突出的贡献就是顺应技术标准化的趋势,研发出了我国第一个符合全国信息技术标准化委员会教育技术分委员会（CELTSC）标准的平台。

对话

夏巍峰: 华中师大网院提出"技术先行"的口号，加强网络教育技术支撑与服务建设。开展网络教育为什么要特别强调"技术先行"？技术的应用与教学质量有什么样的关系？在"技术先行"方面你们做了哪些探索？取得了什么样的成果？

汪继平: 我们在"十一五"规划里提出以资源为核心，技术为保障。网络教育是在技术发展到一定程度的基础上才有的,网络教育必须依靠网络技术,依靠现代教育技术的发展。技术问题不解决，网络教育没办法搞。所以我们对技术方面非常重视，在开始搭建网络教育模式的时候，就和一家技术型的公司——湖北华大网络教育技术有限责任公司合作,由他们来负责技术支持。公司的运行模式和机制与学校这种事业单位不一样，它可以吸引更优秀的人才来从事这方面的工作，可以比较快地把一些新的技术应用起来。我们网院和公司共同研究开发了第一个符合全国信息技术标准化技术委员会教育技术分技术委员会（CELTSC）标准的平台。所以从一开始我们技术的起点就比较高。

夏巍峰: 华中师大网院自行研制的网络教育平台、课件制作工具和课件资源，均符合标委会（CELTSC）制订的远程教育技术标准，走在我国高校网络教育的前列。你们为什么要大力提出应用标准化？标准化应用能给网院带来什么样的益处？

汪继平: 在资源建设中，我们是严格按照标委会的技术标准进行研发和制作的。我们会一直按照这个标准做下去，总体来看好处是非常大的。

其实网络教育一方面可以让更多的人享受到稀缺教育资源，另外更重要的一个方面，是资源的共享，不同的学校之间的资源应该可以共享。共享的前提是标准要统一，否则没有办法把资源放到资源库中去。这就像超市一样，货品必须有统一的标准，统一的商品编码，统一的货柜，要不然标准不同，就变成了小卖部。从我们自己来说，按照标委会的标准研发平台和课件，管理起来非常方便。

资源建设为核心

华中师大网院重视资源建设，在网院创立之初就确立了购置、共享、自建的资源建设模式，其中建设标准化的、有自主知识产权的课件是学校资源建设的重点。通过积极研究新专业、新方向、新生源方面的开拓，充分发挥学校教育资源的效能和优势，由专业教师、技术开发人员组成开发团队，按照科研立项的方式重点建设标准化的、有自主知识产权的课件，基本保证了现行教学计划中的311门课程均有相应网络课件和流媒体辅导课件。逐步完成了课程试题库、答疑库（FAQ）、模拟自测系统等建设，并将各种网上学习资源初步整合成专业学习频道。其中2006年开发的网络课件中，有4门网络课件获得了"第10届全国教育软件大赛"一、二、三等奖和优秀奖，5门课件获得了"第6届全国多媒体课件大赛"4个二等奖和1个优秀奖。

对话

夏巍峰：华中师大网院一直以来把资源建设作为网络教育工作的重点。为什么要提出"资源建设为核心"的发展思路？

汪继平：网络教育是一种基于网络和资源的、立足于学生自主学习的远程学习模式。要实现远程学习，实现教与学的时空分离，就需要内容丰富、形式多样的学习资源作为基础，然后不同的学生才可以在不同的时段去学习。因此我们要以资源建设为核心。资源质量的好坏直接影响到学习的效果，直接影响到教学的质量，直接影响到人才培养的质量。我们认为，资源是网络教育发展的基石，是网院核心竞争力的重要组成部分。

PRACTICE IN CHINA

夏巍峰：您提的资源建设为核心，与目前有些网院提出的网络教育的核心是服务，两者间有什么差别呢？

汪继平：我觉得有一个先后的问题。就好比别人根本没有买你的产品，哪里存在服务呢？首先是别人信得过你的产品，对你的产品感兴趣，然后他去买你的产品，买了这个产品以后才存在服务的问题。如果产品非常好，资源非常丰富，那么可能用户对服务的要求也不那么强烈和迫切。我认为，在网络教育领域，资源与服务是相互促进的两个方面。从广义上讲，资源建设也是服务的范畴，我们特别强调要以服务为根本，要每一位教职工树立"我们的一切工作都是服务"的理念。从狭义上讲，优质、丰富的教学资源又是做好服务的基础，直接体现服务的质量。一个网院，最后是不是真正有竞争力，能不能生存下去，最重要、最核心的东西就是资源。可以说，你的服务我可以去学，你的管理我可以去学，但你独有的资源我学不来，这就是你的特色。网院生存的根本是资源，能真正保证质量、使品牌长久不衰的重要因素就是资源的质量和水平。

夏巍峰：华中师大网院在资源建设方面卓有成效，那么你们资源建设的理念是什么？

汪继平：我们资源建设的理念是以丰富的表现形式全方位地适应不同学生带有不同个性化特色的自主学习的需求。简单说，就是以学生为中心，丰富和实用。为此，在资源开发过程中，一是要改变传统的教师"教"、学生"听"的模式，而要站在学习者"学"的角度进行课程设计和开发，包括课程内容、知识体系的构建等。二是要丰富。丰富的资源包括多种形式，多媒体呈现方式，网页呈现方式，题库、大纲库、重点难点答疑等等，方便学生学习。从某种意义上来说，是希望通过丰富的资源取得一种"因材施教"的效果。三是要实用。建立资源要供学员实实在在地用，要让他感兴趣。这是最重要的。

夏巍峰：资源建设方面，你们经历了哪些发展阶段？除了传统课件资源的建设外，你们在构建网络学习资源方面有什么新的探索？

汪继平：我们开发的都是基于网络的课件。我们的资源建设大体上经过了三个阶段：第一个阶段，我们主要是解决课件的有无问题，借助专门开发的课件制作工具，实行相对"批量化的生产"，由于时间紧，加上经验不足，开发的课件相对来说比较简单。第二阶段是在课件开发的基础上建设配套的学习资源，包括课程学习大纲、自测题库和视频导学课件，初步形成资源体系。第三阶段是资源整合，建设专业学习频道。这一阶段，我们在资源开发的基础上，通过改造教学平台，开发基于平台的专业学习频道，将我们开发的网上学习资源按专业进行整合，集合到专业学习频道中，改变我院网上学习资源零散分布、不系统的状况，便于学员查找、浏览和下载，也方便学员对照学习，提高学习效率。资源整合将是一个长期的、不断完善的过程。

夏巍峰：在网络教育资源开发方面，你们有什么样的建设机制和保障机制？

汪继平：对于校内资源的利用，我们采取的是另外一种模式。我把它概括为网院指导、科研立项、项目管理、团队开发、过程跟踪、专家验收。学校的老师整体参与，如果某个专业的课程需要建设资源，我们会通过学校进行横向的科研立项。科研立项有几个好处：第一有项目经费，第二按项目来管理，第三要由专家验收。建立这样一种模式后，一方面让参与开发的教师尝到了甜头，得到了益处，另一方面也调动了他们开发课件的积极性，效果和成效是非常明显的。而且通过这种方式促使教师的教育信息化水平提高了，教学的理念也转变了。

重视师资队伍建设

华中师大网院非常注重教师在网络教育中的作用，将师资队伍建设作为落实教学过程的重点来抓，并逐步建成了一支以专职教师为骨干、兼职教师为主体的专兼结合的高素质教师队伍。通过激励优秀教师主持网络课程开发，保证授课质量；利用网络技术和专兼职教师逐步建立和实施导学制度，保证每位学生学习过程都有指导教师及时提供指导和服务；对参加导学的指导教师提供培训和管理，以提高导学的质量；严格按照教学基本要求组织实施各个教学环节的考核，严格评分标准，坚决杜绝考试作弊现象，营造健康向上的学习氛围。

对话

夏巍峰：华中师大网院是注重专业师资队伍建设的网络教育学院之一，这么做的主要原因是什么？您认为教师在远程教育中的作用是什么？

汪继平：我们现在面临的是教师资源短缺的问题。因此，我们提出了专职教师为骨干，兼职教师为主体的教师队伍建设思路。兼职教师不为我所有，只为我所用。他们中既包含校内的在职老师和离退休老师、校内博士生，也包括校外的知名专家。当然我们聘请校外教师，肯定是聘请我们所不及的。也就是说校内有的我们优先会考虑校内，校内解决不了的就请校外教师。

夏巍峰：有专职教师的网院并不多，华中师大网院这么做是出于什么样的考虑？

汪继平：我们网院有九名专职教师，包括一名副教授，六名讲师，二名助教。之所以要设专职教师是因为网络教学的过程真正要落实下去还需要有专门的人来做这个事，这是我们的基本考虑。在我们网院，专职教师、兼职教师、辅导教师一起构成了一种立体式的学生学习支持服务系统。专职教师除了参与网络教学，包括网上辅导、命题、阅卷、学生论文指导与答辩等之外，平时主要负责网上答疑，网上作业布置与检查，对学习中心辅导教师的指导，以及题库、资料库的建设，等等。一方面专职教师长期在网上，另外一方面专职教师对兼职教师还有一种管理组织的职能。所以

PRACTICE IN CHINA

我觉得专职教师在网院的办学当中非常重要,特别是在构建质量保证体系过程当中,是不可缺少的。现在我们的专职教师数量还不够,"十一五"期间要达到每个专业有一到两名专职教师。

质量和品牌对一个单位的发展是非常重要的,我们抓资源建设是为了保证质量,抓专职教师队伍建设,抓整个网络教育教师队伍建设,也是为了保证质量。最重要的是树立一种品牌,通过质量来赢得社会的承认,让更多想求学的人选择我们华中师大网院。

发展规划: 学历教育与非学历教育比翼双飞

七年发展,华中师大网院共开设了22个专业,覆盖高升专、专升本两个层次。目前拥有本、专科层次网络高等学历教育注册学生32591人,已毕业人数19452人,在学13139人。其中,在职中小学教师13400余人,占所招网络高等学历教育学生的41%。华中师大网院正加快建设步伐,规范管理,强化服务,保证质量,争创具有鲜明特色和自身优势的国内一流网络教育机构。

对话

夏巍峰:华中师大网院在非学历教育方面也有一些探索,并在3年前成立了专门的培训部。那么3年来,非学历教育取得了哪些成绩?积累了哪些经验?

汪继平:华中师范大学网络教育学院培训部成立近3年来,在非学历教育方面做了一些积极探索。正在进行的工作有:信息技术培训、动漫培训和中小学教师培训。培训部与教育部教育信息管理中心、信息产业部、劳动部等合作进行信息技术培训,同时进行职业资格考证工作,目前已培训近千人次。动漫培训目前已开展了两期,培训课程主要以MAYA为主,同时兼顾其他课程。接受培训人数80余人。毕业生大部分进入了全国重点动漫产业基地工作。中小学教师培训则主要通过网络的方式对中小学教师进行远程培训。

中国经验

夏巍峰: 除了地域差异，与教育部直属的其他 5 家师范类网院相比，华中师大网院的发展特色是什么？未来的发展目标又是什么？

汪继平: 教师教育特色我们 6 家都有，在办学特色方面我们和他们也有不同。我们不仅要彰显师范特色，服务教师继续教育，同时还要充分发挥高等学校服务社会的功能，拓宽服务范围。只要是社会上有需求的、我们又有优势的教育资源和服务，我们都会向社会提供。

从某种程度上来说，这几年我们在苦练内功，华中师大网院目前正在逐步走向正轨。我们现在正在酝酿把市场化运作机制引入非学历教育和学历教育。市场需要什么，我们给什么。在 2006 年的学习中心工作会议上我提出，要实现学历教育与非学历教育比翼双飞。如果网络学院老是抱着学历教育，其生存空间必然会越来越小。我们的想法是在"十一五"期间，要实现网院发展的三步走。第一步是规范发展网络教育，理清各种关系，夯实基础。第二步创新发展网络学历教育，积极拓展非学历教育项目和国际合作项目。第三步是以非学历教育和国际合作项目为主，实现以学历教育为主向非学历教育的转变。这是一个发展的目标，也是一个发展的趋势。

（原载 2007 年 4 月《中国远程教育》（资讯））

华南师大网院: 四大特色践行终身学习理念

——与华南师范大学网络教育学院院长许晓艺对话

访谈嘉宾: 华南师范大学网络教育学院院长 许晓艺
访 谈 人: 《中国远程教育》(资讯)执行主编 夏巍峰

◎ 参与实施广东省"利用网络教育提升中小学教师学历工程"
◎ 搭建新型合作模式, 探索和发展"区域辐射特色"
◎ 注重实验研究, 以立项方式鼓励教职员工开拓与创新
◎ 为边远山区、欠发达地区的人们、外来打工者, 以及残疾
人弱势群体, 提供平等的教育机会和教育资源

华南师范大学始建于1933年，现为广东省属高校中唯一的国家"211工程"重点建设大学。70多年来，华南师大数易校名，几度迁徙，虽历经沧桑，却弦歌不辍。一代又一代华师人恪守"艰苦奋斗、严谨治学、求实创新、为人师表"的校训，重视学生综合素质和创新能力的培养，筚路蓝缕，薪火相传，为社会输送了毕业生17万余名，铸就了华南师大今天的繁荣与发展。

1998年教育部正式启动现代远程教育试点工作，当时华南师范大学的校领导就敏锐地感到这种新的教育形态不仅会加速高等教育信息化进程，还会对高等院校的发展与改革产生更加深远的影响。基于这种认识，华南师大紧锣密鼓地开始了华南师大网络教育学院的筹建与申办工作，开始整合学校的资源，筹集经费600多万元，进行网络学院基础设施建设等。2002年华南师范大学被教育部审批为全国第三批现代远程教育试点高校。

华南师范大学网络教育学院成立5年来，以终身教育、终身学习的理念为指导，坚持质量第一的办学宗旨，加强软硬件建设，尤其是网上教学资源的建设，建立了能满足网络教学基本要求的校外教学支持服务系统，形成了能较好体现现代远程教育特点和发展趋势的，并能保证网络教学质量的，具有一定特色的网络教学、管理与服务的模式。在网上资源建设和为社会提供内容丰富的教育服务方面取得了较好的成绩，并形成了四大办学特色，即"教师教育特色，区域辐射特色，实验研究特色，教育帮扶特色"。

教师教育特色

华南师范大学网络教育学院自成立之日起就将举办教师教育，促进教师教育专业化进程，提高中小学教师队伍综合素质为己任，在发展"教师教育特色"方面成绩显著。2004年7月27日广东省教育厅正式启动"利用网络教育提升中小学教师学历工程"（以下简称"学历提升工程"）。作为该工程的具体实施单位，华师网院充分发挥华南师范大学作为国家"211工程"重点建设师范大学、教师教育网络联盟首批成员单位、国家现代远程教育试点高校的优势, 整合各类教师教育资源, 通过发挥现代远程教育优势, 实现了"人网、天网、地网"的有机整合、学历教育与非学历教育相沟通, 为全面提高广东省教师教育的质量, 提升教师队伍的学历层次和整体素质做出了积极的贡献。

访谈

夏巍峰: 华师网院是何时介入"学历提升工程"的? 作为省教育厅领导下的项目, "学历提升工程"除了提升教师队伍的学历层次和综合素质外, 在探索教师教育新模式方面进行了哪些尝试?

许晓艺: 我们主要是以参加广东省中小学教师"学历提升工程"为契机, 发挥网络教育的优势, 推进广东省教师教育的创新。为构建我国高质量、高效益、开放灵活的教师教育体系做出积极贡献一直是我们华南师大网络学院的努力方向。我们和广东省教育厅都希望通过这个项目构建一个以服务教师终身教育为目的, 各种教育形式相结合, 教师学历教育与非学历教育有效沟通的一体化教师教育体系。

让我们欣慰的是, "学历提升工程"自2004年实施以来, 到现在已形成了一个以华南师大网络教育学院为主体, 县级教师进修学校 (又叫区域教师学习与资源中心) 为支撑, 上联高等院校, 下联中小学校, 覆盖广东省大多数县区的教师培训体系, 这个体系是一个"培训机构上移, 培训基地下移"的培训体系。

夏巍峰: 这个项目是怎么落地的?

许晓艺: 我们的做法是与广东省县级教师培训机构合作, 目前我院与广东省44个县级教师进修学校合作开展教师远程教育。在开展教师学历教育的同时, 我们从县级教师继续教育需求出发, 以县级教师进修学校为培训基地, 或者叫作校外学习中心, 开展了一系列教师远程非学历培训项目。如高中新课程评价培训、中小学骨干班主任培训, 中小学校长培训等。网络学院聘请了远程培训项目的著名专家, 并承担其费用及网络课程的开

PRACTICE IN CHINA

发,大大地减轻了教师培训基地的办班开支和教师的学习成本。开发完成的优质培训课程可以提供给其他与我院合作办学的教师培训基地共享,同时这些优质的网络培训课程还可以吸纳到教师教育的学历课程体系,使参与网院学历提升的中小学教师充分受益,所选学的培训课程得到当地教师培训基地和教育主管部门的认可,从而减少了教师继续教育的重复培训。

我认为开展教师远程教育,应当树立一个大教师教育观。必须有效利用我们现有的教师培训体系,不能另起炉灶,必须发挥现有教师培训基地的积极性与作用。高等师范学校设置的网络教育学院与我国现存的省、地(市)级教育学院、县级教师进修学校,乃至中小学校都应在构建我国教师终身教育体系中发挥作用。基于这种认识,我们网络学院采取了一些对县级教师进修学校的扶持政策与措施。我们认为,首先要将县级教师进修学校成为我们运作教师"学历提升工程"的教师学历教育的校外学习中心。县级教师进修学校确实存在着不同程度的生存与发展问题,尤其是边远山区的学校办学经费严重不足,不要说发展,连生存都有困难。我们开玩笑地说,他们是弱势机构。因为在与我们合作前,不少教师进修学校面临着衰败和萎缩的境地。与我们合作开展教师学历教育,不但使它们的办学层次得到了提高,扩大了当地的威信和影响力,而且项目运作起来后,办学经费的增加还解决了它们的生存问题。据统计,从2005年以来,37个县一级教师进修学校参与了网络学院各种层次的学历教育招生接近一万人,教师进修学校共筹措办学经费2,400多万元。

其次是教师教育一体化的问题,教师进修学校属于最基层的教师继续教育培训基地,我们把它们作为校外学习中心,就是说最好的师范大学能够通过网络技术的手段到达最底层的教师培训基地,能够为边远山区的教师集成优秀的资源。通过这样的培训体系,才能实现培养和培训一体化,学历教育和非学历培训相衔接与相沟通。这个模式很有特色,省教育厅十分支持,我们算是先走一步。

夏巍峰: 在资源建设上,如何体现学历教育与非学历教育的一体化?

许晓艺：我们不像一些培训机构做一套课程让所有老师听，我们是反过来，让教师进修学校自己提需求。你在教师培训这块有什么需求，提出来，我帮你解决，我为你量身定做。在开展教师远程学历教育方面，是以我们试点高校网络教育学院为主，县级教师进修学校主要是体现校外学习中心的职责和功能；在开展教师远程非学历培训方面，是县级教师进修学校提出需求，就是地方教师培训的需求，它们是需求方，我们是资源提供方，提供方为需求方提供服务。这样做，不仅使我们的"学历提升工程"落到实处，还可以把优秀的非学历培训课程整合到学历教育中来，放在我们的教学平台上，提供给参与学历提升学习的中小学教师来选课学习。

具体来说，我们的学历教育的课程体系，与普通高等师范院校的职前教育课程体系有所不同。职前教育即新教师培养的专业课程计划，虽然近年来有了很大调整，但仍然存在诸如教师教育课程门类少，教师教育课程学科化倾向、重理论轻应用等问题。我们网络教育教师学历课程体系则是一个更加开放灵活的体系。第一是课程资源较为丰富，尤其是成立了全国教师教育网络联盟这个教师网络教育的共同体后，资源达到了共享。第二是教师教育课程资源开发建设的模式有了创新，使所开发的课程不仅质量高而且课程的开发速度快。第三，更新快，转型快。教师教育课程开发坚持以广大中小学教师继续教育的需要为前提、以基础教育改革与发展的需要为前提、以提高教师职业活动能力与水平为前提。近年来我院在编制教师学历教育的课程计划时，就坚持着上述的这些原则。比如，我们和广州市教育局共同立项和研究，开发的教师学历与非学历网络课程纳入到地方教师继续教育课程体系中，学分予以认可，教师参加当地的继续教育项目所修的一些课程及学分，网络教育学院也予以一定的认可和免修。这样一些做法不仅做到学历教育与非学历教育有效沟通，还减少了教师的负担，不再重修和参加培训。

夏巍峰："教师网联"如何评价你们的创新和探索？

许晓艺：实事求是地说，我们所做的探索，和教育部提出并正在积极推进的全国教师教育网络联盟计划是一致的。作为全国"教师网联"理事单位，我们所追求的目标以及现在进行的探索是符合全国教师教育网络联盟计划的发展目标的。按照《教育部关于实施全国教师教育网络联盟计划的指导意见》的要求，全国教师教育网络联盟计划就是要在新的历史条件下，促进天网、地网、人网的三网合一，有效利用现代远程教育手段，充分发挥高校的优势，构建以高等师范院校为主体，区域教师学习与资源中心为支撑，职前职后一体化，学历教育与非学历教育相沟通，开放高效的教师教育网络体系，共享优质教育资源，提高教师教育质量。我们采取的上联华南师大这个教师教育培训机构，下联中小学校的县级教师学习与资源中心的做法，就是按照教育部及全国"教师网联"的工作部署的。

我在全国"教师网联"的一次工作会议上，曾提出要构建一个真正属于我们教师培养和培训的公共服务体系，就应当把各级教师进修院校建设成为全国"教师网联"的区域教师学习与资源中心，要把这些专门的培训机构整合到教师远程培训和管理的大平台中来。全国"教师网联"的成员单位可以通过整合加入进来，以后区域学习中心既是华师大的校外学习中心，也可以是其他网联成员单位的校外学习中心。区域学习中心与中国最优秀的师范大学合作不但可以开展学历教育，还可以开展各种形式的教师远程培训，甚至开展国家级教师远程培训项目和教育硕士项目，这样一来他们不再是弱势机构了，而是"最牛"的校外学习中心。

区域辐射特色

拥有地处华南、毗邻港澳的地域优势，以及教师教育的特色优势，华师网院一直积极开展对外交流活动，寻求发挥其区域辐射特色的渠道。

访谈

夏巍峰: 华师网院在区域辐射方面做了哪些工作?

许晓艺: 以前，我们也曾经尝试走出去。2003年我们曾在印尼做了一个项目，通过卫星进行华语教学，后来因为卫星成本太高，项目暂缓。去年7月份以后，我们就考虑换一种方式来做，不一定从头做到尾，平台可以不是我们的，而是借助别人的平台。这段时间，我们访问了香港宽频和澳门有线电视公司，沟通得都比较愉快，比如香港宽频，有30多万的用户，平台做得很好，它有电信、电话、有线电视三个牌照，只需要一条数据线，一个视频语音数据交换机，就做到了三网合一，就可以把最先进的各种资源加以整合，可以通过他们的平台传输我们的课程资源，这样做的效果也不错。搭建了这样一种合作模式，我们准备今年抓一些项目走出去。

夏巍峰：以这种模式合作的项目，在推广上会不会有一些问题？

许晓艺：这点我们很有信心。现在香港、澳门，都有人希望学习中华的文化，了解大陆的经济政策、法律制度、会计制度和行政管理等，希望能够开发这类课程，希望和我们合作。我们正在密切沟通这件事。香港宽频目前在北美的海外华侨中已是家喻户晓，所以将来我们的区域辐射绝不只在港澳一带。当然，数字电视的技术标准与我们的三分屏课件不一样，我们要根据它的标准开发一套课程。现在我们在技术方面已经做成熟了，我们会请最好的老师做最好的培训资源和讲座。目前我们拟开发一些岭南文化的课程资源，因为华侨一般原籍都在福建、潮汕、广东和海南，这方面也是我们学校的优势。

实验研究特色

华师网院一向注重实验研究，曾多次承办重要的国际国内会议，特别是在2006年5月，承办了"2006远程教育国际论坛"。该论坛是继"2005在粤试点高校现代远程教育研讨会"之后再次召开并将学术交流范围扩展到国际的一次大型学术会议。论坛为期三天，以"远程教育的实质性发展——协调与创新"为主题，内容涵盖丰富，对我国远程教育理论研究、实践发展、学术交流和国际合作都具有积极意义。

访谈

夏巍峰: 承办国际论坛给你们带来哪些收获？

许晓艺: 一些被邀请的国内外著名专家在论坛上谈了一些远程教育的理念和发展趋势问题。我们的教职员工和学生很难有机会去国外参加国际会议，这个机会非常难得，因此我们网络学院的教职员工和校内的有关学科研究生都参加进来了，他们都是立志从事这个行业的人才，聆听专家们的演讲，现场向专家提问，对于他们来讲受益匪浅，意义重大。

夏巍峰: 2006 年 11 月至 12 月间，华师网院隆重举行了"2006 学术活动月"系列活动，2007 年华师网院决定启动"华师在线改革与创新工程"，大兴学习之风，研究之风。这些活动的重要意义是什么？

许晓艺: "2006 学术活动月"以"远程教育的服务与创新"为主题，历经三个阶段、两个层面的研讨、报告，有效地统一了全体教职员工的思想认识，提高了大家对如何做好远程教育服务，如何推动远程教育创新的理论、规律与方法的理解与认识，进一步落实了学院年初制定的远程教育"服务年"的战略部署。

另外，去年 7 月新班子上任以后，认识到网络教育要上一个新台阶，必须要有新的思路，要有突破。所以我们以研究的形式立项开始实施"华师在线改革与创新工程"。这一项目以网络学院为主，吸纳学校各个学科以及校外学习中心的相关人员共同参与。比如需要研究华师网院搞了几年，我们的品牌是什么？我们的统一标识是什么？包括: 英文、中文名、域名等等各种标识，我们要打出"华师在线"这个品牌。

教育帮扶特色

"网络教育是我们构建终身教育体系、学习型社会的重要力量和主力军"，许晓艺院长说: "我们要体现终身教育的这种教育公平、教育民主的理念，让边远山区和欠发达地区的人也能得到平等接受教育的机会。"

在许院长看来，不分群体、不分宗教，不分正常人还是残疾人，都应有获得教育的机会，这是孔子的"有教无类"的教育思想，同时也体现了终身教育的理念。

华师网院曾经把开学典礼拉到最边远的山区——瑶族自治县去举行，华师网院要宣传"网络教育是解决欠发达地区人们接受高等教育不平等和不公平的有效途径，也是缩小高等教育城乡差距的有效手段"这样一个理念。

2004年春季，网院与广东省残疾人联合会合作招收了第一批残疾人学员。据华师网院副院长张妙华介绍，残疾人是一个特殊的群体，有一些比较特殊的需求，比如轮椅要方便进入课室等。所以华师网院选择广州市先行试点，委托广东省培英成人中等专业学校(校外学习中心)组织招生。广东省培英成人中等专业学校隶属于广东省残疾人联合会，是全省唯——所招收各类残疾学生的综合性中专学校。截止目前，广东省培英成人中等专业学校已为华师网院招收了300多个残疾人学生。

面向这些特殊的学生，网院要提供特殊的学习支持服务，才能保证他们能够比较顺利地完成学业。残疾人学生中有两个视障学生，为了解决他们学习上的困难，网院根据他们的需求专门设计、开发具有针对性的学习支持服务。比如: 把网络课件中的音频提取出来，压制成MP3、MP4格式，下载到残疾人学生的MP3或者MP4播放器，让他们随身携带，有时间就拿出来听。由于视障学生完全依靠听力来记忆，需要比较长的时间组织学习内容，所以网院要提前把考前辅导等学习材料给他们。考试也要进行特殊的安排，视障学生看不到试卷，而网院又没有懂学科专业的盲文老师批改试卷，所以第一次考试时给每个视障学生安排一个学生助理协助读出试卷，待视障学生对问题做出回答后，再由这个学生助理把答案写到卷面上。但是读卷并不是好办法，不但耗时长，而且还会出现听觉障碍，这主要发生在英语考试中，学生助理如果发音不太标准，就会产生歧义。为了解决这个问题，网院计划开发一个适合视障学生的考试系统，这时张副院长在网上查到北京特殊教育学院有两位老师已经成功研制出新特视障人员练习与考试系统,张副院长兴奋不已,专程带上技术部的工作人员跑到北京考察。系统简单实用,可以将视觉符号转换为语音信号,并结合视力障碍学生的学习特点,发挥他们在触觉和动觉方面的优势,让练习与考试在电脑上完成,很适合视障学生操作。张副院长当即提出购买,当北京特殊教育学院的两位老师听说情况后备受感动,说:"你们为两名视障学生购买考试系统,可见你们为视障学生服务的诚意,系统免费给你们用吧。"这个系统的试用效果很好,视障学生表示比较满意,他们的机考成绩也都很好。谈到网院提供的学习支持服务,视障学生黄健飞感慨地说:"我很庆幸选择网络教育方式来提升自己的学历,一来这种学习方式特别适合我们,二来网院对我们特别照顾,让我更有信心。"

访谈

夏巍峰:将来在推广上会扩大残疾学员的数量吗?

许晓艺:我们是希望扩大,希望尽量为残疾人提供服务。我们已经将学费降到成本价以下,如果拿到了毕业证书,残联还会根据伤残级别的不同,给予残疾学生一定的补助费。但是这个项目要拓展还是有一些问题,经济环境、技术环境和求知意识都很重要,广州市已有比较好的环境,但是农村的残疾人还缺乏通过学习增强自己生存能力的意识。

此外,按照我们目前的这种培训培养体系,这个项目要在整个广东省乃至全国拓展,就必须和基层的学习中心合作。而这就要求学习中心的设施必须符合残疾人的特点,要有无障碍通道,比如电脑室要建在一层,要有安全通道和电梯等。我们也考虑过,是否可以把基层残联培训机构作为校外学习中心,但是这些机构的基础普遍不好,不符合我们校外学习中心建设的标准,所以上述模式现在还难以推广。

夏巍峰:除了以上提到的项目,未来华师网院还会启动哪些新项目?

许晓艺:无论学历还是非学历教育,任何一个项目我们一定要找到一个思路才能做。我们还有一个新项目、一个新的思路,即关于"利用网络教育建设学习型台资企业示范工程"，这是我们网院2007年开展的重要项目。工程将发挥网络教育优势，面向"珠三角"台资企业职工开展学历与非学历远程教育，将中等职业教育与高等网络教育相衔接，将学历教育和资格证书教育相沟通，通过一体化网络课程设计与实施，提高"珠三角"台资企业职工的学历层次和整体素质，满足台资企业产业结构调整及健康可持续发展需要，稳定"珠三角"台资企业产业职工队伍。参与"工程"的单位有四家，华师网院、省台办、校外学习中心，以及台资企业。

　　广东省有1.8万个台资企业，目前出现一些台资企业往内地和长三角迁移的倾向。广东省已经出台了很多政策进行扶持，以保持台资企业在广东的植根率，我们这个项目大概也能起到一定的作用。我们要给那些从内地偏远山区来广东台资企业打工的年轻人一些接受教育的机会，他们的学历往往是初中，而远程教育资格认证是很严格的，必须是高中起点才行。那么初中程度的人怎么办呢？我们先给他们搞技能培训、职业教育培训，比如：酒店管理、会计、物业管理、计算机、电子商务这些方面的职业教育培训，通过我们的网络教学平台或者卫星直接送到台资企业中去，先提高他们的专业素质和职业素质，让他们用两年时间拿到职业教育的相关学历，然后再参加专科学习。我们做过调查，特别是那些台资企业里的女工非常珍惜这个受教育机会，因为她们在边远山区由于各方面的原因读完初中就辍学了。培训一方面可以提升企业竞争力，一方面工人也可以把自己的教育、发展和企业的发展结合起来。台资企业的职工边学习边工作，半工半读，在接受中等职业教育和高等网络教育的同时，也在为台资企业服务，为广东经济发展作贡献。这样一来，台资企业的劳资关系就变成了校长和学生的关系。这是一个多赢的项目，已经得到了省政府有关部门的重视，希望我们把这个项目做起来。

（原载 2007 年 5 月《中国远程教育》（资讯））

中农大网院：建立农业远教模式

——与中国农业大学网络教育学院副院长梁书华对话

访谈嘉宾：中国农业大学网络教育学院副院长 梁书华
访 谈 人：《中国远程教育》（资讯）执行主编 夏巍峰

◎ 专业设置侧重农科特色
◎ 开发多种形式的教学资源
◎ 依托校外学习中心解决实践环节的问题
◎ 利用多种信息技术提高面向学生与学习中心服务的能力
◎ 建立首问负责制，彻底解决学生提出的每一个问题
◎ 对每一个环节进行监控，在每一个环节上抓服务

中国农业大学是我国现代农业高等教育的起源地，至今已有一百多年的历史，是一所以农为特色和优势的综合性全国重点大学。国富民殷、强农为本。数代农大人情系乡土，忧患苍生，为实现中国人千百年来的温饱和富庶之梦不遗余力，以高水平和实用型的教学科研成果为我国农业现代化服务，为我国农业发展和农业科技进步做出了重大贡献，形成了特有的勤勉持重、爱国忧民的精神传统和严谨求实、厚德博学的办学传统。

中国农业大学网络教育学院作为中国农业大学开展现代远程教育的专门机构，成立于2001年7月。六年来，本着"以质量为中心，改革创新、规范管理、适度发展、办出特色"的办学理念，中农大网院充分整合学校的优质教学科研资源，发挥网络教学的巨大优势，在全国各地设立现代远程教育校外学习中心，建设以网络课程、文字教材与辅导材料为主要内容的"立体化"教学资源，应用视音频交互系统、呼叫系统（Call center）、短信平台等远程答疑、咨询的交互工具，构建教育支撑平台和门户网站，初步形成了具有中国农业大学特色的现代远程教育服务体系。

充分发挥农科特色

作为68所现代远程教育试点高校中的特殊一员，中农大网院是人缘最好的一个，所到之处备受欢迎，这大概是他们始终坚守农业特色，坚持面向"三农"，面向基层，面向在职人员的回报。六年发展，中农大网院成绩斐然。目前远程学历教育已经开设了园林、动物医学、食品质量与安全、农林经济管理等14个专业（18个专业方向），同时开展了农村基层干部培训、农业实用技术培训和农民素质提升培训等非学历教育。先后在全国24个省（市）建立了60多个校外学习中心，拥有主讲教师200多人，制作课件260多门（包括卫星版、网络版、光盘版课件）。其中，两门网络课程《动物解剖与组织胚胎学》、《企业经营管理》被评为中国农大精品课程。还有部分课程在中国农大普通生、中国农大成教生、干部培训、清华大学网络教育学院、中国地质大学网络学院、中国石油大学网络学院的教学中应用。中农大网院还编写出版了20多门适宜网络教育学生使用的网络教材，40多门课程讲义，100多门课程的辅导材料，并开发了应用于实践教学的虚拟实验软件。

访谈

夏巍峰： 中国农业大学是以"农"为特色与优势的综合性的全国性重点大学。中农大网院在办学定位、专业设置、教学模式上是如何体现和发挥农业特色的？

梁书华： 网院从2001年开始就将中农大网络教育定位在面向"三农"，面向基层人员，面向在职人员上，遵循"四个一致、四个服务"的办学原则，即与国家高等教育政策相一致，为国家的高等教育服务；与农业、农村的发展相一致，为农业、农村的发展服务；与学校的发展相一致，为中国农大的发展服务；与农大网络教育学生的需求相一致，为学生的各项发展服务。

基于这个思想，在专业设置上我们首先把中农大的重点学科，农科的特色专业设置出来。如：农村区域发展、动物医学、土地资源管理、农林经济管理等专业。在其他院校也有的专业里，在专业内涵上突出中农大的学科优势，比如园林专业包含两个专业方向：规划设计和栽培养护，我们偏重栽培养护。

培养目标定位也要适合农业基层人才的培养。我们把在职人员继续教育的培养目标定位在"应用型、复合型"人才的培养上。在课程体系的构建和教学内容等方面强调"应用性"，在培养模式上注重遵循成人、在职、远程教育的特点。为了实现新的培养目标，我们于2004年进行了教学计划的全面修订，对原课程体系进行了大幅度的调整，将标准定在适合农村基层人员的需要、适合在职人员的继续教育上。继续教育不重研究性，而是强调适用性、易用性方面的培养，那么从课程体系上就要加大应用性课程的比例。而应用性课程，其教学内容、教学目标必然要定位在应用层面上，理论以够用为度，主要培养学生理论联系实际的能力，让学生学了以后就能用上，为提高学生的职业技能服务。因此，我们在开发课件时，教学设计和老师的思想就比较明确，在新设计的课件和教学活动中应用性知识和实际操作部分的比例明显提高，增加了许多演示、模拟的内容，不必要的理论和一些公式推导逐步减少。

原来我们的课件基本上是老师自己带着内容过来讲课，这实际上是课堂搬家；而对适合成人远程教育的方式是什么，适合成人的教学内容是什么，都没有深入探讨。虽然一直跟老师说，我们的学生是在职人员，他们需要应用性知识多一些，把普通高等教育课堂上的PPT搬到远程教育来肯定不适应，可是大部分老师对此都不以为然，而且青年教师经验不足，做应用性课程难度也很大。从去年开始，我们下决心解决这个问题，一是请那些经常下基层做技术推广和指导生产的有实践经验的老师来做课件。他们既有理论，又有实践，能够把知识融汇贯通，切实为学生解决实际中的问题。二是在设计思想上要求站在学生的位置上考虑问题，研究怎么才能让成人学生学懂这门课，用什么方式呈现才能让他们更容易明白这些知识，所以现在我们的课件的确有了很大的变化。

夏巍峰：中农大网院的学员主要来自哪里，农业以及基层在职人员所占比例是多少？校外学习中心主要设置在什么地方，依托了什么样的机构？

梁书华：我们的学生主要来自农业口，校外学习中心85%都是农科院校，其中农业职业技术学院和农业学校占很大比例。农业院校的特点与其他院校不一样，对学生面对面地指导、咨询服务非常重要，网院会竭尽所能给学生提供服务，但是，有些教学环节，特别是实践环节必须依靠学习中心支持，实践教学对我们农科网络教育来讲，是非常重要的

PRACTICE IN CHINA

环节。现在，我们主要通过三种方式解决学生的实践问题，即课件演示观摩，模拟试验，实际操作。模拟试验我们做了一个《犬解剖虚拟试验》，通过拖动鼠标让学生解剖动物，已经开始试应用，效果还不错，下一步我们会加大实验课件的开发力度。但是，有些实践环节需要到学习中心实地操作。为了落实实践环节，我们已经把这项要求加进了对学习中心的评估指标中。

完善网络教育支撑环境

如果以"十一五"为节点划分发展阶段，2001 到 2005 年可以算是中农大网院的创业阶段，主要任务是解决"有没有"的问题。包括：有没有学生，有没有专业，有没有课件，有没有服务体系。2006 年开始是第二阶段，需要解决"好不好"的问题。这里面除了做好专业建设与课程建设，还要加强网络教育支撑条件与网络学习环境建设，提高面向学生与学习中心服务的能力。为此，中农大网院架设了新型交互系统，建立了呼叫系统（Call Center）与短信平台，搭建了"E知通"视音频交互系统，配备了专职坐席招生、教学、技术支持咨询人员，开通了咨询热线电话。

访谈

夏巍峰：农大网院把2007年确定为网院的"服务与质量年"，那么下一步如何在服务上加以提升？

梁书华：第一是转变服务思想。原来一涉及两个部门的问题，部门之间就容易出现扯皮现象，现在实施了首问负责制，学生提问题不管找到谁，这个人要负责到底，哪怕不是他份内的事情，也要牵头把问题彻底解决。

第二，内部管理进行调整。原来教学管理部下面有 6 个小组，包括：教学组、教学设计组、考务组、教材组、学生服务中心和学籍管理组，涵盖了从学生入学注册到毕业的全过程。部门过于庞大，并且大家都在忙于日常管理，教学水平的提高和教学过程的服务很难落到实处。现在将教学管理部拆分为教学部和学生支持服务部。教学部负责专业建设、课程建设、教学策划、教学辅导、教学改革等。学生支持部负责学生咨询服务、考务、教学资源提供、成绩与学籍等学生支持服务。

明确教学与学生支持服务部门职责与岗位职责，强调对学生学习过程的服务和教师教学水平的提升。我们非常希望能够引入ISO9000质量认证体系的理念与方法，建立网络教育质量监控体系。目前，我们正在按照ISO9000的要求完善流程，并对每一个环节进行监控，检查每一项工作是不是真正服务到位了。以发试卷为例，试卷发走后要计算到达的时间，提醒对方接收，对方收到以后要给予回复，有送有达，这样才算服务到位了。现在每次下去巡考都要带任务，全方位地听取学习中心和学生的意见。有时就是站在考场外，等学生考完试出来，赶紧上前问几句，像问他们"课程难不难"，"内容适合不适合工作需要"，"技术支持怎么样"，"学习支持服务到位不到位"等等。另外还要跟学习中心增加交流。

第三，建立班主任制度，增加学生的归属感。改变原来一个专业配一个辅导老师的状况，从去年下学期开始每个专业的主干课程全配上辅导老师。加强教师队伍建设，仅2006年就新聘请主讲教师79位，辅导教师15位，毕业论文指导教师210位，并组织新聘教师进行网络教育业务的培训。

第四，加强学院内部管理，提升骨干队伍的素质与能力。网院的人员仅仅服务态度好还不够，更重要的是要有服务的能力，有服务的技术、办法、措施、素养才行。光有决心、信心、热情还不够，关键看有没有能力，有没有本事。没有本事怎么办？就要锻炼自己在学中干，干中学，不断提升自己的理念，不断探索，抓住机会随时跟别人学习，不行的地方赶快弥补，始终让自己处在一种积极向上、奋发有为的精神状态。从去年开始，凡是教育部召开的相关会议，行业里的培训班，我们都会把骨干部门的负责人送出去参加,培养人不能怕花钱,我们希望每个岗位上的骨干人员都能培养成为这个岗位的专家。

夏巍峰:农大网院近年来十分重视理论研究。开展网络教学研究,提升网络教育理论水平的目的是什么?

梁书华:为农民服务我们责无旁贷,但是在理念上我们必须要走在前面,不能老跟在别人后面跑,那样永远没有立足之地。打江山不容易,保江山更难。竞争这么激烈,办得不好马上就下台,跟原来水平一样也不行,必须有创新,网院才能发展。所以必须开展网络教学研究,提升网络教育理论水平。以前我们天天忙于日常工作,没有对取得的实践经验进行总结,不能上升到一定高度来认识问题,对行业里面的领先理论和经验也缺乏了解。这种状况一定要改变,否则人家都已经形成现成的经验了,你却不知道,还在那里做无谓的探索,造成时间和精力的浪费。我们计划请所有有特色的网院都来给我们上上课。

现在我们组织各部门骨干人员成立网络教学研究小组,从去年开始就着手进行调研,了解国内外网络教育发展动态、社会需求、学生需求等,并形成多篇调研报告,在此基础上初步确定了我院网络课程建设方案,教学资源库、教师平台、学生平台等多项改革方案。即《国内外网络教育教学方式调研报告》、《学生学习方式调研报告》、《学习中心管理方式调研报告》、《毕业生调查报告》、《用人单位对毕业生评价报告》、《中农大网络教育教学资源建设方案》、《中农大网络教育教学平台开发方案》以及多篇论文。利用下发调查问卷、召开学习中心座谈会,深入实地进行调查,从中取得有价值的反馈意见,作为教学改革和调整发展思路的参考资料。同时,锻炼了队伍,提高了他们的研究能力,激发了敢于探索与创新的积极性。

夏巍峰:保证教学质量首先要加强学习中心工作的监控与考核,农大网院是怎么做的? 是否也有一些新举措?

梁书华：网络教育容易出事，主要是因为对学习中心监控不到位，所以要建立好学习中心规章制度与考评制度。我们在2005年就根据教育部"学习中心评估指标"结合农大网院对学习中心的要求，制订了学习中心评估指标内涵说明及学习中心评估实施方案，并进行了统一部署。效果是明显的，在当地教育主管部门的评估中我们的很多学习中心得到较高的评价，比如，上海农林职业技术学院、广东河源农业职业技术学院、北京市农科院等学习中心的工作均得到评估专家组的充分肯定。学习中心管理、建设与发展一直是网院的重点工作，今年，为了加强学习中心管理，在管理机构上也进行了调整，专门成立学习中心发展部，这个部门主要负责学习中心考评、建设以及协调解决学习中心困难与问题等。今年我们也想以学习中心评估为契机，对学习中心的工作进行一次全面检查，以促进学习中心建设与发展。因此，在今年的校外学习中心会上又全面部署了学习中心评估工作，特别强调专职招生、教学、咨询服务、技术支持队伍配备与规章制度的建设问题以及所有业务人员的培训，不培训不能上岗，特别是招生中一定要按照国家政策办事，使用学院统一的宣传资料，不能打擦边球。同时，要求学习中心高度重视学生学习过程的教学服务，及时发现和解决学生学习中的困惑，进一步增强为学生服务的意识，尤其要为学生提供足够的实验实习条件，将实践环节落到实处。

为新农村建设发挥作用

中国作为一个农业大国，"三农"问题关系到国民素质、经济发展，关系到社会稳定、国家富强。2006年中央一号文件再次锁定"三农"，新农村建设由此起步开局。这个一号文件指出，建设社会主义新农村是中国现代化进程中的重大历史任务。农村人口多是中国的国情，只有发展好农村经济，建设好农民的家园，让农民过上宽裕的生活，才能保障全体人民共享经济社会发展成果，才能不断扩大内需和促进国民经济持续发展。

要想建设新农村，必然要培养新农民，作为农业高等院校，中农大如何把握机会为"三农"服务，网络教育能否在其中发挥作用，面向"三农"提供远程教育的困难和机遇又在哪里？

访谈

夏巍峰：农村基层干部队伍在基层、在农村，中农大网院面向农村开展远程教育，与其他一些网院招生与教学对象主要面向大中城市在职人员相比，你们有着什么样的困难？

梁书华：困难非常多。首先是农村学员的条件非常艰苦，收入低，网络条件差，有些人甚至没有计算机。所以我们就开发了多种形式的教学资源，包括网络课程、光盘课件、纸制教材、讲义，以及专门的辅导资料，用以满足不同学生的不同需求。使学生在教师的指导下，可通过互联网、多媒体光盘等方式学习网络课程，也可到校外学习中心集中收看课件，同时还可以通过纸质教材和辅导资料进行课程学习。

其次是思想理念和知识结构方面的困难。学员消化不了这么多的知识，所以我们只能对应地给他们最精的最必要的知识，让学员掌握最基本的东西，就达到我们的目的了。

再一个困难来自统考，基层学生英语通过率太低。网院其实在统考方面做了很多工作，收集相关资料，出资请教师每周六在"E知通"上做辅导，结果大城市的学生提高了不少，基层的学生却很少来听，了解后才知道他们掌握的单词量太少，听不懂辅导。这是一个大问题，仅依靠我们的力量可能无法解决，所以我们想国家的政策能不能考虑实际需要，特殊问题特殊处理，适当地对农民学生放宽难度。为此，我们已经向统考办提交了相关的申请文件资料。

夏巍峰：2003年成立的中国高校农业科技与教育联盟，由教育部科技司主办，中国农业大学承办，农科教联盟目前做了哪些工作？农民学员的反馈如何？

梁书华: 农科教联盟由8所农科院校组成,中国农大是牵头单位,主要工作是送教下乡,面向农民提供免费的培训讲座。农科教联盟现在已经在河北隆化等地建立了6个示范基地。另外,在党员干部现代远程教育资源建设,制作培训资源开展科教服务方面也做了一些卓有成效的工作。截止到目前,农科教联盟已经为农村基层干部岗位培训提供了大约20小时4,000人次的培训服务,农村基层干部进修约40小时3,000人次的培训服务,产业现代技术培训约40小时5,000人次的培训服务,各种农民致富技能培训约50小时50,000人次的培训服务。大约有10万农民通过电视参加了学习和咨询。此外,还组织专家帮助河北隆化基地解决了3,000多亩玉米的大斑病问题,为农民挽回损失400多万元。

但是说实话,农业非学历培训没有政策的支持和资金投入,推广起来难度非常大。几年来,我们已经在农科教联盟上无偿投入了300万元,全部是用学历教育的收入来补助它。

夏巍峰: 中农大网院的付出已经得到社会的认可。2007年4月,中农大网院被北京顺义区评为支持社会主义新农村建设先进单位。您认为作为农科高校在社会主义新农村建设中应如何充分发挥自己的优势?

梁书华: 新农村建设的战略提出来意味着中农大可以尽可能地为新农村提供全方位的服务,这一块除了人才培养之外,还有技术科研成果转化等方面,是一个整体的推进,不光是网络教育。当然建设新农村,信息化教育很重要,我们学校一直强调网院的社会效益,强调建立农村远程教育体系,也是希望我们能够面向在职人员服务,在构建终身教育体系及新农村建设当中发挥更大的作用。

夏巍峰: 您对中农大网院的未来有何畅想?

梁书华: 我们的学生规模已将近3万,网院管理人员将近100人。我们的理念是在能力许可的情况下,适度发展,现在还处于可操控的范围之内。目前招生形势很好,需求越来越多,新农村建设也给中农大带来了很大的机遇，但是从中农大的风格来讲，还是希望我们能够扎扎实实地发展。

总的来说，无论是在国家政策上，农大网络教育的环境上，还有学校对我们支持上，我们都有非常宽松的发展机遇，关键看我们能不能抓住它，能不能在原来的基础上有一个大的发展。这就需要我们领导班子、中层骨干心往一处想，劲往一处使，能够拧成一股绳，大家齐心协力把这个事业干好。网院的教学管理团队是我一手带起来的，我非常珍惜他们，也常常被他们所感动。实话讲，网院人员职称评定等政策还不能纳入学校系列，工资待遇也不高，但是他们还是愿意留在这里干，就为了这个事业有意义，有成就感，可以脚踏实地干一些事。许多员工都把单位当作自己的家来建设，所以经常主动留在办公室加班加点地工作。网院在去年制定了"中国农业大学现代远程教育'十一五'发展规划"，目标也很明确，我们将采取得力措施，努力去实现网院的发展目标，为我国现代农业的发展和终身教育体系的构建做出应有贡献。

（原载 2007 年 6 月《中国远程教育》（资讯））

东北财大网院: 服务先锋

——与东北财经大学网络教育学院院长杨青对话

访谈嘉宾: 东北财经大学网络教育学院院长 杨青

访 谈 人:《中国远程教育》(资讯)执行主编 夏巍峰

◎ 通过公共服务体系扩大招生规模

◎ 在软件开发上投入数百万,通过信息化提高教育质量和管理水平

◎ 加强与校外学习中心的沟通,促进共同繁荣与发展

◎ 采用校企合作模式,引入企业管理机制管理网络教育

◎ 把服务定为网院的"核心"理念

◎ 引进ISO9000质量保障体系

创办于1946年的东北财经大学坐落在国家级风景区——大连市星海公园西侧，素以校园恬静、优美著称，是一所以经济学、管理学为主的多科性教学研究型大学。建校60多年来，东北财经大学始终把人才培养作为学校的中心工作，坚持教书育人、管理育人、服务育人的教育理念，始终把质量放在教学工作的首位，培养出了一批又一批优秀的经济管理人才，在国内外的知名度不断提高。

2002年，东北财经大学经教育部批准开展远程教育，成为全国68所现代化远程教育试点高校之一，同年7月东北财经大学网络教育学院成立。短短5年间，东财网院遵循"博学济世"的校训和致力于为学生创造价值的理念，依托学校在经济学、管理学方面的优势，为开展学历教育与非学历教育提供优质的教学资源与服务，获得业界的好评，成为远程教育领域中的佼佼者。

通过公共服务体系扩大招生规模

一间简陋的办公室，几台电脑几个人，东财网院起步时与大部分网院一样简单而纯粹，唯一不同的是中国网络教育经过几年的蓬勃发展进入了调整期，网络教育从规模扩张转向规范管理。在这种形势下，东财网院瞄准了同样刚刚起步的公共服务体系。

2002年8月东财网院即与中央电大远程教育公共服务体系开始合作，成为较早与公共服务体系合作的网院之一。当时公共服务体系的社会认知度不高，自身也不够完善，许多人持观望态度，作为网络教育的后来者，东财网院这一决定十分具有前瞻性，它不但成就了如今的公共服务体系，也使东财网院自己以最小的投入迅速走向了全国。

访谈

夏巍峰: 回首五年前，东财网院在一间简陋的办公室进行创业。短短五年过去，东财网院员工队伍由十余人发展到百余人，学员由百十人发展到数万人，数百个学习中心遍布全国。支撑东财网院取得这样快速发展的

"核心"是什么？

杨青: 核心是教育部关于通过建立公共服务体系来发展远程教育的决策。东财的学员主要是通过中央电大公共服务体系招进来的。没有公共服务体系的迅速发展，东财的学员就不会增长这么快。而东财网院员工队伍的增长是为了满足规模迅速增长的学员的服务需要。

夏巍峰: 您作为东财网院发展的掌舵人，不仅见证了我国远程教育行业发展的各个关键时期，而且直接参与了市场的开拓，对中国远程教育事业的成长有着自己切身的体验和感受。如果用简单的语言来归纳，您认为中国远程教育到底发生了什么样的变化？东财网院是如何不断调整自己的？

杨青: 中国远程教育发生了从没有经验到相对的有一些经验，从无序到相对有序的变化。这个变化的过程还会持续下去。东财网院经历了这个过程，也发生了相应的变化。东财进入网络教育比较晚，是最后一批进入网络教育的试点院校，东财刚刚开始从事网络教育，中国网络教育就进入了整顿期。对东财网院而言，从一开始就可以更多地借鉴兄弟院校的经验，谈不上什么调整。

夏巍峰: 东财网院的学员规模走在我国高校网院前列。有人提出质疑，只有百余人的员工队伍如何能保证数万学员的教学质量？你们是如何看待这种质疑的？你们又是如何做的？

杨青: 东财网院的学员规模是不是走在我国高校网院的前列我并不清楚。据我所知许多学校网院的学员规模都比东财大。如果与开放教育的规模相比，东财的规模就更是小巫见大巫了。在某些地区，开放教育在一个市的招生量，就等于东财全年在全国的招生量。

而员工规模是招生规模拉动起来的，没有数万学员，员工也不会有100人。至于说百余人的员工队伍怎么能够保证数万人的教学质量，这里有很大的误解。

首先,为东财招生和提供支持服务的公共服务体系的学习中心有数百个。每个学习中心为学生服务的人从十几到上百人不等,粗略算起来,也有数千人之众。因此,不是仅仅东财网院自己的一百员工,而是东财网院与公共服务体系,以及其他东财的合作伙伴共同在为这数万学员服务。

其次,从东财网院与公共服务体系的分工来看,东财主要负责教育资源的建设与供给。大家都知道,远程教育的最大优势在于资源的高度共享和它的规模效益。一门课件给一百个人学习和给一万个人乃至更多的人看是没有什么差别的。因此,资源建设的投入属于固定成本,并不随着学员的增加而增加。

再次,东财所谓百余人的队伍是纯粹的管理人员队伍。在我国的网院中,纯粹从事网络教育的管理人员达到这种规模的并不多。而随着学员的增加,提供学习支持服务的人员是要增加的。而东财在这方面大大增强了力量。东财目前从事网络教学,教学辅导和论文辅导的教师有数百人之多,几倍于东财网院的管理人员。而充分利用和共享学校的优势资源,恰恰是网络教育的又一个特点。再者,在网络教育中,对学员学习的支持服务,也在相当程度上依赖于技术平台的性能,而不是仅仅依靠人员的增加。比如:对一门课程,学员所能提出的问题总是有限的,这些问题被归纳并经过信息化处理后,同样是可以被共享的。为了提高学习支持服务和管理的效率,东财建立了一支十几人的软件开发队伍,这还不够,还要将许多开发任务外包。东财这些年来投在软件开发上的资金达数百万元之多。东财走的是通过信息化来提高教育质量和管理水平的道路。

夏巍峰:有人说,东财网院的生源是校外学习中心跑出来的,而校外学习中心是东财网院跑出来的。听说您走过许多校外学习中心,拉近了东财网院和校外学习中心的合作感情。同时,您每到一处都要与学生见面座谈。您这么做的原因是什么?

杨青:沟通和理解是人类的共同财富。通过沟通增强理解,道理很简单,东财只是做了很简单的事情。充分沟通就能共同繁荣共同发展。

引入企业管理机制

东财网院成立时，学校给了 20 万元启动资金，并附上一份无价的信任与支持，这一切都令网院人铭记于心，深深感动。

网络教育依托教学平台开展教学，对信息技术要求较高，是一种需要前期投入巨资的教育模式，规模与质量这对矛盾，在这里成正比，没有规模就没有质量，没有质量又形不成规模。而解决办学资金的途径有两条：一是依靠学费，二是吸引社会资金。东财网院认为，在办学条件尚不充分的前提下扩大招生，利用学费作为办学投入显然对早期学生不公平，实际上是侵犯了学员的利益，这是东财网院不愿意看到的。所以东财网院毅然选择了后者，吸引社会资金。就这样，2003 年 1 月，东财与弘成科技达成了资本合作的协议。

访谈

夏巍峰：我们注意到东财网院一开始就选择与企业合作，建立"校企合作"模式运行，在管理机制上实施"企业化运作"。选择这样的运作模式，对东财网院的发展有什么样的好处？

杨青：从东财的情况来看，"校企合作"主要是引入企业的管理机制来管理网络教育。这种机制的引入，使我们在用人上，财力的支配上都有了较大的自主权，这对于提高团队的战斗力，保持对网络教育的必要的投入，面对市场能够做出灵活和迅速的决策，从而对提高效率和教学质量都起到了非常积极的作用。

夏巍峰：有人认为，"校企合作"容易导致办学权的转移。东财网院这几年来办学权是不是把握在自己的手中，是不是也存在着办学权转移的风险？

杨青：什么叫做办学权的转移？如何定义？这个我还不大清楚。在东财教学和教学管理上的方针、政策，这些都是由学校来决定的，为此，我们成立了由参加网络教育的各学科和专业的专家组成的教学顾问委员会和教学指导委员会，他们中的大部分都是教授和学校的学位委员。在我看来，关键是办学思想。办学思想偏了，不搞"校企合作"也要出问题。

把"服务"定为"核心"理念

东财网院里有一块牌子：学生无小事。学院客服体系采用电话+BBS+Email+语音+短信+论坛+QQ的方式，为学生提供从报名－录取－注册－选课－学习－预约考试－论文指导等一揽子服务。学院成立了由42名辅导老师组成的专业辅导队伍，从副校长岗位上退休的郭长禄教授也加入了这支队伍，对网院学员实行咨询、辅导、指导、督学全过程跟踪服务，并制定了"值机答疑"制度，承诺学员提出的问题在36小时内得到回复。网院投资开发了"客户呼叫服务平台"，开辟了主动呼出服务业务，电话、短信、网上交流三位一体，这个浩繁的工程旨在让数万学员都能享受到学院即时、直接、热情的服务。东财网院还是较早建立学生服务中心的学院之一，其服务热线——"阳光热线"在远程教育领域可谓家喻户晓。

不仅要服务热情，更要服务精准。东财网院的服务体系建立在三个层面上，第一是基本服务，第二是专业服务，第三是用"心"服务！正是这种真诚的人文关怀，个性化的教育服务，使东财网院赢得了信任与尊重，保证了网院的可持续发展。

访谈

夏巍峰：东财网院把"服务"定位为网络教育的核心理念。这样定位是如何考虑的？东财网院从产品是"学生"到产品是"服务"有怎样的转变过程？

杨青：东财网院在建院初期，就在考虑引进ISO质量保障体系。引进这一体系的第一个问题就是要确立什么是网络教育的产品。如果将学生定义为产品，学生的个体差异就不可避免地包含在质量的差异之中，很难分离。这样对保障质量的标准就失去了客观性，难以衡量和检验。而如果将教学服务定义为产品，评价和检验就比较容易了。比如我可以比较容易地建立起一套指标来以服务去评价和检验一门课件的质量，或网上支持服务的质量。但不同的学员，学习同一门课程，接受同样的教学支持服务，其学习成绩却可能存在巨大差异。我们根据哪一类学员的成绩来评价我们的课件质量和教育支持服务质量呢？现在有一种比较流行的观点认为，应当通过学员经过学习后的增量（或者说进步）来衡量。这从理论上讲也有道理，但操作起来却比较难。所以东财网院是选择了一个在目前看来比较好操作的一种评价办法。既然网络教育的产品被定义成了"服务"，那接受这种服务的学员就成了"客户"。为学员服务就自然而然地成了我们的核心理念。

夏巍峰：既然东财网院走的是"教育服务"路线，那么在构建和完善网络教育学生支持服务系统的过程中，你们有哪些具体措施？

杨青：具体的措施很多，以后还会越来越多。到目前为止，这些具体的措施可分为以下几个方面：

第一，思想上加强教育，树立全员服务的理念。

第二，组织上成立具有"呼叫中心"功能的学生服务中心。

第三，引入质量保障体系，成立质量保障专职部门。加强制度、流程和监控机制的建设。

第四，加强技术开发，不断提高信息化水平，提高服务的精度和效率。

第五，设立专岗，不断对员工和学习中心人员进行培训。

ISO9000 只有开始，没有结束

"资源丰富优质、管理现代规范、技术先进适用、服务贯穿始终"这是东财网院的十六字质量方针。2005年12月经过近两年的细致准备，东财网院通过了 ISO9000 质量管理体系认证，成为国内为数不多的通过ISO9000 质量管理体系认证的高校网院之一。质量管理体系认证的引入，

彻底改变了网院疲于奔命的被动式管理局面,建立起了一个优质长效的服务机制。

访谈

夏巍峰: 东财网院顺利通过了ISO9000质量管理体系标准认证。目前通过此项认证的网院数量很少。是什么促使你们果断地引入ISO9000质量管理体系?导入ISO9000质量管理体系以来,网院发生了哪些显著变化?

杨青: 东财引入ISO9000质量保障体系用了差不多三年的时间,并不果断,我们也是抱着试试看的态度来做这件事情的。东财网院从建院初期,就开始着手引进ISO9000,从最初的启蒙学习,到灌标,再到规章制度、流程的建立,一直到通过认证,这是一个漫长的过程。在这个过程中,东财网院也从对网络教育一无所知,走向略知一二。在我们眼里,有待解决的问题还有一大堆。我们真的说不出,导入ISO9000以来网院发生了哪些显著变化。东财网院成长的过程,就是一个不断实现ISO9000的过程。这个过程只有开始,没有结束。

夏巍峰: ISO9000是东财网院津津乐道的质量管理模式,同时也有学者质疑ISO9000在远程教育领域应用能否有效,认为规范的标准化管理会抹杀个体的创造力。您怎么平衡标准化管理与鼓励和发挥个体创造力之间的关系?

杨青: 标准化管理和个体创造力的关系,就如同民主和集中的关系一样,是要辩证地来看的。处理两者关系本身就是一门艺术。

我们的体会是,标准化可以使我们有更多的精力去创新。我们将工作中总结出来的行之有效的方法和做法制度化、流程化,可以避免重复地犯同样的错误,可以使复杂的工作变得简单,从而提高效率和质量。这样做了以后,我们就可以有更多的精力去思考新问题,寻找新的方法,如果找到了,再把它标准化。在我们的制度和流程中,就包括如何处理职工创新的制度和流程。

打造网络财经教育品牌

从一无所有，到开发网络课程100多门（其中，40多门课件被其他学校购买和使用），出版网络教育系列教材十几部，学员数万，管理队伍百余人，学习中心遍中国，东财网院走过了一个不平凡的发展历程。截止2006年年底，东财网院已累计毕业人数11，754人，成为财务从业人员提高学历层次及职业能力的家园。在支持服务方面获得了业界广泛的认可，初步树立了东北财经大学网络教育的服务品牌。

访谈

夏巍峰：东财网院五年来在中国远程教育行业不断"推陈出新"，东财网院给业界的感觉是"创新的领导者"。那么，在这个变化过程中，东财网院积累了哪些值得业界同仁借鉴的经验？

杨青："推陈出新"和"创新的领导者"这两顶帽子太大，我们戴不起。在发展的过程中，我们跟大家一样，都有自己的心得和教训。这些我们愿与网络教育界的同仁们共享。至于这些体会或者教训是不是有可借鉴的地方，要由同仁们根据自己的情况来判定。我们说不出什么值得借鉴的经验，想来想去还是一个踏踏实实做事，老老实实做人，一点儿小事能把它办好了就不容易。

夏巍峰：东财网院的学历教育已经发展到一个不小的规模，您觉得是不是还有继续增大规模的空间？我们也看到，在面向行业以及其他培训领域，东财网院已开始起步，那么面向这个领域，你们有什么样的规划？

杨青：我现在还不清楚你们判定东财规模大小的标准是什么。你们是不是认为，东财的学习支持能力和管理能力，已经不足以保证教学的质量？如果是这样，我们要好好检讨一下，如果真的问题较大，压缩规模也是必要的。我们认为，规模的大小要与从事网络教育的组织的教学支持和管理能力相适应。而这种能力受到人力、物力、技术等条件的制约。但从长期来看，随着投入的增加，这些约束条件都是可以改变的。所以在管理的边界值以内，社会的认可才是决定性的因素。从经济学的角度来看，如果社会有需求，就存在追加投入扩大规模的可能，从而取得更大的规模效益。但无论如何，以牺牲质量为代价，片面地追求规模或所谓的经济效益，是自取灭亡。

在非学历培训领域，我们还没有什么具体的规划，我们也在投石问路。向清华等非学历项目搞得好的学校学习，试着推出代表东财特色的培训项目，力求在这个领域中有所建树。

夏巍峰：作为一个管理着拥有数万人的"网络大学"的院长，您个人感觉最大的挑战是什么？

杨青：最大的挑战是如何提高教育服务的质量和水平，使这种服务真正成为成年人进行继续教育所需要的服务。

夏巍峰：面对新五年，东财网院的发展目标是什么？发展方向和发展重点在哪里？

杨青：把东财的网络教育打造成网络财经教育中的一个品牌，使人们想到要在财经知识和能力方面提升就会想到东财网络教育，无论是学历教育还是非学历教育，重点还是课程资源的建设和支持服务体系的完善以及教学手段的革新。目标再远大，也要先把眼前的事做好，尽力把项目开拓出来，做点儿适合社会需求的产品，发展则是自然而然的事。

（原载 2007 年 6 月《中国远程教育》（资讯））

内蒙电大: 在西部欠发达地区延伸

——与内蒙古电视大学校长韩竞对话

访谈嘉宾: 内蒙古电视大学校长 韩竞
访 谈 人:《中国远程教育》(资讯)执行主编 夏巍峰

◎　全力维护电大系统的完整性
◎　构建由四个文件、一个计划、三种方式、两个结合、四个空间、两种支
　　持有机统一的教学模式
◎　建立三级电大三种模式的三网结合互补、三级平台有机联动的运行机制
◎　实施"四个一"的建档工程
◎　建立督导制度;推行年报年检制度;成立区域大教研室;打造品牌专业
　　和精品课程

内蒙古广播电视大学是1979年经内蒙古自治区人民政府批准成立的一所自治区直属高等学校。学校实行"统筹规划，分级办学，分级管理"的办学体制，经过28年的建设与发展，已经形成了以内蒙电大校部为中心，基本覆盖全区城乡的现代远程开放教育系统。

2000年，实施"中央广播电视大学人才培养模式改革和开放教育试点"项目以来，内蒙电大进入高速发展时期。2004年全区电大系统集体加入中央电大公共服务体系，使现代远程公共服务体系遍布全区，并首批参加了教育部"一村一名大学生计划"和中央电大"西部百所电大援助计划"。内蒙电大在总结性评估中，有8所试点分校被评为"优秀"；教学模式和教学管理模式分获自治区高等教育教学成果一等奖、二等奖。

内蒙电大现代远程开放教育人才培养的总体目标是以适应经济和社会发展多样化需要、满足多元化学习者需求为导向，面向各行业生产、建设、服务、管理第一线岗位（群），培养具有现代远程开放教育特质的，能够下得去并为地方、基层、农村、边疆和少数民族地区留得住、用得上、信得过的应用型高等专门人才。作为自治区现代高等教育的主力军，内蒙电大以其独有的办学形式在自治区高等教育大众化进程中发挥着重要作用。

立足本地 适应发展

内蒙古自治区位于中国北部边疆，东西直线距离2，400公里，南北跨度1，700公里，横跨东北、华北、西北三大区，总面积118.3万平方公里，由蒙、汉、满、回等49个民族组成。近年来，包括内蒙古自治区在内的西部地区部分省份的经济发展创改革开放以来最好水平，"十五"期间，自治区经济增长超过9%。

在经济快速发展的同时，发展的不平衡性也日益凸显，人口、资源、环境的承载能力几乎趋向极限，科技创新能力不足，创新性人才匮乏，劳动者素质普遍较低的问题凸显出来，教育供需矛盾突出。加之，自治区各地区间的自然条件、经济实力、教育基础差异较大，高等教育资源集中，地域分布不平衡。这样的客观环境使得内蒙电大要发展就必须遵循"实事求是、突出特色、适应发展"的认识路线。

"实事求是"就是要从开放教育的教育形式、学生状况、师资队伍、信息传输环境和西部地区的实际出发；"突出特色"就是要充分考虑电大特点，以及边远、欠发达地区的特殊情况，体现以人为本的精神内涵；"适应发展"是指外部环境对人才培养的要求，即在适应学习者自身发展需要的同时也要适应地区经济建设和社会发展对人才的需求。

访谈

夏巍峰: 请您详细谈一下内蒙古自治区的外部环境为内蒙电大发展提供了哪些契机?

韩竞: 就目前来看，自治区公职人员学历补偿教育尚未完成；大企业、大公司进入内蒙古急需管理、技术人才支持。从长远看，电大发展的契机主要会体现在以下几个方面:

其一，西部地区特别是边远少数民族地区加速工业化进程，势必造成产业结构的大调整，产业结构的调整必将导致社会的结构性失业，劳动力已有的知识结构老化或不合理，不能适应新岗位的需求。解决结构性失业人群再就业的唯一途径是教育与培训。所以自治区的国家机关、企事业单位的人员培训、转岗培训、农村富余劳动力培训等任务繁重。

其二，随着加快推进工业化，西部地区农牧业产业化、城镇化、服务化发展迅速，传统意义上的农牧民大量转化为第一、第二、第三产业的劳动者。为适应新角色或为角色交换做准备，更新知识体系和提高素质是必由之路。

其三，近年来国家强调普通高校的分层发展，普通高等学校本科扩招受到一定限制，给电大办学留有发展的余地。

其四，到"十一五"末，全区高等教育各类在学人数将达到50万名，普通高等教育资源总量不足，其中15万名左右在学人员需要以远程教育的形式完成。

其五，预计到2020年，高等教育毛入学率将要达到40%。新的学习需求者将来自于平民、弱势群体等依靠提高自我发展能力改变命运、改变人生的人，电大在此领域将具有广阔的潜在生源空间。

夏巍峰：您认为开放教育试点项目的实施对于内蒙电大的意义是什么？它给电大发展带来了哪些变化？

韩竞：在开放教育试点项目实施之前，电大正处于"彷徨"期，1995年之后，普通高等教育迅速发展，电大实质上被边缘化，成为普通高等教育的补充。1999年开放教育试点项目的实施，使电大成为了重要的有效的高等教育资源。对于内蒙电大来说，开放教育既是自身现代化的过程，也是投身于自治区现代化的过程。

开放教育给内蒙电大带来的变化，首先就是使电大的系统建设得到了加强。现在内蒙电大拥有分校级开放教育教学点20个，旗县级87个，全区共有107个电大机构遍布内蒙古大地。其次，开放教育更新了我们的思想，为本地经济建设和社会发展服务的思想、满足学习者求学需要的思想深入人心。另外，我们的师资队伍情况也有了很大的改善，校本部35岁以下教师硕士学历所占的比例已经全部达标，更主要的是开放教育使教师掌握了现代教育的理念和技术。最后，开放教育开展以来，设备的投入也是非常大的，现在内蒙电大已经基本形成了覆盖全区的支持开放教育的网络系统。

克服困难 维护系统

内蒙古自治区现有高校34所，其中三分之二是新组建的规模较小的高职院校，在自治区普通高校中尚没有设立网络学院，教育基础设施落后，这使现代信息技术和教育技术手段的充分实现遭遇诸多障碍。电大系统最东端和最西端的试点旗县工作站相距约3,000公里，管理难度较大，管理成本很高。

在如此艰苦但又迫切需要人才的环境中，如何立足本地，适应发展，为当地提供一种全新的、现代的、远程的、开放的、适用的、人民满意的高等教育形式，便成为内蒙电大现实和未来的责任。

访谈

夏巍峰：鉴于内蒙古地区的实际情况，内蒙电大在实施开放教育的过程中会面临哪些主要问题？

韩竞：相对于传统教育形式而言，现代远程教育先期投入巨大，是一种资金密集型和技术密集型、适应于规模教育的教育形式。那么，在一个经济、文化、地理等环境明显处于弱势、人口密度低、规模效益不明显的地区开展开放教育必然遭遇观念、条件、公平等诸多难题。

首先，内蒙地区地广人稀、地域狭长，组织开放教育遇到的第一个困难便是地理方面的问题，这是别的省遇不到的。其次随着自治区高等教育的发展，高等职业学院、民办高校的办学能力明显提高，但电大办学自主权缺失，竞争处于不公平状态。第三，电大学习者多为在职人员，学习起点不同、基础薄弱、文化水平参差不齐；另外由于内蒙欠发达，学习者自己花钱读开放教育，一部分人还有一定的经济困难。更突出的问题是，在地方教育资源的整合中，系统的完整性和办学的相对独立性受到冲击，电大的系统功能被削弱。最后由于历史的原因，造成教师队伍数量偏少，整体结构不合理，学科建设力量薄弱等，成为电大发展的内在制约因素。

夏巍峰：据了解，内蒙古自治区高等教育结构调整使内蒙电大的系统性受到了影响，对此内蒙电大采取了哪些措施来维护电大的系统性？

韩竞：针对各地区高等教育结构调整给电大系统带来的影响，内蒙电大党委提出必须承担起省级电大的责任，珍视系统、善待系统、重塑系统，并提出了共建和谐电大的目标。制定并申请自治区教育厅转发了《关于切实加强电大系统建设的意见》；积极研究并入普通高等院校的电大分校与合并院校关系的重建问题；努力探索新情况下保持电大系统性、强化电大教育特色的问题；协助当地政府对丧失电大办学特色、教学组织管理缺位的试点单位，采取果断措施予以取消，原办学功能整体移交；对全力维护系统完整性,维护电大办学声誉的单位,给予减免管理费等多方面的支持。

目前,通过在理性与感性方面的共同努力,已经促使全区电大系统的面貌焕然一新,并显示出巨大的凝聚力和创造力。

创造模式　更新观念

内蒙电大1999年启动教育部"中央广播电视大学人才培养模式改革和开放教育试点"项目,2004年9月确立了内蒙电大开放教育的教学模式,2004年10月确立内蒙电大开放教育教学管理模式。上述两项成果分获内蒙古自治区高等教育教学成果一、二等奖。

"模式的建构过程,就是一种新的教育形式的研究、升华过程;模式的实施过程,就是落实环节、提升质量的过程。"内蒙电大在建构模式的过程中,充分考虑了开放教育的规律和特点,立足自治区实际情况,在形式上力求简约、平实、具有可行性,源于实践又高于实践,蕴含着已经做的、正在做的和即将做的,从而为西部欠发达地区现代远程开放教育的教学过程和组织形式提供了具有基础性、可运行的依据和框架,落实远程条件下的教与学的各个环节,并把模式的构建、实施过程与提高教学质量和管理水平紧密相联。而构建内蒙电大教学模式和管理模式的理论基础是两个理念: 现代远程教育质量观和以人为本的服务观。

访谈

夏巍峰: 您对模式的意义是怎样理解的? 请您介绍一下内蒙电大开放教育的教学模式。

韩竞: "试点项目"能否取得实质性进展,其重点和难点就在于形成适合这种崭新的教育形式的教学模式和管理模式,没有成型、科学、适用、可行的模式,教学过程就会出现不稳定性、非理性和无序性。

鉴于此,内蒙电大开放教育的基本教学模式是,以质量体系作保证,在四个教学文件(即实施性教学计划、专业教学实施细则、教学大纲、课程教学一体化设计）的框架下，教师通过面授、辅导、答疑、督导、考核、评价等方式最大限度地激发和满足学员自主学习的能动性和需要，对学生进行入学教育，宣传开放教育理念，指导学生形成自主学习计划；以集中、小组、个人三种组合方式，体现协作性和自主性；导学与教学、导学与自学相结合；在课堂、网络、实验和实习基地、试听和图书馆阅览室四个学习空间，依托网络技术环境和多媒体教学资源的支持，进行实时或非实时交互，实现师生互动、生生互动、人机互动，将学生专业学习和专业拓展学习，专业理论学习和专业技能学习，专业知识的掌握和综合能力的培养统一起来，全面实现教学目标和学习目标。这一体系也可以简单表述为：质量保证体系下教师主导与学生主体的互动贯穿其中的，由四个文件、一个计划、三种方式、两个结合、四个空间、两种支持有机统一的教学模式。

夏巍峰：据了解，为了与教学模式相配套，内蒙电大在网络、资源的运行机制中实施"三级电大三种模式的三网结合互补、三级平台有机联动"的形式，这是怎么考虑的？

韩竞："三级电大"是指中央电大、省级电大和分校在资源和网络的运行中，承担不同的分工和责任，也拥有不同的基础和条件。"三网结合"是指，除了通常的天网、地网，在内蒙还要依靠电信网，电话导学还是一项重要的教学途径。总结性评估时中央电大的孙绿怡副校长就在阿盟看到了教师与学生的通话记录，上面详细记录了师生的通话时间，答疑的问题，解决的效果，等等。尤其在旗县，相当一部分教学点主要不是依靠网络，而是靠光盘。无论网络、电话还是光盘，不能说哪个先进，哪个落后，关键是哪个适用，让学生的学习更有效，更及时。

夏巍峰：内蒙电大在实施开放教育的过程中是怎样实施教学管理的？

韩竞：针对现代远程开放教育教学管理上"刚性和柔性、指导性与可行性、线上与线下相结合"的特点，内蒙电大研究和探索了体现现代开放教育特色，适应西部地区实际的教学管理模式。即在分级管理、协同运作的体制下，渗透现代远程教育质量观和以人为本的服务观；质量为核心，过程为主线，制度为保障，网络为支撑；抓牢教学点、教师、学生、课程四个主要监控点；完善教学支持服务和教学质量保证两大支柱体系；落实优质服务和高校监控两项任务；实现教学管理的规范化、合理化、效率化、现代化。即两个理念指导下的一个核心、一条主线、两个依托、四个主要监控点、两大支柱体系，落实两项任务，实现四化目标。

夏巍峰：请您剖析一下内蒙电大的现代远程教育质量观和以人为本的服务观。

韩竞：质量观要解决的问题是开放教育要培养什么样的人才和如何评价已培养出来的人才问题。内蒙电大通过五类课程（入学教育课程、公共课程、专业课程、衔接性和修补课程、拓展性课程），四项训练（专业思维、业务技能、信息素养、职业素养）和两个实践（课程实践教学和集中实践教学），使学习者具备五种能力（学习能力、认知能力、适应能力、应用能力和发展能力），在学习者原有起点上实现其知识、能力、素质的价值增值。这个质量观分为两个部分，一方面说明，质量是任何一种教育形式的生命线；另一方面，质量观也是一种发展的质量观，电大使学生在原有的基础上得到提高，为其今后的发展提升了能力，创造了条件，也就体现了教学质量。

服务观首先是一种全面的服务观，管理要讲服务，教学也要讲服务；不但要为教师服务，为电大的学生服务，也可以为普通高校的网络学生服务。其次是一种深入的服务，提倡上级为下级，机关为基层服务。就内蒙电大旗县教学点来说，并没有独立的机构，三分之一设在党校，三分之一设在教师进修学校，剩下三分之一也会设在其他法人单位，越到基层信息越不对称，如果服务不深入下去，质量和效益谈何而来？

彰显特色 发展图存

内蒙古广播电视大学把学校发展定位在开展现代远程继续教育，为高等教育大众化服务，为社会各类成员的终身学习服务。以此为前提，重点突出五个办学空间，即开放教育、成人学历教育、继续教育、高职教育和远程教育公共服务体系，以开放教育为重点，其他形式为补充，为经济发展和构建和谐社会提供更有力的人才支持。

访谈

夏巍峰：能否举例说明，内蒙电大在实施教学或管理中比较有特色的举措？

韩竞：第一，实施"四个一"的建档工程，即"一师一档"、"一生一档"、"一课一档"、"一点（教学点）一档"，以此为切入点，管理涵盖了教学过程的主要环节，以实现对教学全过程的有效监控。

第二，建立督导制度，成立督导小组，聘请普通高校的专家、已退休的高层管理者为小组成员，对全区电大进行督导。一方面有利于密切电大与普通高校的联系，另一方面也有利于将普通高校的优秀管理经验、教学经验推广到电大系统中来。

第三，推行年报年检制度，并将其延伸至最基层的教学点，以便加强统一管理。

第四，成立区域大教研室，鉴于电大教师分布得比较分散，我们把区内校部和分校的教师按照专业组织起来，建立区域性的大教研室，并形成制度，召开例会，以促进学科建设。

第五，打造品牌专业和精品课程，全区电大每两年评一次品牌专业和精品课程，每个分校都可以申报，并制定了具体的申报标准。

夏巍峰：针对自治区的实际情况和特点，内蒙电大今后有什么新的计划来继续巩固和加强全区的开放教育？

韩竞：首先，要进一步完善内蒙电大办学和服务的功能。今年年初，经自治区批准，在内蒙电大成立了内蒙古现代远程开放教育中心，我们要将其功能拓展为：现代远程教育的信息中心、资源中心、学习中心、考试中心和考试服务中心。

其次，要开辟开放教育的新空间。这包括扩大"一村一名大学生"的招生规模；关注弱势群体，尤其是残疾人的继续教育；开放教育向行业延伸；为成人函授教育提供一种模式，用远程教育来改造函授教育。

第三，加强系统建设。系统是电大发展的基石，因此我们必须完善职能，加快系统建设步伐，使全区电大系统从功能上联系，从体系上联系，形成互惠互利的利益共同体。促进层级式向扁平化发展，各级电大办学权力与职责进行划分，并入普通高校的电大相对独立性和特色的保持自然会成为全区系统建设的三大课题。

总之，开放教育对于内蒙古自治区发展的意义和开放教育在这里的需求程度是发达地区所不能比拟的，同时开放教育这种教育形式在西部少数民族地区发展的困难，也是发达地区难以想象的。中国现代化的关键是西部的现代化，农村的现代化。所以在西部、边疆、欠发达的少数民族地区，促进和发展开放教育这样一种高等教育形式，对于西部地区的发展，对于和谐社会的建设都具有重要的意义。

（原载 2007 年 8 月《中国远程教育》（资讯））

第三章

与总裁对话

Dialogue with CEOs

新技术推动教育变革

——与英特尔（中国）公司总经理杨旭对话

PRACTICE IN CHINA

对话嘉宾：英特尔（中国）公司总经理 杨旭
对 话 人：《中国远程教育》（资讯）执行主编 夏巍峰

自 2003 年 3 月英特尔在全球同步发布了崭新品牌——Centrino（迅驰移动计算技术）以来，在近半年的时间里，这个新一代移动计算中心的概念即刻风靡了整个笔记本市场，海外知名的笔记本大厂和国内的笔记本厂商都纷纷推出了基于迅驰技术的相应机种，与此同时英特尔所倡导的新的应用方式也渐渐被人们所接受。迅驰技术将对教育领域产生怎样的影响？新技术将如何推动教育变革？英特尔（中国）公司总经理杨旭阐释了信息技术推动教育变革的理念及其见解。

迅驰移动计算技术的优势

夏巍峰：英特尔迅驰移动计算技术推出，您认为其优势有哪些？对人们的工作和学习会带来什么变化？

杨旭：迅驰的推出体现了新的应用和新的应用模式的启动。这项新技术正好迎合了目前大环境的变化趋势，即通讯与计算的融合。现在传播的内容越来越多样化了，如果要获取这些信息，就要增加很多数据化的运算和传播，不管是 GPRS 或者是无线局域网。运营商推出的服务也都朝数字服务这个方向走，这样看来，将来的设备绝不只是做纯通讯语音的，也不是完全做纯技术计算的。所以我们说迅驰是一个先驱性的产品，它集成了技术和通讯，可以使用户体会到高性能价值比，体会到很强的通讯价值，体会到很长的电池使用寿命，很轻薄的设计，以上这些都是它的优势。至于对人们的工作和学习会带来什么变化，我认为就是应用模式的变化，任何人，在任何时间，任何地方，能用任何设备获得他想要的任何信息，这是我们的目标，也是人们未来的生活模式。

夏巍峰：您认为迅驰移动计算技术在教育领域有哪些应用前景？目前应用得如何，有哪些成功案例？

杨旭：迅驰本身是一项新的技术，它集成了无线局域网。无线局域网目前是全世界最关注的通讯技术，全世界范围内每 3 分钟就有一个无线局域网的热点启动起来，所以它也是全世界最热门的技术。它具有局域网性能高、成本低的特点，还有无线的方便性和移动性。如果学校用上这种笔记本，就可以实现移动教学。所以我对这项技术在教育领域的应用前景是有信心的。天津耀华中学这所历史悠久的中学有笔记本中学之称，学生全用笔记本。在我们与这所中学联络之前，他们已经建成了有线校园网，并在校园网上提供了基于 B/S 结构的网络应用，如网上信箱、网上教学等。但是当我们问他们，"如果有一个更新的移动技术，叫作迅驰，它把无线局域网集成在一起，这样的笔记本，你们会不会感兴趣？"他们表示很感兴趣。后来我们就把我们的合作伙伴方正科技介绍过去了，结果他们一拍即合。现在耀华中学的学生可以拿着笔记本在草坪上上网了，因为有了无线局域网。如今天津有两个这样的学校，未来天津市要搞35个这样的学校，都以耀华中学为示范。

转变应用模式是巨大的挑战

夏巍峰：我们了解到有些学校的电脑和其他硬件设备没有很好地应用起来，很多学校和老师更认为配置性能高的电脑没有什么用途，您怎么看这件事？

杨旭：这个问题很实际，不光是教育，这与我们今天市场上电脑的应用现状有关系。我们国内 IT 产业发展得很快，比如联想、方正等，但是他们大部分的成绩和业绩都是对 PC 的研发、生产，还有销售，建店很多，电脑在销量上上涨得也很快，最新的电脑、最新的技术迅速进入中国市场。如果只看这些是已经跟国际接轨了，但实际上中国所有的用户，包括商用客户、家用客户、教育客户，他们的电脑本身的技术应用水平是非常滞后的。原因是这么多年来，中国的硬件产业发展很快，软件产业却不景气，盗版导致软件产业不可能有很多资金投入到市场里面去做市场开发，没有人告诉中国的老百姓今天有哪些最新的应用出来了，该怎么更好地应用电脑，没有人去引导消费者。所以现在很不正常的一个情况就是，没有人知道最新的软件是什么。这导致中国老百姓不太懂应用，也不清楚软件能够帮自己做什么事情。这也使得很多在国外已经做得很成熟的应用模式，在国内却没有人听说过。

还有一个原因是中国老百姓第一次买电脑的还很多，包括很多学校，刚开始接触电脑，一下子让他们在很短的时间之内去完成运用模式的过渡，非常艰难。在国外，电脑已经用了20多年，开始打打字，后来用多媒体，上互联网，再进一步到和数码设备连接，是一步一步用过来的。所以对国外来说每次新的应用就是学个新的东西，应用本身是逐渐加上去的，过渡很平稳。而中国老百姓很痛苦，在这么短的时间之内要完成一个人家已经走了20年的应用模式的转变，这本身就是很大的挑战。在教育领域也不例外，国外很多学校用电脑已经有十几年的历史了，而咱们现在才开始上校校通。教育部要求学校全部都要上，这是对的。今天中国完全可以走些捷径，不一定按照国外以前走过的应用模式再重复一遍，中国可以直接跨到更好的应用模式。比如无线电话，中国发展得比美国市场好，而咱们的有线电话比美国就差得很远。

夏巍峰：英特尔跟教育软件厂商有没有过一些合作？

杨旭：我们在上海有一个部门，专门做软件产业支持，就是把最新的技术给软件厂商，让他们更好地开发应用软件，商用的、家用的、游戏的，还有教育的。他们做出来以后，再给我们的合作硬件厂商介绍。这个过程中我们担任一些牵线搭桥的角色。

其实我们很多的合作伙伴都非常关注教育，他们也确实花了一些精力，找了很多教育方面的资源，但是捆绑销售后成本加大，最后只好拿掉了。联想专门有一个团队搞教育，他们有一个很全面的教育信息网络，也有很多优秀的解决方案。我问他们为什么没有把这些东西集成为产品价值的一部分，展示出来？他们说今天中国的应用水平就是

中国经验

这样，把这些增值的东西加上去以后，人们需要这个但却不愿付钱，导致成本太高，最后只好不加了。今天有一个好一点儿的方法就是，厂家不配置好软件，但是至少在卖场展示出来，引导人们。如果人们觉得软件有价值，需要这个软件，厂家可以单独卖给你，或者隔壁有个软件店，你可以到那里去买。这个方法至少可以让人们知道这方面的信息。所以，怎么找一个最适合进入市场的方式，来宣传推进这样的东西是很重要的。

教育市场的商机及竞争策略

夏巍峰：教育市场日益成为 IT 厂商关注的热点，可以说是群雄必争，包括英特尔的竞争对手 AMD，也从教育行业入手向英特尔发起进攻。英特尔如何看待教育市场的商机和竞争？有哪些面向教育领域的解决方案？

杨旭：大家都看到教育市场是个机会。教育这块市场太大了，中国有70万学校，如果有20万学校在3年之内装电脑的话，一个学校50台电脑，一下就是1000万台。但大家看到的商机是表面的东西，市场本身面临着挑战，要发展就要把本质的东西解决，不能简单地做数字游戏。我们说挣钱，是怎么去挣得教育市场和这个机遇，而不是因为教育市场大，学校又没什么钱，就减一些功能，让产品便宜卖出去就好。目前很多公司是采取这样的策略，我觉得这是不对的。因为让客户习惯这种应用模式但却不能够满足未来5至10年教育的需要。信息技术怎么样才能更好地帮助教育？第一是老师能够接受，第二是学生能够接受，真正对教育有正面的帮助和拉动，这样的应用模式在信息技术启动的产品里体现出来以后，对厂商才是良性循环的。

所以我觉得不管是英特尔也好，英特尔的竞争对手也好，关键的还是：能走多远？能走多深？是你真的为学生老师拿出些什么样的方案？而不是简单地满足于一包硬件卖出去就完事了。未来5至10年教育产业要成功，绝不能只完成现在这种表面上的东西。

教育与产业要加强沟通

夏巍峰：现在学术界正在探讨信息技术发展对传统教育的挑战和影响，您能否从企业的角度来谈一下信息技术对传统教育的影响？

杨旭：作为企业，我们在教育领域做了很多尝试，但是还远远没有达到"信息技术真正能够为教育提供它所应该提供的功能"这个目标。我个人觉得我们只是刚摸到门儿，因为我们不是搞教育的专家。比如我们觉得这项技术什么都能干，但是它具体能为教育做些什么？怎么样帮助老师更好地去备课，更好地传播给学生信息，更有效地使学生与学生、学生与家长、老师与家长沟通？我们不清楚这些怎么去实现，教育和信息技术在这中间各自扮演什么角色，但是教育专家能够回答这些问题。

因此现在最关键的是：教育专家与信息技术专家要沟通。不能只是教育专家在谈，我们的教育是什么，信息技术应该怎么样来帮助我。因为教育专家有时候可能对信息技术不清楚，他们脑子里的应用模式可能是10年前的，如果靠10年前的应用模式来支持今天的教学，本身就已经滞后了。所以教育专家一定要和信息技术最前端的公司多沟通，让信息技术专家定期跟教育专家小组讲今天的信息技术已经达到了什么样的程度，能为人们的生活和工作提供什么样的帮助。这样可以促进教育专家联想，这样的技术用到教育界来可以做什么样的事，怎么样来帮助教学。

江苏省两三年前曾经搞了一次这样的沟通。把江苏省1000多名优秀教师分批地组织起来，和一个软件开发商举行座谈会，教师们谈他们的教学经验，包括如何提高学生的兴趣，学生对什么事物感兴趣，软件商同时在想这些经验怎么用信息技术表现出来，做出相应的产品辅助教学，这个过程持续了将近一年，出了很多好点子。而后一些优秀的教育软件和一些好的教学方式，比如网上辅导班都出来了，效果非常好。

当然，不管你启动什么样的方式来教学，不管你用信息技术如何去辅助教学，还要照顾到学生的兴趣。最终学生能不能吸收，学生是不是有兴趣在这样的应用模式下学习，至关重要。因为学生相对于教育来说，就是客户，如果学生不接受，那这个教育模式就会再一次留在实验室，永远是一个研究性的课题。

夏巍峰：信息技术在教育中的迅速应用，对学生来说有好的一方面。但"非典"期间学生们在家里学习却出现一个问题，学生的学习成绩提高了，视力却降低了。这是个很表面现象而已，从更深层次来讲，信息技术在教育中的发展还存在着一些缺陷？

杨旭：任何事情都有正负面，包括信息技术。我们说电脑不能取缔人们的工作，人们还得用脑，用手，电脑只是一个工具。同样电脑也不能取缔教学。信息技术在教育中应该是一个辅助功能，而不是取缔功能。特殊的时期，比如"非典"时期是取缔的功能，因为学生不能到学校去，只能依靠电脑上网学习。这是一个短期现象，不能长期地依赖这种模式，否则一天看8小时电脑谁都受不了。电脑未来在放射性、显示技术和计算上还需要有一系列突破。这个挑战我们愿意接受，我们会不断地改进、创新技术去保护人们的健康，减少对环境的影响。但不管技术发展到哪一步，永远不可能取缔人文本身。

夏巍峰：英特尔推动信息技术在教育领域的应用方面，做了哪些工作？通过这些工作，如何使教育界人士比较快地认识到新技术的好处，并主动应用新技术？

杨旭：英特尔的教育和很多公司不一样，英特尔有一个完全独立的教育部门，他们的工作是支持教育，和业务部门不挂钩。他们每年有自己的预算，并通过与教育部沟通，在当地教委的帮助和学校的配合下，来启动预算的项目。比如"未来教师计划"，这个计划中的教材全是帮助教师更多地了解信息技术，没有任何商业性的东西，这个项目在中国已经培养了11万名教师。还有"电脑俱乐部"项目，让家里没有电脑的,特别是工薪阶层家庭的小朋友可以在这里接触到电脑。

英特尔之所以关注教育是因为,英特尔对教育有着长期的、战略性的承诺。教育培养出高素质的员工,对公司发展以至产业的发展非常有利。我们投资教育的目的是对人才培养的重视,并作为产业人才输送。英特尔的CEO以前是斯坦福大学的教授,他对教育完全赞同。他认为英特尔做的是高科技产业,需要大批人才,但是美国学工的年轻人每年在递减,这是很麻烦的。在这种情况下,我们一定要更长远地看待人才市场,在人才上面去投资,而且不寻求短期回报。现在很多公司在做着同样的事情,不光是英特尔。这也说明很多公司都在帮助教育界,探索信息技术如何与今天教育界所需要的教学方式更好地吻合。

(原载 2003 年 7 月《中国远程教育》(资讯))

中国经验

信息技术要服务教育

——与清华同方股份有限公司副董事长、总裁陆致成教授对话

对话嘉宾：清华同方股份有限公司副董事长、总裁 陆致成

对 话 人：《中国远程教育》（资讯）执行主编 夏巍峰

走进清华同方股份有限公司副董事长、总裁陆致成教授的办公室，座位上方悬挂着一幅字——"振铎"，陆致成解释说，"振铎"是古语中"敲钟"的意思，原意为老师，代表自己的过去，出身于教育。现在的含义是做企业必需时刻保持清醒和忧患意识，所谓"警钟长鸣"。作为清华同方这样一个IT企业的领导者，陆致成说，必须时时刻刻为自己敲响警钟。

在信息产业中，清华同方的地位举足轻重，目前在重大行业信息化、计算机产品、数字教育资源等领域已占有国内领先的市场份额。可谁又能想得到教育产业是清华同方的第一大业务，40%以上的销售量在教育领域完成。同时，清华同方也为教育和教育信息化投入了相当可观的资金和技术。面对越来越火爆的教育信息化产业，陆致成有自己的看法，他认为："教育信息化产业不是在办教育，而是用信息技术为教育提供更好的手段和服务，从而组织好互动，提高教育质量。因此不论是教育界人士还是IT企业，我们要研究探讨的问题是：信息技术如何更好地为教育服务？"清华同方股份有限公司副董事长、总裁陆致成教授发表自己独特而深入的见解。

重在"用"起来

夏巍峰：近年来，教育信息化一直都是热点话题。您作为教授出身的企业家，对教育信息化一直都有很深的理解，您提出过"教育信息化产业"概念，并把教育信息化当作一个产业来做。您能否详细解释您提出的这个概念？

陆致成：过去所谓的校园网建设主要是综合布线、网络系统，偏重于一个系统设施的建设。今天我们提出了"教育信息化"的新理念。我们认为基础设施的建设固然重要，但更重要的事情是怎样通过基础设施的建设，能够真正提高教育质量，真正让教育现代化，让更多人享受到更好的教育服务，这是教育信息化的最终目的。现在要探讨的问题是如何利用网络的技术条件实施教育，组织好师生间的互动，提高教育质量。未来判断远程教育实施程度的标准是要看有多少教师和学生利用了这种互动的手段。

教育信息化产业本身不是在办教育，是给办教育的人提供一个手段、一个平台，它的核心是用信息技术为教育提供一个手段和一种服务，让从事教育工作的人能够有更好的手段办教育。教育信息化与教育是不同的，有人把两者混为一谈，实际上会对教育产生不良的影响，这是教育信息化方面的一个误区。教育信息化应该具备一定的硬件和软件条件，这些条件应该适应中国的经济基础。有些学校仅以购买PC作为"信息化"的标志，但是学会使用计算机并不是一件困难的事情。以人均PC量为标准衡量教育信息化的水平是另一个误区，教育信息化主要解决的问题是学生如何使用计算机获得他以前所没有的知识，从而使教育质量得到提高。清华同方做教育信息化是要提高教育质量和提高全民素质，希望通过教育信息化的技术，能够带给更多人受教育的机会，受好教育的机会。在这个过程里面用什么样的手段，是用PC机还是用服务器，还是用机顶盒，这都不重要，重要的是把应用"用"起来。我觉得国家在投资教育时，应该侧重于这一点。

夏巍峰：教育信息化建设是一个宏大的社会系统工程，需要大量资金投入，在政府财政有限的情况下，商业公司、金融机构等多方力量已整合到教育信息化发展当中，成为教育信息化可持续发展的重要动力和支持力量。请评价一下作为IT企业及信息技术在推动和促进我国教育信息化发展方面会起到哪些作用？

陆致成：中国的IT企业自己制造PC，把适合中国使用的机器向教育领域推广，对教育信息化的发展起到了很重要的推动作用。IT产业对教育的支持有目共睹，也得到了社会各方面的肯定。没有这么多的PC和IT企业，教育信息化就无法做好。实际上国家大力推广教育信息化发展，对国内的IT企业也是很好的发展机会，在教育领域的PC销售量达到了清华同方总销售量的40%以上。可以说在教育信息化的大趋势下，国家的战略决策对中国IT产业是一种很大的拉动和促进。所以教育和IT的关系是互相支持。IT技术怎么样提升教育质量，是教育信息化需要主要研究的问题，应该由IT人和教育人共同来研究。虽然IT企业有IT技术，但并不太懂教育和教育的需求。现在我们的远程教育平台有8所大学在用，教学质量由学校保证，我们保证教学环境，现在有2万名学生，今年的目标要达到10万人。

有些IT企业抱怨自己的新技术不能被教育界接受，这是IT界面临的困惑。其实教育是IT技术市场应用的一个方面。从纯技术来讲，教育领域需要的技术不是IT技术中最高端的技术，我们讲需要的、适合的就是最好的，而不是技术越高越好，而且还要考虑价格问题。只有实用有效、价格适中的产品和技术才会被教育领域的客户选择。清华同方开发出的产品，针对中国国情，针对中国的教育特点，可以做到让教育领域用得好，用得起。

迫切需要共享资源库

夏巍峰：针对我国教育信息化地区发展不平衡，清华同方提供什么样的技术路线和产品方案？同时，随着教育信息化应用需求不断变化，清华同方将进行哪些业务调整？

陆致成：对于这些课件资源的最终接受端——学校，清华同方设计出A、B、C三种接收方案，用以适应不同条件、不同环境的学校的需求。在A方案中，清华同方为条件较好的学校配备了卫星天线、比较高端的服务器、网络设备和由教师机、学生机组成的多媒体教室。每一个学生可以在课堂上面对自己的显示器，学习从卫星网络上下载的课程，并在老师手中的鼠标点示下进行各种操作，完成教学环节中的各个步骤。在B方案中，清华同方为条件一般的学校配备了卫星天线、世纪曙光500型服务器，以及可以悬挂在教室墙上的相当简单的一个接收终端。课件资源通过卫星天线接收，被存储到世纪曙光500型服务器上，然后被分配到各个教室的接收终端中，再通过投影机、电视机等显示设备显示出来。

PRACTICE IN CHINA

在C方案中，清华同方为中西部及较为贫困地区的学校配备了由卫星天线、机顶盒和电视机组成的接收方案。学校可以通过卫星天线实时接收到课程，再通过机顶盒和电视机播放出来。这套方案由于成本低廉，也被称为"万元校"方案。通过这套装置，原本不具备实施"校园网"工程的学校，就可以获得由清华同方提供的教育资源。"万元校"方案是指最简单、最经济的一种远程教育实现方式。简单地说，它包括一个卫星接收器、一个机顶盒和一台电视机。一个学校有了这样一套不到一万元的设备，就可以接收到从卫星上播发出来的课程资源，并存储在机顶盒里，需要时通过电视机播放出来，供学生学习。这套方案针对中西部欠发达地区是比较适用的。我想这对中国中西部教育现代化能起到一定的作用。

在教育信息化领域，要想得到大的发展就必须有规模，清华同方未来的发展规模就在于产品化的方案，以及面向教育信息化领域的运营支持。对于教育行业来说，如果说服务器、PC、网络、支撑软件等是一个容易饱和的市场，而内容资源、运营支持则是一个需求"无限"的市场，这也为清华同方在未来教育信息化产业的发展提供了有潜力的增长点。

夏巍峰：您认为现在教育信息化中最主要的问题是什么？

陆致成：主要是资金问题。政府或者开放教育信息化市场，有一个商业模式允许企业来做，或者政府当作一个工程自己投资做，两种方式都可以。还有就是资源的建设，教育信息化离不开资源，清华同方在资源建设方面已经累计投入将近一亿。目前在基础教育方面，我们自己有一套比较完整的资源。从小学一年级到高中三年级各门课程所有的学时基本都有。同时跟它配合的有一套"中小学数字图书馆"，是把中小学的一些资源或者素材放在里面。还有一本《问答与导学》的杂志，是让老师和学生通过这本杂志做一个交流，对基础教育来讲已经有一套完整的资源。在高等教育，我们选择市场比较需求的课程，比如行政管理和计算机，比如注册会计师辅导等课程。在学历后教育方面，我们有 SAVA 和 JAVA 等培训课程，我们从基础教育到高等教育到企业培训都有内容资源。

虽然我们投入很多，但是相对于整个教育信息化产业对资源和素材的需求还相距太远。教育信息化产业的健康发展迫切需要建立能够共享的素材库，这是一个庞大的工程，靠我们一家公司不行，因为企业有生存和发展的压力，它的资金是有限的。我建议由国家牵头建设素材库，只有政府的非功利行为才能组织更多的资源，然后下放给企业和教育机构，我们现在已经做好了接收资源的技术准备。希望社会各界对素材库建设的呼吁多一些！

服务教育是我们使命

夏巍峰：2003 年 7 月，清华同方整合旗下的硬件服务、教育资源、应用服务、运营服务等业务，以综合实力和产品化解决方案引领教育信息化产业。去年 12 月，清华同方又将原教育资讯本部纳入新成立的数字电视系统本部中，把积累多年的教育内容放到具有前瞻性的数字电视传播平台上，这是否意味着清华同方在教育信息化产业上的战略转型？

陆致成：不能算战略转型，我们是把先进的技术在教育领域做应用，是业务发展上的又一次技术与教育业务的结合。数字电视产业是清华同方比较早考虑的一个产业。数字电视这个产业到今天为止在全世界都还没有进入一个高速成长期，还在导入期，在中国更是导入期。当然也有了一些增长的苗头，我估计未来的五年会成为数字电视高速发展的时期。我们在前一个阶段，基本做的是数字电视领域里系统级的产品和技术，比如有条件接收、发射机、解码器等，是电视台这一级前端的建设。从前年开始进入到终端技术与产品的开发。终端就是刚才讲到的机顶盒，包括机顶盒里的芯片、数字电视机、高清晰电视机、高清晰电视机芯片，从普通电视机到高清晰电视机还有数码产品的开发。我们投资了美国的一个企业，也是做芯片开发的企业，也在开发自己的机顶盒和芯片。我们希望在未来两三年时间里，数字电视能够成为清华同方一个非常重要的也是有相当规模的增长点。清华同方已经获得在网络上播出教育内容的视频节目的许可证。目前要解决的是内容问题。现在发展数字电视的瓶项是内容不够。我们将教育资源等业务纳入数字电视系统就是基于这个考虑。

为此，我们把教育内容资源的制作整合到数字电视的业务框架下。近期，我们与全球最大的传媒娱乐公司维亚康姆公司签订了战略合作协议，将首先与他们在少儿英语教育类内容资源方面进行共享和合作。

夏巍峰：您认为我国目前教育信息化是个什么状况？教育信息化产业将来整个市场空间会有多大？清华同方在教育信息化产业链中将充当什么角色？在教育信息化产业领域，市场竞争越来越激烈，您认为清华同方的竞争优势是什么？

陆致成：从整个大环境来看，教育信息化是潜力巨大的产业，包括硬件大约有200－300亿的市场。目前内容和应用占的份额很小，需要加强。国家应该重视这个方面，应该对教育信息化有明确的综合检验标准。

从行业应用来讲，教育信息化是清华同方最重要的一个应用行业。我们的优势来自几个方面：首先是品牌优势，有清华大学的背景，所谓"源自教育，服务教育"；其次是依托高等院校，对于教育有深刻的理解和认识；第三是多年服务教育信息化的积累，包括教育资源、技术、运营方面的经验积累。确实在目前的教育信息化市场上，能够提供软、硬件设备的厂商不少，能够提供教育资源的厂商也不少，但是能够对于教育有着深厚的理解，能够把教育思想、内容资源、支持设备、运营服务融入统一的"学习无限"架构下，服务教育信息化市场的只有清华同方一家，清华同方的确处于行业领头人的地位。对清华同方来讲，教育信息化既是产业发展的机遇，也有社会的责任感。

夏巍峰：清华同方在教育领域里面做得很成功，你认为有教授出身背景的企业家，在领导公司从事教育信息化领域时有哪些优势？

陆致成：是的，我觉得我以前的教育经历对公司的业务帮助很大。我本人出身于教育行业，是清华大学的教授，而且也比较了解中学教育和农村基础教育的现状，对教育我有一份责任感和使命感。因此我希望企业能够回馈教育，服务教育，为教育做出贡献。另外，我认为教育信息化是由信息技术和教育组成的，只有既懂教育又懂技术的人才能更好地理解它，最终把教育信息化做好。

（原载 2004 年 3 月《中国远程教育》（资讯））

推动网络技术与教育"融合"

——与思科系统(中国)网络技术有限公司副总裁张思华对话

PRACTICE IN CHINA

对话嘉宾: 思科系统（中国）网络技术有限公司副总裁 张思华

对 话 人:《中国远程教育》（资讯）执行主编 夏巍峰

思科作为全球领先的互联网设备供应商，从 1994 年进入中国开始便与教育结下了不解之缘，从针对学生入门级的网络技术教育计划——思科网络技术教育学院，到建立了一种帮助网络从业人员在办公室里就能经常性地更新技术知识、创新学习环境的 E-Learning，思科始终走在其竞争对手的前面，并成为他们争相效仿的对象。

思科系统（中国）网络技术有限公司副总裁张思华认为，思科帮助高校进行网络化、信息化，是为了推动网络技术与教育融合。网络技术在教学中的应用，改变了学校的教学方式。张思华表示："每一家企业，每一个机构都有它的核心业务，而学校的核心业务是教育，网络帮助企业提高竞争力，也帮助学校提高竞争力。所以思科与学校合作，是用互联网技术来提高学校的核心竞争力，即提高学校和教师的工作效率和生产力，让教师和学校通过采用网络技术，升级其管理方式和教育方式。"

对教育"情有独钟"

夏巍峰：思科对教育一直"情有独钟"，有人甚至搞不清楚思科是网络公司还是教育公司。作为互联网设备供应商，思科为什么如此重视教育？

张思华：思科与教育其实很有渊源，将近 20 年前，在美国斯坦福大学校园里诞生了最初的思科，创始人是一对教授夫妇。而且路由器的使用除了在军用方面，最早是出现在校园里，所以思科与教育有很深的关系。1994年思科来到中国，第一个大客户就是建立教育科研网的骨干平台，这也是思科在中国的第一个客户。思科的 CEO 约翰·钱伯斯常讲，教育和互联网是推动社会和世界的两个重要因素。教育不应局限在高校里面，它是一个大教育概念，思科网络学院便来自于这样一个理念。在思科网络学院里，我们把思科的技术融入到大教育的理念里，从而形成了一种风格。思科之所以要做教育，是因为当时社会上提供的网络应用技术人员比较少，跟不上社会的需要，于是我们把自己编制的课程放到美国的一些远程教育中，希望在培养网络人才方面起到一些作用。慢慢的这些课程受到了学员们的欢迎，思科的教育理念就逐渐推广开来。

夏巍峰：思科网络技术教育学院是思科在教育领域成功实施的计划，截止今年6月份，思科网络技术教育学院在中国建立的网络技术学院已超过190所，你认为如此迅速推广的原因是什么？

张思华：网络人才至今仍然存在着巨大的空缺。其根本的原因是：面对互联网经济的迅猛发展，学校教育普遍缺乏合适的网络课程。而思科作为一个老牌的互联网设备供应商，可以为解决这个问题做一些工作。思科的网络学院项目通过与世界各国政府和教育界的合作，在全球范围内全面推广网络技术教育培训。思科网络学院作为一项非盈利的教育计划，目标是：向学生提供技能，使他们能把握职业机会；向学校提供重要的课程资源，并帮助学校维护内部计算机网络；向企业输送训练有素的合格网络人才。目前已在全球52个国家建立了近3,000所思科网络学院，为互联网商业培养了大批人才。其中，中国有190多所思科网络学院，1.5万多学生已经毕业，在读学生1.7万多名。思科网络学院面向在校学生的是一个完整的、四个学期的教育计划，把设计、建立和维护中小型网络作为教学和实验的基本要求。有一个成功案例可以证明思科网络学院学生的水平：广州第九届全运会时，需要一个连接广州市内不同体育馆和指挥中心的信息网络，经政府批准，思科广州网院的学生在老师的带领下，接下了这个任务，并成功地完成了它。现在广州市政府电子政务平台中的一个组成部分，就是我们的学生在九运会时建立起来的一个网络基础。我们为自己的学生骄傲！

网络技术基于国际标准，同时它也是没有国界的。除了网络学院，我们还有思科认证中心，在业内很具权威性，它培养出来的网络工程师、专家，占全球优秀网络工程师的比例逐年增长。这些人才不管在国内还是国外，在思科或者在别的公司，因为世界各地的技术都是相同的，他们的能力和经验在哪里都适用，所以这样的人才很受欢迎，他们的流动性很大。从思科的角度来看，无论他们到任何地方做贡献都是好的，都可以推动网络技术的发展。

夏巍峰：思科未来将与教育界包括政府，在哪些方面展开深入的合作？

张思华：思科已经对120多所西部学校校园网的建设做出了努力。接下来的"211工程"中，我们希望能做更多的工作，不单是网络技术的推广应用，我们还希望通过和学校的合作交流，把国外应用网络技术的成功案例大量介绍到中国的学校来。思科的长处是技术和应用技术，对于设计教材和管理学生方面，学校才是专家，但我们有很多客户，比如新加坡大学，他们有自己应用的经验。国外很多学校有自己的经验，我们把这些经验介绍到中国，加强彼此间的交流。思科很珍惜这样的机会，希望能够继续为中国的教育做贡献，把工作做好。

推动网络技术与教育融合

夏巍峰：思科在推动互联网技术与教育的融合、探索现代教育新模式方面，做了哪些尝试？你认为未来将有哪些新技术还将应用在教育领域？

张思华：为什么思科的技术与教育结合得好？思科推崇的技术其实是把不同的业务需求，把它的语音、数据、视频、存储都集中在一个网络平台上面，叫"四网合一"。教育也有自己的需求，很多学校在维护不同的业务网络方面有不同的四套系统，一套专门管计算机，一套专门管电话，一套专门管理视频，一套专门管存储，等等。其中，计算机管理数据，包括电子邮件和作业。音频即IP电话，学校的宿舍现在安了IP电话。网上教学是需要视频的，如果我们请国外某领域的著名教授来清华演讲，场地有限，很多人想听，怎么办？可以同一时间作成视频放到网上直播，其他省市的大学生可以同步收听收看。存储方面，学校的文件很多，需要专门找一个仓库来装。澳大利亚一个大学就用互联网的存储技术将文件数字化存储起来，非常方便。学校有很多不同的需求，但现在有很多企业和学校把所有的教学需求集中到一个平台上，已经成为一个趋势，显然一个平台对整合资源、促进共享有好处，同时也方便了各部门的沟通和管理。思科推动的技术就是把学校的各种需要都建立在一个简单的标准的网络平台上，我们提倡的网络是一个安全的、能融合不同业务需求的、智能的网络。安全是一个很重要的问题，思科公司必须提供安全的技术保障。学生喜欢上网，如果学校对网络安全不注意，就很容易成为黑客攻击的入口。

夏巍峰：你认为互联网技术对教育发展，特别是对中国教育的发展，会带来哪些推动作用？

张思华：思科帮助学校推动网络化、信息化，很多重点大学都是我们的用户，网络技术改变了其教学方式。很多人不把教育当成一个行业或者一个产业来看，但在思科看来，每一家企业、每一个机构都有它的核心业务，思科的核心业务是网络技术，并把技术及其应用介绍给用户，推广到全球各地。思科现有35，000名员工，其中90%的人员做网络技术开发，给用户介绍技术，提供应用服务。而学校的核心业务不是信息化，不是做互联网，是教育，所以与学校合作，是用互联网技术来提高学校的核心竞争力，让老师和学校通过采用网络技术，升级其管理方式和教育方式，与国外、国内的学校加强联系。从企业来讲，员工的素质代表了企业的竞争力，从学校来讲，学校的老师和学生的素质就是影响学校竞争力和地位的因素。学校能否把教学方式与网络充分结合，如电子图书馆、网上教学、批改作业等，提高老师和学生的素质，是今后学生择校时关心的重点问题。网络帮助企业提高竞争力，也帮助学校提高竞争力。国内的校园网很多都与思科有联系。同时我们也安排国内的教授和老师到国外考察，交流合作。教育是一个相对比较传统的产业，在某方面取得一个大的发展需要一个过程和更多的时间，但把信息化完全结合在教育事业中，产生的效果是不可估计的。如同我们的电子政务、电子商务，利用信息技术来提高效率和生产力，提供新的服务。网络技术在教育里有很大的发展空间。

教育不只是学校里的，不只是education，而是learning。不同国家、不同社会、不同学校、不同环境，有不同的应用，但都离不开使用者的需要。学校通过互联网把学习变成校园的学习文化，这样的效益是巨大的。一个大学老师以前需要在全球订阅很多刊物，费钱费时间，最后刊物还会过期，现在在网络上订阅，方便又快捷。把网络变成大学学习的一部分，文化的一部分，在国外很流行。新加坡的大学生就可以在学校的咖啡厅和草地上上网做作业。当然，国内大学有不同的发展阶段，不可能一下子就做到那样，但在国内条件比较好的学校完全有可能朝那个方向发展，也就是说网络技术的应用不会比国外差。

夏巍峰：思科公司的总裁兼首席执行官约翰·钱伯斯先生有句名言："是什么决定我们的未来？我的答案是：互联网和教育。"你能否预测一下，在信息技术推动下，未来教育体系会是什么样子？

张思华：在未来的教育体系中，我认为网络彻底改变学校和学生、老师和学生的关系是最重要的一点。在网络世界，老师虽然仍然是老师，但是扮演的角色却有所不同。老师的职责应该是帮助学生找到所需要的材料，以一种有效的方式去学习。老师怎样帮助学生养成一个终身学习的习惯，这种学习精神的培养十分重要。在这里教材是次要的，关键是环境给孩子的影响和富有个性的引导。就像思科与客户的关系，思科的客户有可能在某一方面对思科的技术和产品比思科的工作人员了解得还深刻，但是他们仍然需要思科的服务，为什么？因为用户不一定要求你什么都懂，而是需要你能够帮助他们解决问题。所以，老师不一定比孩子知道得多，关键是利用互联网去解决学生的问题。这其中，老师这个角色很重要。

竞争对手是"下一个"

夏巍峰：国内一些本土化公司也在积极推行网络教育，据说矛头也直指思科。面对竞争，思科感受到压力吗？你觉得思科在教育领域有竞争对手不能取代的竞争优势吗？

张思华：挑战是肯定有的。有时候我们花了很多时间和精力想出一个创意，做出一个产品，但很快就发现竞争对手也做了一个很相像的东西，放在了市场上。那我们怎么办？我们的前辈说：这正说明我们走的路是对的，因为有人模仿才证明思科的业务方式和策略是被认可的。所以我们更应该想新的点子，走在别人的前面。互联网是公开的技术，进入的门槛很低。有时候自己就是自己的竞争对手。然而最可怕的竞争对手是"下一个"，现在还没有出现。你要是知道了他在做什么业务，你就有办法和他竞争，可怕的是你还不知道他在哪里，他在做什么。他可能会在某个时候发明一个新的技术或者商业模式，完全改变你的优势，所以要始终保持好自己最佳的竞争状态。思科20岁了，这是一个关键的年龄，不再是小公司了，但是比起有100年历史的通用电气来讲，思科还很年轻，怎么才能在100年里始终保持优势，他们就是我们的模仿对象。

　　思科的优势有两个：一是网络技术的现实需求很多，市场很大。二是具体的实际操作，在具体的机房里面，思科有最好的网络技术，它能够结合需求，在实践中提高，真正把网络技术应用的效能发挥出来，提高自身的水平，而不是单纯的理论。思科的核心业务是网络技术，思科有最好的网络技术，过去20年我们除了坚持先进的网络技术研究以外，同时也有很好的技术应用，结合不同的业务需求，注意应用，把自己应用网络的经验介绍给用户。网络学院的教导方式与思科的理念是一致的，即不仅仅要告诉对方使用网络技术，还要在接受的过程中让对方认识到怎样用，怎样发挥出效益。

（原载2003年10月《中国远程教育》（资讯））

网络学习改变未来

——与弘成科技发展有限公司首席执行官黄波对话

对话嘉宾：弘成科技发展有限公司首席执行官 黄波
对 话 人：《中国远程教育》（资讯）执行主编 夏巍峰

中国经验

2004年，随着网络教育技术和服务模式的发展，网络教育继续深入人心，甚至扩展到偏远农村和社会弱势群体，使普通农民和残疾人士也得到了接受高等教育的机会，令网络教育的受益人群范围进一步扩大，收到了良好的社会效益。2004年也是"调整之年"，特别是在远程教育政策方面的调整，和对校外学习中心的规范管理，一度使2004年的高校网院招生数量下滑，引起业内人士的广泛关注。

那么，2004年网络教育领域究竟有哪些改变？这些改变会否使发展中的网络教育受到影响？网络学习究竟有怎样的魅力？网络教育的先行者，我国最早致力于全民教育的网络教育专业服务公司——弘成科技发展有限公司（中华学习网 www.prcedu.com）首席执行官黄波，在回顾2004的同时，探讨未来网络教育的发展方向。

网络学习的力量

夏巍峰：首先祝贺由您带领的弘成科技完成了新一轮的融资，获得了超过亿元的风险投资。2004年网络教育的发展受到了很多方面的影响，应该说是"调整之年"，但弘成科技还是获得了这样大的一笔风险投资，您是如何看待这件事情的呢？

黄波：从宏观角度来看，与发达国家相比，中国要使全民的素质有一个整体的提高，传统的义务教育和高等教育体系远远不能满足现有的需求，网络教育的灵活的模式将是一个必要的补充。同时，远程教育在我国高等教育大众化进程中，扮演着不可替代的角色。让远程教育有一个长足的发展空间将是必然的趋势。

通过这次融资，弘成科技成功地引进世界500强企业之一、具有丰富国际教育资源的美国著名常春藤公司麦格劳-希尔（McGraw Hill Companys）作为弘成科技公司新的战略投资人。麦格劳-希尔公司是国际领先的教育、信息及金融服务机构，在教育领域麦格劳-希尔公司是全球从小学、中学到大学，以至于终生专业学习的教育服务及教材提供商。麦格劳-希尔公司的加盟，为弘成科技引进国外优秀教育资源，通过互联网的手段提供更加开放、灵活的全民终身教育体系，并实现多元化发展奠定了坚实的基础，预示着公司在新业务的拓展方面迈上了一个新台阶。

夏巍峰：美国的网络教育发展非常快。您曾在美国工作、生活近10年，从您的观察来看，网络学习在美国是否已被社会公众认可与接受？网络学习对美国社会以及国家的发展带来了什么样的推动力？

黄波：美国的网络大学已经逐渐地像凤凰城大学在线那样，成为以非常强的服务意识切入教育领域的教学机构。凤凰城大学1978年成立，背景是因为创始人发现接受教育服务最少的人群是成人，25岁到45岁年龄段的人群无法再回学校，又没有其他方式可以寻求再教育机会。上世纪90年代初，凤凰城大学开始做网络教育，直到1997年以后才逐渐形成规模，近年来发展尤其迅速。网络教育在美国，从学历教育，到认证培训、职业培训，基本已经被大众接受。今天，凤凰城大学与其他大学相比，无非是品牌上的差异，社会承认其学位，而从成人角度来看，关键是能否学到东西，以便获得更好的工作机会。我曾访问过凤凰城大学在线，他们的学生大多数是在职的中层管理人员。总体来说，美国社会已经认可了网络教育的个性化、互动性和时间灵活性，而这些特性是以往传统教育无法达到的。

至于对社会和国家的推动力，我看过华尔街的许多研究报告，网络教育在成人继续教育方面确实起到了一个让更多人充电和补充知识技能的作用。CISCO的CEO钱伯斯曾经认为网络教育发展的下一步在中国，网络教育通过E-learning手段在推动学习化社会，以至推动整个社会向前走的过程中起着至关重要的作用。我觉得这是一种说法，但是今天远程教育只是在这个过程中迈出了第一步，还没到可以看出明显效果的阶段。如果五年、十年以后，中国的大学生有一半是通过民办大学或者网络大学毕业的，那时才能说远程教育已经在中国高等教育中起到了一定的作用。其实在高等学历教育领域，无论中国还是美国，网络教育所占的比例相对较小，真正的发展空间是在非学历的培训方面。

PRACTICE IN CHINA

夏巍峰：您曾经说过，您本人是终身学习的典型受益者。从您个人的学习经历来看，现代社会中学习对于每一个人来说，意味着什么？您的这些经历与感受，是否也促使您回国从事远程教育领域的工作？

黄波：一个人的教育经历，所受教育的环境，受教育的方式、方法，对一个人一生的职业和个性培养有重大的影响。教育不仅局限在大学阶段，在继续教育里，在工作中，每个人都要学很多东西，因为在大学里学的专业不一定就是你今后从事的职业。我就是一个很好的例子，我有金融、微生物学、化工三个硕士学位，但是我现在从事的却是教育领域的工作。所学与所用差距有时很大，所以人需要不断地给自己设立目标，不断地学习新知识。我一再对员工说，人最重要的就是用心和不断的学习的心态。用心去做事情，不懂的就问，只要用心去做，从各个角度不断地去学，就能把事情做好。网络教育恰好可以帮助这些用心学习的想做好事情的人，因为他们不可能再重回学校接受学校教育。

夏巍峰：从许许多多参加网络学习者的故事里，我们可以看到，网络学习在不断帮助他们改变生活、甚至改变他们的人生和命运。您做远程教育这么多年，是否有在网络学习者身上发生的故事对您产生过触动和影响？同时是否也支持您几年来坚定地沿着所设定的从事网络教育事业的目标一步一步前进？

黄波：网络教育在中国发展了 6 年，加上已经毕业的学生，目前已经有近 10 万的学员通过弘成科技的网络教育平台进行学习。我觉得人一生中某个阶段的学习经历可以影响其一生，如果当年我在美国没有去哥大读 MBA，我现在可能在美国的某个角落做工程师。我每一次参加合作院校的开学和毕业典礼都会受到感动，比如：看到母女两人一起参加学院的开学典礼的情形；毕业典礼上残疾学生拿到毕业证书时激动的表情。他们让我感到做这个事业对社会确实是有贡献的。如果没有网络教育，他们可能就不会再有接受教育的机会。人大网院有一个得了白血病的学生，可能只有一两年的生命，我想是网络教育在精神上给了他安慰，让他能够继续学习，能够接触社会，而传统教育是很难做到这些的。

调整时期重在"精耕细作"

夏巍峰："改变"是2004年网络教育行业专家学者、媒体经常提及的一个词。2004年的现代远程教育似乎与往年有点儿不一样，大家都在积极应变和调整。您在2004年对"改变"这个词是否有一些独特与深刻的体会？身在其中的您，对2004年的网络教育有什么样的思考与判断？

黄波：我觉得2004年是一个收缩期，或者说是调整期，政策上、社会上对网络教育都有一些调整。我们现在要做的就是把自己的工作做好，把学生服务做得更到位。从另一个角度上看，我觉得每个事物在发展过程中都会出现一些问题，网络教育也一样，应该给它发展的时间和空间，让市场去检验它，舍弃它不合理的地方。所以我认为应该从用户角度重新客观地评价和评估网络教育的服务质量和效果，比如：对学生满意度的评估，对学生学习和教学效果的评估，等等，以此对网络教育院校的服务提出更高的要求，而不是通过行政手段达到调整的目的。

由于调整的缘故，2004年是网络教育的低潮，预计2005年上半年影响还会持续。我们现在要做好，把自己的工作做扎实，所以2004、2005年对于我们来说也是一个调整期，我们期待2005年能够通过"练内功"给我们带来更多的市场机会。

夏巍峰：在网络教育"改变"的大环境下，弘成科技作为中国远程教育领域领先的专业服务公司，2004年公司在业务模式、服务理念上是否也发生了改变？

黄波：弘成科技始终坚持从能发挥自己优势的方面去开拓，技术是我们所倡导的优势之一。现在我们主要是在技术服务上做改进，比如现在正在做一个学生端的软件，可以使学生的学习环境更好，使学习更容易。除此以外，我们还要把学生服务和教育服务做得更细，对学生的需求调查更细微。

夏巍峰: 网络教育的政策不断调整与规范, 政府和社会对高校网院也不断提出新的要求。弘成科技在这样的调整时期如何发挥专业服务公司的优势, 为旗下的6所全面合作院校及其网络学习者提供更好的网络学历教育服务?

黄波: 目前合作院校对我们的要求越来越高, 尤其在技术方面。技术在不断地更新, 教学模式, 学生管理模式也在变, 成熟的院校在教学和学生管理模式方面每年都有改变, 这就要求我们的管理平台每年都要更新。以这种趋势发展下去, 技术和教学管理会越做越精。这两年我们会在这些方面多下功夫, 把运营、教学端做得更好。

夏巍峰: 2004年, 弘成科技针对网络学习者专门设立"弘成风采教育奖学金"。作为远程教育领域的专业服务公司, 以前更多的服务对象是网院等机构。为什么这次会把关注的目光放到网络学习者身上呢? 目前奖学金活动进展如何, 产生了什么样的社会影响? 设立奖学金是作为公司的一种公益行动, 还是公司直接面向学习者服务的一种转变?

黄波: 我们做"弘成风采教育奖学金"是从公益角度考虑的。我们看到接受远程教育的学生虽然都是成人, 但是有些人是弱势群体, 比如残疾人, 有些是家庭经济条件不好的人。他们在学习中面临的困难比在校生大得多, 可是以前却没有面向远程教育学生的奖学金。今年弘成科技第一次设立奖学金, 学生的反应很好。本来我们是针对全面合作的6所网院, 没想到其他网院的学生也来申请。今后, 我们会考虑是否拓展奖学金受益人群的范围。总之, 第一次是尝试, 希望能探索出比较好的方式, 把奖学金做得更到位, 使奖励方法更完善。

参与构建全民学习体系

夏巍峰: 弘成科技从2003年开始, 从面向学历教育到逐步拓展非学历教育服务。我想这不仅仅只是服务对象的转变, 更多的是公司战略的拓展。发生这一转变的原因，是因为市场压力还是其他动力？这种转变，给弘成科技带来什么样的挑战？两年来，公司在非学历教育方面有哪些新的突破？

黄波：公司战略的拓展当然需要动力。一个公司在开始的时候一定要找一个好的起点，我们很幸运，人大网院是很好的起点，使我们把高等学历网络教育做起来了。当我们有了运营管理经验，把这种比较成功的模式推广到培训和基础教育领域再创业，我认为是顺理成章的事情。

社会和科技在迅速发展，加剧了国际竞争以及行业竞争，人力资本必然成为企业发展的第一资源，因此企业对在职人员知识、技能能否持续提高也更加关注。社会各界对非学历教育，尤其是对职业证书培训的需求激增。一方面，各大企业为提升竞争力，逐步加大员工在职培养的力度，急切地寻求最优手段、优质资源和服务，以求持续提高全员素质。另一方面，社会的发展也促进了全民主动学习意识的形成，越来越多的人选择通过网络学习求得职业和生活的改变。网络教育可以从根本上解决企业及学员最为关心的工学矛盾。所以我觉得，随着社会对网络教育认识的逐步成熟，非学历教育会逐步成为网络教育的重要发展方向。

我们目前所面对的挑战主要来自公司对资源和人才的需求。公司做得事情越多，资源越紧缺，人才也越宝贵，解决办法是聘用更多具有丰富经验的人才，吸引人才建设高素质团队。

夏巍峰：弘成科技与中国的现代远程教育同时诞生，在远程教育领域不断磨练，目前成为业内知名企业，并获得宝贵的经验。您提出，弘成科技要"全面参与构建全民终身学习体系"，您认为远程教育服务公司在全民终身学习体系构建中将扮演什么角色？发挥什么样的作用？

黄波：进入 WTO 后，中国的经济发展和社会进步都对教育有了根本上的依赖，而且国际竞争力的增强也需要国际方面的知识水平以及全民族科学文化水平的同步提升。弘成科技在过去几年里，崇尚的是"鼎力教育、服务先行"的精神。早在 1998 年，弘成科技就与第一所合作院校中国人

中国经验

民大学网络教育学院共同开创了"网上人大"这一新型的网络教育服务模式。这种紧密的合作和综合服务模式，包含运营、技术、推广、资金支持等面向市场化的服务体系，是保障网络教育整体有序运转的关键之一。由于人大网院始终稳健成长，弘成科技网络教育综合服务也由此得到了广泛的认可与推广。10万学生正通过我们的合作院校享受着高品质的网络教育服务。

夏巍峰：弘成科技自1998年成立6年来，成功走过起步期，作为弘成科技的公司领导者，您期待弘成科技实现什么样的发展目标？

黄波：我们创造了网络教育的综合服务模式，在中国网络教育发展中，弘成科技愿意扮演助力者的角色，就像飞机上的引擎，电脑里的芯片。要提高全民族素质，弘成科技这个不做教育的企业也能为教育做出自己的贡献，这就是向高校、教育机构、企业和行业提供网络教育整体运营服务。去年我在员工大会上说，公司已经完成起步阶段，进入成长阶段，正在迈上台阶。就像高楼大厦刚打好地基，还需要继续建设楼体。要走的路还很长。今后在其他教育服务方面也会涉及，比如职业教育、基础教育，等等。

夏巍峰：2004年对您个人来说，也发生了改变。由一个"职业女性"成为"6个月大女儿的妈妈"。展望2005年和未来，您个人有什么梦想？

黄波：有了孩子后，感觉心态上有了一些变化，做事更有耐心，考虑事情也更全面了。对教育的关注也发生了变化，尤其是对儿童的教育更加关心了。我有时在思考，中国目前基础教育这种应试型、灌输式的教育模式，对孩子完全是被动的，而美国的基础教育相对对孩子的创造力培养更重视，如果能把两者结合起来，让孩子在主动的情况下去学习就好了。所以将来有好的基础教育项目，我们也会去关注。

（原载2004年12月《中国远程教育》（资讯））

培训: 道为先

——与全宁教育集团总裁韩圣日对话

对话嘉宾：全宁教育集团总裁 韩圣日
对 话 人：《中国远程教育》（资讯）执行主编 夏巍峰

当一家培训企业打出"培训，以道为先，授业解惑次之"的标语，宣传培训的主体应该是传递一种信念和力量，而并非仅仅传递知识本身时，我们能感受到什么？是新奇，是震撼，是一种感动。它让我们想起"授人以渔"的故事。究竟他们是要炒作一个崭新的概念，还是真的会给我们一把开启知识宝库的钥匙，我们与全宁教育集团总裁韩圣日进行了深入探讨。

道是一种信念

夏巍峰：韩愈的《师说》里说到，师者，传道授业解惑也。而我看到，全宁教育集团对培训有自己独特的理解——培训，以道为先，授业解惑次之。我们该如何理解这句话？

韩圣日：这个问题问到了我们企业的根本。其实中国从思想体系中一直追求一种做事的规则和方法。无论是孔孟的中庸之道，还是老庄的无为之道，事实上都是在寻求更贴近真理的为人处事的方法。

培训跟教育有所区别的地方在于目的性非常强，时间又不是很长，一般培训短的半天，长的几个月。在有限的时间内，培训并不像教育那样有那么多授业解惑的事情要做，而真正能够解决问题，产生效果的，恰恰是传道这个层次。所以在我们拟定公司企业文化时，把培训的道放在前面。

道的解释，一是我们企业的运营之道，也是做产品的解决方法之道。一是传递一种信念。我们长年做英语培训，发现中国人学不会英语已经不是一个技术问题。在中国学二三十年英语的大有人在，但中国人普遍不能讲英语。中国人学不好英语，不能开口的原因到底是什么？是英语很难学，还是他心里本来就排斥，不敢学。哪个比重更大一点，这是我们研究的方向。第二个研究方向，传统教育决定了任何一个老师不可能在课堂上教会学生每一个单词。体制内的教育尚且如此，那么在时间很短、资源有限的前提下，培训到底能解决什么问题？我们认为，培训最重要的是在最有限的时间里找到最好的一条路，去解决一个人学习知识的心理障碍，并且让他对所学知识产生兴趣。克服恐惧是第一位，第二产生兴趣。这就是道的精髓。不管是儒家的"知其不可为而为之"，还是道家的"知其可为而不为"，归根结底道是一种信念。我们在翻译时将道译作power，道是一种力量。培训的主体恰恰是传递一种信念和力量，而不是仅仅传递知识本身。因此，培训的精髓是帮助受众和学员解决心理障碍，提升对所学知识的兴趣。在信息时代，获得知识的途径很多，任何知识都可以在网上，在图书馆里找到，关键是解决心理障碍。举个例子，中央电视台最近很火的易中天，他就成功地把传统学术娱乐化了，他没有讲很多的知识，他的语言也不是多么搞笑，他的成功之处在于成功地引发了观众对历史知识的兴趣。

夏巍峰：那么，你们是怎么传道、布道的？

韩圣日：传道布道其实有太多的技术含量在里面。为什么我们要做网络教育，不去搞面授，面授和网络教育本身有很多相同之处。但是面授有一个问题不好解决，那就是炉火纯青、风格独到的老师不是很好找。一个好老师最吸引人的是他的人生经历，人生经历没法复制，所以你没法批量生产这样的老师。而在网络教育里，我们力图建立一种模型解决这个问题，它就像一个公式，学习者只要按照公式一步一步去做，就能领悟所学知识的价值，并且对它产生兴趣，克服恐惧感。这是我们的核心，也是精华之处，让学生产生兴趣去学习，而不是为了学习而学习。

以制造药品的态度做课程

夏巍峰：您非常注重企业的"文化内涵"，您提到"企业与商业的成功，永远不会基于产品或者营销的成功。真正的成功，必源于文化"。我与一些跨国公司总裁交谈中，也充分感受到这一点。您认为网络教育企业的文化应该是什么？

韩圣日：网络教育文化是一个非常大的范畴。从我以前给500强企业做培训时得来的经验看，我理解的500强为什么是500强就是：他们以最低的价格从最好的供货商那里拿货，以最低的价格聚拢一批最好的人才，然后去征服最有钱的客户。试问这样的企业能不赚钱吗？柳传志先生讲，没有追随者的企业肯定不是好企业。这里的追随者包括: 客户、员工和社会上各种利益关系群。事实上如果仔细观察,企业之间的差别并不大,那么靠什么才能脱颖而出,吸引追随者? 是文化。网络教育是一个大市场,它既需要西方洋快餐式的工业化文化,也需要精工细作、手工作坊式的百年老店文化。我相信在这么大的市场里,文化将是多种多样,千差万别的。但网络教育企业文化的共性还是有的: 第一点,尊重人的价值。因为教育和培训是以人为载体的。第二,有一定的社会责任。毕竟中国的教育资源分配还不平等不平均,企业应该在力所能及的范围内承担一定的责任。

夏巍峰: 您怎么看待一些网络教育企业在宣传中鼓吹产品赚钱的行为?

韩圣日: 任何市场环境下,趋利避害是必然的。只要不过分,就没有错,尤其是网络时代的新兴行业,许多企业都在摸索。但是如果走得过偏,过于提倡经济效益,就会出现问题。这之间的差别就如同直销和传销一样,如果网络教育发展成传销,或者类似于传销的载体,不拷问质量和产品的社会意义,而仅仅是一个赚钱工具的话,那么我想即使短期赚到了钱,也并不能长久。

夏巍峰: 您怎么看待网络培训企业面临的压力? 压力来自哪些方面?

韩圣日: 做一个成长型的企业很难,做一个培训企业更难,做一个网络培训企业难上加难。难点是要考虑的东西太多了。这个行业没有人才,没有背景,没有历史,又不像学历教育有证书可发,而且企业良莠不齐,市场混乱。竞争压力来自多方面,包括一些客户的思想被概念化了,认为网络课件就是三分屏,或者架设卫星接受器。其实三分屏的成本是最低的,我个人感觉不如看VCD,也不如视频点播。因为在这种课件里人机对话、互动、模拟仿真等应该唱主角的功能都被省略了,就像把营养食品当药卖。全宁恰恰不是这样,我们做网络课程的理念一直都是以制造药品的态度做课程,虽然这样做成本是最高的,但我坚持只有这样才能保证质

PRACTICE IN CHINA

量，保证品牌。所以我们从来不打价格战，这是我们的特点。

在线培训会成为一个成熟的产业

夏巍峰：凭您的判断，您感觉中国培训市场的发展走向是什么？

韩圣日：我觉得这个问题的时间点刚刚好，正好新东方不久前上市。这是中国第一家非学历培训的机构在海外上市，是一个里程碑式的事件，证明了一个成功的商业模型，证明了一个成功的领域，更证明了中国整个培训产业已经形成并初具规模。但这个领域距离一个成熟的产业还太远，这么大的市场不是一家企业就可以做起来的，所以新东方上市只是一个信号。这个信号说明这是一个非常有潜力的市场，整个行业本身最后会产业化，形成规模。

夏巍峰：培训业将来在中国教育体系里将扮演什么样角色？同时，在线培训的需求在哪里？蕴涵着哪些商机？

韩圣日：谈这个问题首先要看培训的需求。我们可以看到，目前人才培训和社会需求是有差距的，从大学生就业率就可以看出来。这个差距还在逐渐增加，就业难度越来越高，所有企业却越来越需要人才。这是因为中国正在经济转型中，这个时期存在着求职者与职位不匹配的矛盾。在传统工业农业的基础上，有许多第三产业出现，对人才专业技能的要求越来越高。"学好数理化走遍全天下"的年代已经过去了。现在在招聘人才时，对专业的定位非常清晰，这种情况与我们现在的教育体制是有差距的。据我们统计，现在中国大学的学科设置有两千多种，而市场的岗位需求则在九万种以上。所以培训在教育体系里是一个必要的补充，培训要解决巨无霸教育体系所不能解决的问题，这个角色是互补互利的。如果培训能成为产业，我相信可以把每个中国人的创造力发挥出来。

说到商机，商机实在太多了。培训市场是一个需求越来越多，越来越紧迫的市场。在线培训作为一个新生的行业，包括产、销、服务都蕴涵着巨大的商机。我觉得这是最好的时机。一个产业应该是汇集了相当一批优秀的公司，汇集了相当一批优秀的人才的领域。现在我们距这个产业还有距离，这个距离就是中小企业的机遇。

夏巍峰：在线培训市场现在发展到一个什么样的阶段？应该如何评价？

韩圣日：在线培训市场应从两个角度看目前的发展阶段，第一，任何互联网企业都有两种成功模式，第一种是把成功的传统行业网络化，比如：出版，学历教育，这是最简单的模式。第二种，传统行业里没有这块业务，因为有了互联网才出现这个行业。如：百度，GOOGLE。在线培训尴尬的地方是，它无法归属于任何一种成功模式。因为尽管培训在中国已经存在了很长时间，但它还没有产业化，也没有涌现出巨头或者杰出的企业。第二，在并不富饶的培训市场上做在线培训，现在还处于开荒阶段，走出的每一步都不容易。你在业内问十个人，有九个人会说，现在在"长征"。不过现在可以看到离"延安"不是很远了，也就是说走出了最初盲目的阶段——仅仅把培训网络化的过程，已经回归到理性的思考了。尽管土壤并不肥沃，但已经可以期待有些收获了。

质量是绝招

夏巍峰：您从一个在线培训机构角度看，与传统培训相比，除了学习时间、地点方便以外，在线培训到底是否能为企业和个人带来与传统培训不一样的东西？

韩圣日：肯定有不一样的地方。在传统面授培训中，当教师在讲任何一个知识点时，下面的学生一定会有三种反应：第一，这个我学过，我懂。第二，这东西太难了，我用不到，跟我没关系。只有一种人会说，老师，这东西太好了，我太需要了。这是传统培训的问题所在，学员可能花了一个小时只解决了他几分钟的问题。网络教育就不会出现这种情况，它会引导学生去学他们所需要的东西，不会让学生吃大锅饭。另一点不一样，面授没法强迫学生动手。技能性的课程，比如应用计算机，老师在台上讲，学生在底下看，我相信这样一辈子都学不会。技能性的课程一定要动手才能学会，而不是靠听与看。这是传统面授培训做不到的。面授受时间限制，老师不可能给每个人动手的机会。网络教育的参与度一定比面授高。每个学生的接受能力不一样，网络教育可以针对每一个学生，有教无类。另外，企业还可利用平台的功能布置培训内容，监督学习过程，实时掌控学习进度。学生对每一个知识点的掌握程度都可以分析出来。这些都是面授做不到的。对于企业来说，网络培训是非常好的企业文化、企业精神的贯彻渠道。

夏巍峰：现在，不管是面向个人还是面向企业，提供培训资源的厂商越来越多，国内外竞争对手也很多，而全宁与各大网络供应商签署战略合作协议，连续为中国电信等一些大集团、政府机构提供在线课程，你们靠什么与竞争对手竞争？全宁获得发展的"绝招"是什么？

韩圣日：我们的绝招是质量、质量、质量，还是质量。细分一下，我们有几个优势：第一，我们对中国人五千多年教育的理解在行业内可能是最深的。中国人的学习心态是一个从功利向感性转变的过程，与外国人的学习心态不一样。中国人感觉学习就是苦差事，从内心害怕学习，觉得很累。学习为什么不能轻松一点，正常一点，理性一点？这些都不是海外机构能够理解的。我们给中国人的课程是他们无法想象的。第二，我们虽然是成长型企业，但是我们走得非常专。非英语非计算机非礼仪的课程我们不接。我们每年都要拒绝很多需求，因为我们没有精力给他们做个性化的课程。但是在业内的 E-Learning 排行榜上，我们的课程一直排在前三位。

夏巍峰：全宁的产品是以互联网在线学习为主的数字化非学历教育培训，目前主要涉及的业务领域有英语、计算机、礼仪，选择这些热门业务的考虑是什么？业务进展如何？

韩圣日：网络教育是一个刚刚成长萌芽的行业，并不成熟。我个人非常喜欢做专业性，或者更加精深的尝试，但是在行业发展的初期行业用户是有限的，并没有分成不同的领域。做得很专分得很细的领域，只有一两家企业会感兴趣，会来采购，那样这个培训企业肯定会经营不善。为了生存考虑，我们必须做一些通用型课程。另外一个理由，培训是对教育体系的补充，现在社会缺乏高素质的人才，在这些人才应该具备的基本素质中包括计算机、英语、修养。我们就以此为着眼点，立足于做群众喜欢的、有价值的东西，并不去图大而全。从这两个角度，我们选择了以上三个领域。

目前为止，我们的业务发展非常好。我们第一步做的是大型国企，今年我们又进入了在中国的几家500强外企，而且现在有一个团队正在进入个人市场。基本上所有的发展都在计划当中，而且保持着高速成长。

夏巍峰: 您希望全宁能为中国教育培训体系带来什么样的核心价值？有什么样的发展目标？

韩圣日: 未来很难预测，网络教育里没有哪一家企业不想成为这个行业的领袖。我相信有识之士和有志之士并不少，只是大家还没有站出来。我现在仅仅是抛砖引玉，我们有一点点心得，非常愿意和所有业内人士分享，包括和竞争对手分享。我想心得越多越好，希望能够把这个产业做起来。

（原载 2006 年 9 月《中国远程教育》（资讯））

信念的力量

——与北京东大正保科技有限公司董事长、总经理朱正东对话

对话嘉宾：北京东大正保科技有限公司董事长、总经理 朱正东

对 话 人：《中国远程教育》（资讯）执行主编 夏巍峰

谈到远程教育，就不能不提到中华会计网校（www.chinaacc.com），不能不提到中华会计网校的创始人——北京东大正保科技有限公司董事长兼总裁朱正东先生。仅仅六年时间，他一手打造了职业远程教育领域 B2C 模式的传奇。全国每年共有 50 多万人参加的注册会计师考试，其中就有 10 余万考生通过中华会计网校（www.chinaacc.com）学习。该网校的影响力和知名度不但在远程教育领域遥遥领先于同行，还打破了远程教学效果不如面授培训的传统观念，更重要的是满足了广大会计人员的学习需求。

中华会计网校的成功，使朱正东一跃成为业内的传奇人物。在许多人看来，他的成功似乎只是一蹴而就的事，是幸运和机遇的双重惠顾。朱正东说："我们的行业很简单，没有什么高深的东西。做好也很简单，只要坚持下来，把服务做到位。"话说得非常简单，但成功是否真的这样简单？促使网校坚持下来的信念是什么？服务如何才能做到位？为了探究中华会计网校成功背后的故事，了解东大正保未来的战略举措，《中国远程教育（资讯）》执行主编夏巍峰与朱正东坦诚相对，共同探讨"简单"的内涵与信念的力量。

适应需求才能发展

夏巍峰：六年前您创办了中华会计网校，从当时第一期招生报名只有寥寥十来人发展到现在有几百万注册用户、五十余万付费用户的中国会计远程教育最大的门户网站，以及近年来拓展面向多领域的职业远程教育网站。六年的创业过程非常艰辛，是什么信念支撑着您一路走到今天？很想听听您的亲身感受与经验。

朱正东：可能创业型企业都有相同的经历，创业阶段很艰难。尤其我们是网络企业，在没有一笔投资的情况下，自筹资金运营，资金有限、网络不景气、社会上对网络教育又不认同，公司投资长时间得不到回报，维持正常运转就会很困难。企业发展的头三年，随时都有倒闭的可能。最艰难的时候，我不但将个人资产全部投了进去，还把房子和汽车都拿去做了抵押。车放在典当行里，41 万的车当了 26 万，后来成为死当，一辆崭新的车就这么没了。当时我坐在家里的沙发上，一夜夜睡不着觉，想着从哪里能借到一笔钱，因为有些钱不能不花。多亏家人的支持，我才能走到今天。

我记得第一期招生只招了十几个人，与预期几百人的目标相差很多，给公司所有员工造成了很大的心理落差。我们不敢相信，会计行业这么庞大的从业人群，网络教育这么先进的教育方式，竟然得不到认同，连公司的运转都维持不了，所幸坚持下来了。现在我们的注册用户已经达到几百万，每年交费学员人数都有几十万。远程教育不是短期行为，不可能一两年见效。我们的学员数量一开始增长得比较缓慢，后来突然就爆发了，呈几何增长，因为社会上认同了这种学习方式的效果。我们做过调查，大部分学员是通过口碑相传选择了我们。我估计到2007年交费学员人数能突破200万。如果说信念，我的信念就是坚信我们要做的远程教育事业肯定能成功。因为我看到了庞大的市场，看到了庞大的需求，这就是支撑我们坚持下来的信念。我的个性是认准的事情，不管遇到多大困难，都要往前走。

成功的主要原因只有一条：服务至上

夏巍峰：当时与你们同时起步的网校也很多，目前能够生存下来并取得发展的已经不多，您认为你们取得成功的原因在哪里？

朱正东：服务至上是我们的理念，客户或者学员的需求决定了我们的发展方向，我们适应了他们的需求，就能够发展。我们有些项目就是为了适应学员的具体需求才推出来的。外界很难想象我如此注重服务，任何一个学员提出的一个建议，都可能促使我拿来作为全公司整顿的一个重点。所有学员的反映都会通过公司的各个部门汇总起来，报给我。其中客户服务部是24小时值班的工作模式，白班、晚班、夜班，三班倒，每个班都要写一个总结上报。总结分两部分：工作日志和投诉记录。工作日志记载当班时发生的事情，投诉记录则是投诉电话的记录。除此以外，所有学员电话都有录音，我可以随时听取这些录音，直接了解情况。

夏巍峰：服务的概念不是什么新概念，现在无论做什么都在强调服务的重要性，从您的体会来看，究竟远程教育的"服务"与其他领域的服务有什么不同呢？

朱正东：我觉得，远程教育的服务与其他行业的服务没有什么不同，我甚至认为，我是把传统的一些服务放到了网络上。在我们公司，所有部门都体现了服务，比如：教学部，我就将其命名为教学服务部。

夏巍峰：从当初的中华会计网校开通以后，东大正保用了不到两年时间，旗下连续推出覆盖会计、法律、考研、自考、建设工程、医学、外语的网校，下一步还要推出中小学、IT培训、中文、电子商务内容的网校。您大规模进入这些领域是基于怎样的考虑和安排？您设定的目标是什么？

朱正东：2000年我们公司就提出了建立完全职业教育体系的目标，会计培训只是其中的一部分。开始时专注于一个项目，是因为我们没有经验。现在我们已经有了足够的经验，所以开始逐步向其他行业迈进。这个过程很短，新项目中除了法律网用了两年时间，其他网只用了半年。下一步，我们希望把这些网做到跟中华会计网校一样的规模。

夏巍峰：据我所知，中华会计网校的运作成功，一定程度上来自政府背景的项目以及师资的垄断，若拓展到如法律、考研等其他领域，你们是否还会有这样的资源与竞争优势？

朱正东：我觉得我们成功的主要原因只有一条——服务至上，适应客户的需求。我们自身的发展完全靠市场行为，事实上是公司做大以后，才有了与政府部门的合作。同样，师资垄断也是我们做大以后，其他企业虎视眈眈企图抢夺师资资源，我们才开始师资垄断。当然，职业教育中师资是很重要的因素，但是它不是唯一的因素。我们强调教学服务、客户服务、技术服务，这一系列的服务决定了我们的基础和优势。选择网校就是选择师资的说法并不完全准确，许多学员来学的时候未必知道谁是老师，大部分学员是冲着品牌来的。当然，我们为了维护品牌，会尽力去请好老师。

做好其实很简单 只要服务到位

夏巍峰：您的员工说，中华会计网校之所以能够在技术上、市场竞争中一直处于比较领先的地位，是因为您的电信技术背景，对中国互联网的发展有非常准确的判断。您对此怎么看？

朱正东：我觉得，电信技术背景对我的决策和公司的定位是有影响的。与我们同时期做远程教育的公司很多人采用卫星技术做传输，而我提出来用网络。因为我做过通讯行业，我认为传输不重要，带宽问题自有专业机构想办法解决，我们的工作就是做内容。

夏巍峰：与一些职业培训网校领导交流时，经常听到他们感慨"网校难做"，我不知道您怎么看的？您认为网校目前处于什么样的现状？要做好网校，最关键的是什么？什么样的网校才能把握机会？

朱正东：我觉得还是服务到不到位的问题，我并不认为网校难做，关键看怎么做。做好其实很简单，比如：我们的客户服务部24小时值班，三班倒，没有节假日，很简单，可是在业内，却没有其他公司做得到。其实我们的管理部门人很少，以前只有一个人做管理，企业管理部经理由我兼任。我的管理理念跟别人不一样，我们不需要很多管理人员，业务部门人多，是业务管理，部门经理就是管理人，经理把他的员工管好了就行了。公司没有闲人，所以很单纯，人也很单纯，因为大部分是刚参加工作的大学生。员工都反映公司没有复杂的人事关系，没有勾心斗角。部门经理负责给员工安排好合理的工作量，让每个人都有事做，没时间想别的事情。任何时间你都可以到我们公司来看，没有打打闹闹的，都在干活儿。而且我们的制度很严格，比如：呼叫中心的员工在当班时，手机不允许处在开机状态，如果不注意忘了关机，肯定要受处罚。我还提出"面带微笑，正襟危坐"，尤其是客户服务部的员工，学员在电话的另一头虽然看不到，但是能感觉到你的微笑，因为情绪高低是能够通过声音感觉到的。坐姿也一

中国经验

样，一个坐不端正的人很难认真地说话和工作。

至于网校的现状，我们的会计网校目前在市场上遥遥领先，依然保持着高速的增长，其他项目的发展势头也很好，所以我们现在仍然处于高速增长的阶段。

害怕竞争是信心不足的表现

夏巍峰：短短的时间，东大正保从单一的中华会计网校，发展到覆盖11个领域的远程教育集团，以及分支机构向全国各地拓展。目前对你来说面临的最大挑战是什么？

朱正东：我们没有实体的分支机构，都是虚拟的。我们的代理商就是我们的腿，现在已有2000多个代理商。挑战肯定存在，其中代理商的规范就是一个大问题。代理商水平参差不齐，部分代理商理解不了我们的理念。但是公司面临的最大困难还是人才缺乏。今年我们计划招收50多个大学生，大概可以初步解决目前人才缺乏问题。现在仅仅从社会上招人才已经满足不了我们的需求，有经验的人才不多，即使有经验，他们的发展思路与我们的经营理念不吻合，反而不如没有经验的大学生好。我们的骨干都是自己培养出来的。比如：2000年最早从社会上招收的一批员工，刚入行的时候水平并不高，可现在都已经成为业内的高手。2002年我赌了一把，在十分困难的情况下招了十几个大学生，没想到条件那么差他们还愿意来，这都是因为我们的事业有发展前景。现在他们已经成为了公司领导或者骨干。今年招收应届毕业生，我虽不是主考官，但每场招聘我都听了。新员工有3个月试用期，那些适应我们企业文化的才能留下。

夏巍峰：职业远程教育市场的确很大，但是，市场机会谁都能看到。如果有一些大公司这时候进入，你们靠什么与他们竞争？

朱正东：我不怕竞争，有竞争才有发展，怕是信心不足的表现。回到教育的本质来说，教育并不是大公司的专长，这里面有经验的积累，还有品牌效应。没有经过时间的检验，再大的公司也没有用，因为做好做坏，最终是客户说了算，市场做主。我们做这个行业这么多年，学员对我们的技术、服务、学习效果都认同了。其他公司做职业教育同样要经历这个过程，他们也许能缩短这个过程，但是短期内超过我们的规模并不现实。而且现在我们又不是停步不前，我们还在发展，所以我不用担心。我觉得他们进来对学员是一件好事，如果有公司能提供比我们更好的服务，我们就要反思，思考我们为什么不能做得比他们好，这样可以更好地促使我们发展。

夏巍峰：您坚持的信念"先想先做，领先一步"，即将进入新的一年，您又有什么新的打算与规划？

朱正东：我正在考虑公司的三大战略，其中一个就是公司业务的整体布局已基本完成了，要考虑怎么样才能出效果，中华会计网校一枝独秀的局面必须打破，争取明年多出几个"中华会计网校"。另外，公司明年要扩大宣传，系列广告将在电视播出，广告词已经有了——"自由选择改变未来"。

（原载 2005 年 12 月《中国远程教育》（资讯））

中国经验

PRACTICE IN CHINA

打造中国远程教育行业的"国美"

——与北京清大新干线教育科技有限公司总经理邵树军对话

对话嘉宾: 北京清大新干线教育科技有限公司总经理 邵树军
对 话 人: 《中国远程教育》(资讯) 执行主编 夏巍峰

2005年3月我们认识了一个新名词"中国教育一卡通"，这个来自民间的教育资源整合平台一经正式推向市场，就在整个国内远程教育行业掀起了不小的轰动。与之同时，"资源整合商"这个新类别的出现也填补了国内远程教育市场链条上的一个空白点。不到两年时间，"中国教育一卡通"已整合了1，600多门课程，建立起几乎覆盖全国的销售体系。这一高速成长的背后究竟蕴藏着什么玄机？"中国教育一卡通"创办者北京清大新干线教育科技有限公司总经理邵树军揭示其中的奥秘。

创造一个新模式

夏巍峰：你们推出的"中国教育一卡通"，对很多人来说是一个新名词，请详细讲讲什么是"中国教育一卡通"，和人们已经熟知的银行"一卡通"到底有什么区别和联系？

邵树军："中国教育一卡通"跟银联卡有一定相似之处。这张卡打破了不同教育类别之间的壁垒，囊括了广泛的网上教育资源，一卡在手可以学习从幼儿教育到高等教育，乃至成人职业教育的整个教育链条的知识，而无需使用多个学习卡。我们力求把卡做得漂亮一些，让它成为收藏品。但卡只是外在的形式，关键的核心是内容。我们的主卡都是免费送给用户的，用户可以到店面索取，没有主卡也没有关系，用户只要在网上注册就可以拥有账号，再买不同面额的充值卡充值就可以在网上学习了。

夏巍峰：通过一张学习卡实现任意课程的在线学习，这个创意特别好。您的灵感从何而来？您的创业初衷又是什么？

邵树军：创意来源于偶然。第一次创业失败后，我承受了两方面的打击，一是信心上的打击，第二是经济上的打击，当时情绪比较低迷，经常在书店和网吧流连。一次在书店买书的时候，我无意间听到一对母女与售货员的交谈，母亲要给女儿买中小学网上学习卡，同时因为她自己做会计工作，一直在考注册会计师，就问售货员有没有网上学会计的学习卡，结果店里没有，她只能去很远的另一个地方买。当时这个母亲就说了一句

中国经验

话，对我触动特别大，她说："如果你们这个卡能像银行的银联卡一样就好了。"我听了这句话，就走过去跟她聊。我说，如果在一个网站上，通过一张学习卡，你女儿可以学习基础教育的课程，你也能学习注册会计师的课程，而且通过这张卡还可以在这个网站上实现法律、英语和一些职业教育的学习，你觉得这样的产品怎么样？她说太好了。通过和这对母女的一番谈话，我意识到自己发现了一块未被挖掘的巨大市场。

夏巍峰：你们首创并推出"中国教育一卡通"后，在很短时间内象中华教育一卡通、国家教育一卡通、中华学习一卡通、远程教育一卡通、网络学习一卡通、远程学习一卡通、在线学习卡、财智学习卡等等各种卡式服务也跟随纷纷推出。在这样一个同质化竞争市场中，你们靠什么与他们竞争？

邵树军：这些产品看上去名字都差不多，但实际上目前为止也只有"中国教育一卡通"能够实现一卡通。有些产品的关注点还集中在基础教育上，没有对职业教育等各类别特别关注。与他们相比，我们整合的资源都是业内比较优秀的资源，关注的面也比他们宽泛。

搭建一个共享平台

夏巍峰："中国教育一卡通"需要和各类教育资源商合作，才能整合远程教育资源，目前资源整合进展如何，是否达到你们预期的目标？

邵树军："中国教育一卡通"目前已经整合了从幼儿教育、中小学教育，到高等教育、职业教育、继续教育、企业培训、资质认证等各个领域的1，600多门优秀课程，可以满足各种学习者的多种学习需求，而且还与教育部教育管理信息中心、信息产业部、国家质量认证培训中心、加拿大派特森教育集团、泰德教育集团等众多政府部门、教育培训机构、科研部门结成了密切的合作伙伴关系。与我们合作的资源提供商已有十几家，发展速度比较快，但还没有达到我们预期的目标。在我的想象中，"中国教育一卡通"的平台应该囊括所有教育资源，各种各样的课程，只要有学习需求的人，到这个平台上来都可以找到他所需要的知识。下一步我们还会寻求更多更好的优秀资源进来。现在我们遇到的问题是，资源提供商担心我们与他原有的渠道产生冲突，而不接受我们的合作。前期的时候这种情况很突出，后来我们的规划和发展前景打动了一些资源提供商，合作渐渐多起来。他们看中的是我们的营销体系，即引进加盟连锁的模式扩展渠道，他们认同这样一种模式有很大的发展空间。我们也希望，更多的资源提供商能够认同我们，尽量打破门户之见，通过与我们的合作达到共赢。

夏巍峰："中国教育一卡通"作为一个网络学习平台，你们如何保证你的资源提供商能够为学员提供优质学习指导与答疑服务？是否有一个服务标准？

邵树军：我们的服务是双层服务。首先，通过"中国教育一卡通"学习的学员与资源提供商自己的学员一样，享有所有的服务，这是我们与资源提供商合作的前提之一。其次，我们有一个二层防线。单一靠资源提供商来服务可能会有一些不协调的地方，我们的客服部会专门去协调学员与他们的关系。

铺设覆盖全国的销售渠道

夏巍峰："中国教育一卡通"营销模式采取招商加盟的方式，我看到你们的宣传资料，加盟"新干线概念店"和"新干线旗舰店"，年利润分别至少达到11万和30万。目前加盟的机构，他们实际的运作情况如何？

邵树军：中国有1亿多的网民、两亿中小学生、3.3亿需要接受再教育的庞大群体，50%的企业管理者都希望员工能够得到更多学习和培训的机会，而"中国教育一卡通"相当于一个万能钥匙，可以去开启各个门类知识的大门，面对的客户群体非常广泛，因此70%的加盟商情况都很好。对于加盟商来说，我们降低了他们的成本。以前他们要做某个学习卡的代理商，前期至少要发生5~8万的费用，如果自己去整合其他产品，在当地把资源链建全、推广，可能需要一两百万。现在他们加盟"中国教育一卡通"，前期发生的费用只有以前的2%~3%，而且拿到的是整个资源链，一举两得。

产品推广上我们也有独到之处，我们已在全国范围的主流媒体上做了大规模的宣传，在中央电视台、山东卫视、中国教育电视台、河北卫视都做过节目，普及"中国教育一卡通"的概念。我们还会全力配合加盟商去做宣传。在这样的背景下，加盟商再在当地有针对性地进行推广会收到良好的效果。作为清大新干线，我们希望自己像管道一样，从上游整合业界最好的资源，通过管道输送到全国各地，再通过当地定点的合作伙伴把资源分销出去。

夏巍峰：做远程教育的人都知道，我国远程教育的社会认可度不是很高，目前还处于"叫好不叫座"的状况，你们在推广"中国教育一卡通"时是否也遇到这样的情况？

邵树军：我认为人们对远程教育的认知度已经非常高了。现在小县城都布了宽带，人们在理念上已经可以接受网络学习方式。不像我以前在某远程教育企业开发市场的时候，给客户打电话，先要解释什么是远程教育，把远程教育的理念和方式讲得通通透透了，再说产品是什么。现在不用再讲什么是远程教育，只要介绍产品，甚至说我是"中国教育一卡通"，对方就会很容易地联想到这是一个远程教育产品。整个大环境已经好起来了，但是还需要引导，所以我们要求加盟商要对远程教育有一定的了解，这样才能更好地推广我们的产品和理念。

夏巍峰：你们项目上市不到半年，全国已发展了80家代理商，100多家经销商，应该说业绩已经非常好。您下一步的目标是什么？您靠什么来巩固市场成果？

邵树军：现在竞争很激烈，我们在全国100多个城市已经有了100多家"中国教育一卡通"的远程教育管理中心和教育服务中心，还远远不够，下一步的工作重点是在全国每一个城市都建立一个"中国教育一卡通"的教育管理中心和教育服务中心，加大覆盖面，一起推动市场。另外，我们要引进更多更好的资源，促进销售，也让加盟商更有信心。

降低远程教育准入门槛

夏巍峰：您认为"中国教育一卡通"的推出，将对国内远程教育市场带来什么样的影响？通过你们与一些资源提供机构的合作，您认为将对远程教育市场带来什么样的改变？

邵树军：我相信对远程教育行业的格局会有一定的改变。我们的思路是做远程教育的资源整合商，主要以整合以主，不以开发为主。事实上，现在远程教育行业内，谁再想以开发资源求发展求生存已经很难了。比如会计方面，中华会计网在这个点上已经做到很深入的地步，几乎无法超越。所以现在我们不去做点，而去做面，把一些优秀的点连起来，整合在一起，推向全国各地。在我们合作的资源提供商中，有的如今基本不做渠道了，全交给我们来做，他们把更多的精力放在资源开发上，以后他们就会逐渐成为单纯的资源提供商。我们的出现对于一些想向远程教育发展的传统机构也是一个福音，他们只要专注于资源，依靠我们推广就好，这意味着远程教育的准入门槛大大降低了。大家一起建设这个渠道和平台，在这个平台上大家是双赢的。

夏巍峰：您的第二次创业，创造了一个崭新的业务模式，也受到外界的关注。你们公司的发展目标是什么？

邵树军：期望在两到三年之内能够在国内做到人尽皆知，我不奢望所有人都来到这个平台学习，只要人们一有学习的需求，马上能够想起新干线来就行。另外，三到五年内，把业界能够合作的资源都合作过来，加盟商遍地开花。我希望每一个跟我们合作的人都能发展壮大，只有他们发展壮大了，才能推动我们继续向前。我们希望把"中国教育一卡通"打造成为一个教育资源的"国美电器"。"中国教育一卡通"最终可以像银行卡、信用卡一样，在每个人钱包里都有一张。我想有那么一天，我也希望有那么一天。

夏巍峰：您毕业6年，28岁创业，我看了您的一些创业故事。现在有很多与您当时刚毕业求职一样遇到困境的大学生，您有什么启示与成功创业经验可以与他们分享？

邵树军：我对大学生说的话是，只要您想到了，想好了，就不要犹豫，要坚定地去做。如果今天想做这个，明天想做那个，你的信心就会慢慢被消磨掉。我们做这个项目前，也曾经有过担心，不知道能不能行得通，资源提供商会不会和我们合作，但一旦准备做，我们就坚定了必胜的信心。我想我们肯定能成功，能够在远程教育界掀起一个很大的轰动，我们的理念对整个远程教育会是一个很大的冲击，我也相信我们很快就能把产品推出去，企业很快就能壮大起来。

（原载2006年6月《中国远程教育》（资讯））

培训行业有百倍成长空间

——与华点通集团董事会主席周仲庚对话

对话嘉宾：华点通集团董事会主席　周仲庚
对　话　人：《中国远程教育》（资讯）执行主编　夏巍峰

15年前，周仲庚在美国推出了中国第一张电子学习光盘，此后每一年电子学习供应商都在对外宣扬电子学习时代快来了，喊了15年。"一个行业被喊了15年，足以表示这个行业确实有它的魔力所在。"现任华点通集团董事会主席周仲庚说。

华点通集团作为中国颇具声望和值得信赖的国际咨询公司之一，多年来致力于为企业量身定制全方位成长战略和战术，同时不遗余力地为宣传推广企业电子化学习做工作，是什么信念支持着华点通和周仲庚一步步走来，周仲庚是如何看待电子化学习的？周仲庚对电子化学习进行详细的探讨。

培训是建立系统的概念

夏巍峰: 作为企业管理的资深顾问专家，您认为中国企业与国外企业的差距在哪里？如何缩短差距？中国企业面对您所提出的"加入 WTO、信息技术、经济全球化"三大突变问题，如何应对？

周仲庚: 这个问题有乐观的一面，也有现实的一面。现实的一面是世界上有一些事情，先得到的就是先得到的。别人的办公室比我大，别人的钱比我多，我可以后来居上，但是有些东西后来居上是比较难的。比如说我们做可乐生意，十年之内要打败可口可乐，这句话没有逻辑问题，但实际上是不可能的。因为可口可乐的品牌做了50年了，我们无法超越他。企业里面有很多这种现实的现象，例如品牌和企业管理系统等等。乐观的一面是：整个人类的生活在变，经济结构在变，生活节奏在变，这里面产业的空间是很大的，尤其新产业的空间巨大。美国有一位学者预测中国的生产力很快就会到达一个瓶颈，有两个原因：第一，中国缺少管理技能；第二，中国缺乏创业精神。这里指的创业精神是创新精神和创新的能力。中国的创业多半是看哪里有利可图，多半是追求在市场的夹缝中，在市场的机会里，快速地壮大。我想这些就是中国企业应该去面对的一些现实。

从去年"非典"以后，在企业培训方面我们感觉到非常强劲的势头，"非典"给中国企业管理最大的一个冲击是使每个企业的老板都意识到，我们中国企业的管理是这么依赖人跟人的亲密接触，而企业要发挥生产力、进行企业活动必须依靠管理系统，不能完全靠人跟人之间的交流。另一方面，中国经过这20年来经济的发展，差不多钱可以买到的东西都具备了，无论是社会的基础设施、基本的办公设备、生产设备，能够买到的都买到了，现在最大的挑战是钱买不到的东西。什么是钱买不到的东西？比如：机械行业有很多精密的设备，这些设备要发挥出精密的生产力很大程度要依赖熟练工人，依赖工人敬业的态度、专业的态度和手艺，仅靠设备精密是无法提高质量的，而这些不是钱可以买得到的。比如微软公司，他在全球只有6万人，每年120亿美元的开支，但是他创造了一年几千亿美元的市场价值。如果我们用240亿美元把微软这些人挖来，微软公司是不是就可以在中国重新复制了，这个产业就可以变成中国的产业了？这是不可能的，这么多年来微软在市场上造成的规模、专利、版权和品牌是用钱买不到的。

夏巍峰：您认为我国目前企业培训与员工培训的现状是什么样的？企业应该如何认识企业培训的重要性？

周仲庚：中国的培训产业的规模有多大，我从来没有看到过一个完整的统计数字，但我觉得这个产业很大，目前属于管理类培训方面的年产值大概在60－100亿人民币之间，管理类培训公司大约2万家。看上去这个产业已经很大了。如果你去问企业的人力资源经理，培训重要不重要？1万家里面有9,999家说重要，听起来培训已经是一个很大的产业了。但是给大家一个数字，中国的瓜子业一年的产值大概150亿左右。也就是说培训这么重要的事，关系中华民族未来命运，关系中国国民生产总值进一步提高的产业，目前的年产值比不上瓜子。当然，培训行业的前景很好，在中国还有百倍的成长空间。

随着大企业的增多，培训的量是越来越大了，每年至少有30%~50%的增长率，但是我们注意到培训的性质还没有改变。而我们更希望看到性质的改变，而不是看到量的增长。现在多数企业的培训意识还都停留在：

经营管理上碰到困难,企业领导就认为员工的素质不行。对培训的认识问题,首先在这里我要确定一点:培训不是提高人的能力的概念,培训是建立系统的概念。我们说"铁打的营盘,流水的兵",企业培训如果能够达到对企业的营房有所贡献,为企业的城墙添上一块砖,为企业高速运转的机器添一个齿轮,那么培训的费用再贵也是值得的。如果企业培训只是提高流水的兵的能力,那么你就必须先确定这些员工是不是流水的兵,如果他们确实是流水的兵,培训就会成为我们为他下一个老板提供的职前训练。因此培训的方向、讲师的挑选,培训公司的选择很重要,培训公司是否了解你的企业的处境,你的管理思路,企业未来两三年发展的需求,培训能不能在企业的基础上留下一些东西,为管理系统的建设打下基础,要朝着这个方向来进行培训。如果中国企业对培训的认识不能从人的层次提高到系统的层次,恐怕培训未来几年的增长速度都不会有所增长。

夏巍峰:您曾经说过,学习力成为十倍速变化的知识经济时代唯一持久的竞争力,如何来理解?您认为企业应该如何把学习力变成竞争力,从而推动学习型组织的建设?

周仲庚:中国企业现在还处于成长期,变化很快,人员的流动也很快,如果学习力只停留在个人的身上,这种学习力对企业不会有任何好处,不要也罢。我们常常看到一个企业内员工都很有个人学习力,可是这个企业却发展不好,最后垮掉了。为什么?因为企业实际上是在发奖学金给员工学习。员工学习好了,毕业了,他会寻求更高的工资和福利,有更好的去处,不一定留在这个企业,企业付出却没有回报,长此以往就垮掉了。所以我们在谈学习力的时候,要从企业的观点和角底看问题,企业的学习力一定要谈组织的学习力,系统的学习力,只有组织具备了学习力才能形成企业的竞争力。企业必须有一套知识管理体系,把个人学习的结果——经验,通过知识管理工具收集起来,再把这些经验变成知识,让新来的员工和其他员工用上,这才叫组织的学习力,这样才能转化为竞争力。

电子学习的障碍来自经济

夏巍峰: 随着信息技术发展，世界范围内电子学习（E-learning）正在兴起。电子学习将给我们企业提高竞争力带来什么机会？我国企业在利用电子学习(E-learning)方面开展得并不是很好,您认为主要障碍在哪里？您有什么好的建议？

周仲庚: 障碍在哪里？打个比方: 现在大多数中国企业会计记账都已经实现电子化了，会计要电算化，首先要有纸面会计系统——手工账本，如果一家公司连纸面会计系统都没有,怎么可能转化成会计电算化？会计电算化在于会计本来就存在,电子化只是让它更方便、更有效。同理电子学习也是一样,一个公司如果没有一套传统的培训系统和培训理念,就不可能接受电子化学习。所以今天中国远程教育不发达,不是因为这种学习形式不好,而是因为培训本来就不发达,企业在培训上的投入不足。只有当企业都觉得有培训的需要,而电子化学习又具有某种传统培训所不具备的特性,在任何地方任何时间都可以学习,企业才可能投入资金,远程教育才能尽快成长起来。我这里需要强调的一个观点是,电子学习是先有学习再有电子化,先有培训再有远程培训,一个企业原来培训经费都没有,怎么可能有电子学习呢？所以不是电子学习、电子培训没来,而是培训没来。不是远程教育没来,是中国的教育,国家和社会对教育的投资就还不够,只有投资够了,才会发现传统教育的价格高,远程教育的价格低。那个时候电子学习的时代就真的来了。所以障碍不是意识问题,而是经济问题。

夏巍峰: 您所领导的华点通公司在利用现代信息技术推动建立学习型组织、构建终身学习体系方面做了哪些工作？目前华点通针对不同用户群有哪些培训项目？

周仲庚: 从技术角度分析问题的都是供应商，客户是从经济角度和需求的角度看问题。华点通尽量不从科技手段想问题,我们完全是从客户的需求角度来考虑问题。从形式上来讲有两种：有一些企业比较偏好集中学习，有一些企业因为员工聚集在同一时间同一地点不容易，所以只能采取分散学习。为了满足他们的需求，集中学习我们提供卫星的形式，我们的卫星实时课程已经开播两年，每年实播 80 天。分散学习我们提供电子课件，不管互联网、企业内部网，还是光盘，这些都是电子课件分散学习的方式。传统面授我们也有，但是因为基础课程已经有了电子学习和远距离学习的方式，我们传统的面授就比较倾向于高端，高端不一定是指级别高，它还有另一个特点是深度。比如业务人员的深度访谈技巧、深度挖掘技巧，级别不高但技能高。还有一些客户，他面临的管理或者经营问题不是培训所能解决的，就要借助到顾问，我们为这种客户提供顾问案服务。因为培训只是一件标准尺寸的衣服，真正要量体裁衣就需要提升一个高度。我们有一个概念，当我们做培训的时候，我们做的是教练式培训；如果我们做顾问，也是做教练式顾问，因为我们觉得蜻蜓点水式服务对客户没有什么意义。

了解客户的需求至关重要

夏巍峰：在互联网大潮中，华点通当时建立了我要培训网（51e-training）、我要进取网（51up）、我要学英语等几大学习网站群，目前我要培训网已转型，其他网站也已悄无声息。反思过去，你认为是否是一种失败？据悉，华点通的业务模式一直在不断进行调整，这是否是你所说的"变是唯一的不变"？

周仲庚：那是三年前的历史，那个时候是赶互联网的风潮，很快我们就意识到我们的本职工作不在那里，我们是企业顾问出身，我们的强项在企业方面，所以就放弃了个人学习方面。战略永远是做减法，不是做加法，战略永远讲究的是资源集中，是在众多机会当中看出最适合自己的机会。所以我们这三年做的企业培训越来越精准。

一年前华点通网站还是一个门户的概念，现在已经完全不是了，我们把它当作一个深度的专业网站来对待。以前是求广度，从一年前我们的网站就开始往深度方向走,很多其他地方找不到的深度服务可以在我们这里看到。比如说我们网站上有企业竞争力的量身工具。这个工具现在还只是实验阶段,再过一两个月要发展到十几个,真正提升为企业的量身工具。

夏巍峰:2004年中国远程教育大会5月将在北京召开。大会将致力于推动信息技术在教育及培训领域应用,构筑学习型社会平台。信息时代已经来临,对信息技术在构建学习型社会平台上,你有什么样的建议?教育及培训界应如何充分利用信息技术?

周仲庚:现在很多大会都是供应方的会,我希望五月份在这个会里能听到客户的声音。我们不要说自己有多好的技术、多好的课程、多好的老师,我们要问问我们的客户要什么?另外,我很希望这个产业里面出现一个巨头,在技术规格的统一上做一些工作,把大家的资源整合起来,使客户方便使用的同时降低成本。远程教育、电子学习最忌讳的就是割裂。

谈到信息技术,我觉得它可能是现实众多不利因素下唯一的曙光。国外公司过去要花十年的时间才能建立起一个像样的企业系统,现在因为有了信息科技,可以一次性把这个系统的底层和系统的基础建完,只要有决心,两三年内中国企业就可以半强迫式地把自己的组织系统化。所以我觉得信息科技的意义非常大,但是很可惜,信息科技现在在中国还没有完全用起来。

(原载 2004 年 2 月《中国远程教育》(资讯))

中国经验

学习的乐趣

——与上海嘉旭网络技术有限公司董事、总经理高鹏对话

对话嘉宾：上海嘉旭网络技术有限公司董事、总经理 高鹏
对 话 人：《中国远程教育》（资讯）执行主编 夏巍峰

2006年1月，内地8位E-Learning业内人士组成考察团队赴台考察台湾E-Learning发展情况并参加"2006华人数字学习论坛"。台湾同行的务实经验给我们留下深刻印象的同时，更将两岸合作交流的浪潮推到从未有过的历史高度。为了进一步了解台湾经验的深远影响，以及两岸合作落地的具体情况，专访此次台湾之行的组织者之一，组团赴台参加"2006华人数字学习论坛"的大陆考察团团长，上海嘉旭网络技术有限公司董事、总经理高鹏，就上述问题进行深度讨论与分析。

恰逢"五一"黄金周，整个谈论就围绕"五"个"一"开展。

台湾数字学习印象——"一近一远"

夏巍峰：今年年初，您作为大陆考察团团长，组团赴台参加"2006华人数字学习论坛"，为促成大陆与台湾数字学习行业同仁首次牵手立下汗马功劳。您这么做的原因是什么？

高鹏：缘于我对数字学习这个行业的兴趣和把台湾经验介绍过来的愿望。我一直觉得台湾经验是最适合大陆市场的。因为我们之间同根、同脉、同文，应该是很"近"的。但是我们之间毕竟在不同的社会、教育、企业管理体制下，分隔了这么多年，心理感觉还是有点"远"。在这"一近一远"之间，我希望能够架起一座桥梁，使大家能够顺畅地互动交流。

在此之前，可以说台湾同行没有很多的途径了解我们，以参加"2004两岸两地E-Learning峰会"的台湾10多家标杆企业为例，在大陆开展业务的不过两家而已。同样我们对台湾同行的了解也不多。以往台商都不通过新闻媒体展示自己，也很少与大陆厂商进行交流，所以也就没有在大陆产生一定的影响。我看到了这两方面的需求，刚好有这样一个机会，而我又有能力把两方面的朋友牵到一起，就促成了这次台湾之行。

夏巍峰：您曾经与台湾数字学习的权威机构——台湾资策会主办过2004年"两岸两地E-Learning峰会"，又参加过2005年"两岸人力资源发展与数字学习交流访问团"活动，对台湾同行应该十分了解，那么此次近距离接触有什么不一样的感觉?

高鹏: 现场感,听 CD 的感觉肯定和听演唱会不一样。这次最关键的主要是看到了用户。以前我们在大陆看的都是厂商。作为厂商,我们觉得 E-Learning 好,所以我们一直不遗余力地推广它,有种传教士的热忱。可仅有传教士的热忱是不够的。事实上,这个行业做得好不好,关键是用户用得好不好,用户成功才是真正的成功。只有把概念、话语的力量转化为客观效果,布道才能成功,否则就变成我们厂商的自娱自乐了。因此这次去台湾,最大的好处就是我们到了现场,而且都是获得台湾资策会褒奖的成功用户的现场,所以收获很大。

夏巍峰: 我这次参加考察发现,虽然台湾的经验和具体的做法很好,但是他们来到大陆之后,大陆厂商并不十分热情。大陆厂商这种表现,是不是因为害怕竞争?

高鹏: 深层的合作本来就是很不容易的。大陆企业对台商有一定的成见。台商也有自己的问题: 第一,圈子感非常强,活动局限于台商自己。第二,他们以前在大陆有一些受挫的经历,造成一定的心理阴影,导致他们做事情都比较小心。

台商肯定会带来竞争,但是积极意义应该更大。他们的思维方式、产品的功能策划、项目的整体规划、专业实施的做法都对我们有很大启发。况且,如果他们的进入以合作方式进行,对双方都有利。目前在大陆比较活跃的台商都有当地的合作伙伴。

夏巍峰: 您认为大陆和台湾的互动会不会一直坚持下去?

高鹏: 我认为应该一直坚持下去。大陆 E-Learning 应用领域尤其是企业应用领域当前仍处于启蒙阶段,缺少成功案例和经验。总体上看,大陆和台湾的落差还有 5 年左右的时间,我们在进步,别人更在进步,落差虽然会减小,但还会长期存在。所以交流一定要继续做,需要的话,我以后仍然会花时间和精力来做这件事。

理论与实践——"一高一低"

夏巍峰：您是中国人民大学网络教育项目创始人之一，也曾担任中华学习网副总裁兼上海分公司总经理，是国内第一批远程教育从业人员。可以说，一直走在网络教育的前沿，那么您觉得两岸的实践有何差别？

高鹏：台湾同行做得好主要是四个方面：一、全局清楚；二、规划专业；三、实施细腻；四、注重实效。这些恰恰是大陆厂商缺乏的。

从1996年算起，E-Learning在中国已经有10年时间了，从发展草创的初期进入到一个精耕细作的状态。尽管数字学习的诸多概念与传统的学习相仿、或源于传统学习。但时至今日，数字学习与传统学习已有天壤之别，成为崭新的学习类型和方式，产生出许多全新的教学方法、教学技巧、资源建设、教学设计、教学岗位和教学职能。在台湾，连其中的教学分工，都产生了"数位学习规划师"、"数位教学设计师"、"数位媒体设计师"、"数位学习讲师"这样分工明确的岗位，乃至制定了相应的工作技能规范做引导。台湾又十分国际化，不遗余力地引入数字学习的基本概念，在充分与本地的具体情况结合后，已形成完整独特的数字学习体系。大陆在这方面的研究与专业化的建设最为薄弱，最需要加强。

从台湾经验思考，大陆数字学习产业应该重点关注两方面的问题：理论上境界要高，但是落手要低。这"一高一低"，既有理论上的全局把握和总结，又包括对实施细节的高度重视。

夏巍峰：作为业内资深人士，您认为大陆网络教育领域存在哪些困难和问题？台湾的哪些经验可以为我们所借鉴？我们自己的优势又在哪里？

高鹏：我们的优势是市场大。欠缺是没有足够多的成功案例。企业E-Learning和网院不一样，对于网院来讲，即使服务做得不到位，甚至网院无网，只要学生学到了知识，拿到文凭，就不会产生大的非议。而企业E-Learning更强调结果，必须让用户获得实际的可衡量的收益。所以要像台湾厂商那样，扎扎实实，深耕细作，尽快做出切实的有效果的东西出来，用事实说话。

目前，大陆也有一些很好的项目，都是活学活用 E-Learning 手段，切实解决现实问题的范例。比如：华东师大的"研修式"的教师网络培训，苏州市副市长朱永新的"教育在线"，江苏省电大退伍军人学历提升项目，中华会计网校，太平洋保险集团企业大学等。分析研究这些鲜活的、根植于最基本需求的、有强大生命力的项目，可以给我们很多启发和激励。

市场机会——"一大一小"

夏巍峰：您觉得中国远程教育市场的发展前景和发展空间有多大？在这个庞大的市场中，大陆厂商的挑战和机遇是什么？

高鹏：中国远程教育市场是"一大一小"，理论上市场很大，机会很多，但是目前困难很多，实际上市场还比较小。整个市场状况有点儿像美国西部的跑马圈地时期，就看企业有没有力量跑得足够快、足够久。当然越能圈地，对企业的专业化要求就越高。正是由于圈地不容易做，所以目前要精耕细作、提高专业程度、帮用户做出效果，这是我们的挑战。台湾"经营之神"王永庆有句名言："深耕才能生根！"我深以为然。

我们毕竟在本土，理应更能挖掘和把握市场机会，这是我们最大的机遇。

夏巍峰：台湾同行非常看好大陆市场，您觉得他们会通过什么途径进入，他们的机会有多大？您给他们什么建议？

高鹏：在"世界华人数位学习论坛"上，台湾资策会数字教育园区发展中心产业顾问组黄进烽组长在展望台湾在线行业新的发展时认为："大陆市场为台湾企业后续成长的关键"。我们遇到的台湾同业均表示："大陆是数字学习的天堂。"从中可以发现，他们对大陆市场相当看好。我给他们的建议是：切忌浅尝辄止。

台湾厂商的解决方案都是现成的，无论平台、工具，还是课程内容、经验都很好。这是他们的优势。问题在于，他们能不能捕捉到机会，同时比较快地取得当地用户的信任。这些单靠他们自己是不容易做好的，所以我建议他们一定要找一个伙伴。第一，能够提供大陆方面很真实的机会；第二，可以取得天然的信赖感。他们的机会还是蛮大的。当然他们还应该抱着一个长期的打算。

夏巍峰: 您认为未来两岸合作发展趋势如何？合作原则是什么？

高鹏: 尽管大陆的在线学习项目在规模，以及由此产生的学习服务、运营管理方面的经验、深度与广度，以及未来的发展空间与商业机会方面，都胜于台湾；但总的来说，台湾在整体发展、市场环境、政府扶持、项目流程、专业规划、制作精细、实施规范、人才培养、团队建设等许多方面都要领先于大陆4－5年。我一直认为："台湾的经验最适合大陆学习和借鉴。"若是配合恰当"打群架"，两岸还是存在着巨大的合作空间。而合作原则一定是优势互补、共生共荣。

公司与业务——"一快一慢"

夏巍峰: 您从事过房地产、金融投资、网络公司等行业，有丰富的行业背景和管理经验，这对嘉旭的定位有哪些影响？嘉旭的创业历程有什么特色？

高鹏: 就整个公司的发展来讲，我主张是"一快一慢"。微观即短期，做事要快，效率要高。宏观即长期，构想与实现，要慢，要有一个比较长的心理准备，改变"等待戈多"的那种心理感受。20岁，等一件事，3－5天，就觉得太漫长，受不了。而现在40岁，等上3－5年，也安之若素。

我们公司拿营业执照的日子，正巧跟孔子生日同一天，都是9月28号。本身是创业型企业，前期没有风险投资注入，全靠我们自己的资金和努力。创业过程中难忘的事很多，比如：因为资金不足，我们实施过坊间最先进的办公方式：1. SOHO，2.大家合用办公桌。还有，刻苦学习"怎么做好小事情"。因为我们以前做的工作，都是概念上、金额上百万级的大业务，而现在必须习惯做小项目，一万元的收入也有莫大的喜悦。

其实，做企业有很多相通之处和内在规律，最大的感受是坚持不懈，坚持大的方向，能忍耐，能承受煎熬，有长期打算。二是具体业务规划上要不断地一变再变，根据市场需求，捕捉那些市场机会。这方面，我要特别感谢万通集团董事长冯仑，在他领导下近四年丰富多彩的工作经历，是我人生中迄今受益最深、最为难忘的历程。他彻底地改变了我的眼界、胸怀、性格、行事风格和工作习惯，他的力量影响至深、绵远流长。

如果说嘉旭有什么特点，那就是我们一直很用功，一直在"因您而变"（招商银行广告用语），一直在寻找机会与突破。

举个例子，讲这个"因您而变"。我们发现，经过中国人民大学、江南大学和华东理工大学与其他网院几年的探索，网络教学模式已经发展出一套崭新的模式、资源、技术手段和经验，完全可以导入全日制学校的教学中；我们就通过"上海市医药学校"这个项目，用"引领式"网络学习手段为校内"学分制选修课"创出了一条新路。如今，上海市医药学校已经利用网络教学方式解决了现有教师和教室等教育资源供不应求的问题，满足了学校大规模推行学分制选课的需要，四个学期内已经有累计23,000人次，完成了170门课程的学习，成为国内第一个运用"引领式网络教学平台"进行教学改革的职业学校。其教学的资源、备课、教学和评估等教学环节全部在网上进行，是国内各类教育机构中网络运用最彻底的学校之一，取得了许多可喜的成果。

医药学校校长陆国民，他的热忱、远见、果敢以及在上海市医药学校的变革与实践，代表了中国教育界变革的新兴的内在力量。如今，通过与医药学校的深层交流与合作，我们又找到了下一个阶段发展的新方向。

市场机会与资源配置——"一多一少"

夏巍峰：大陆在线学习市场巨大，简单分，目标市场分学校市场、企业市场、个人市场。业务模式又分 B2B、B2C、B2B2C。业务种类又有做技术产品，做内容、做运营等，不一而足。您如何看这个市场机会与资源配置的问题？

高鹏： 您确实提了一个非常好的问题。市场机会大，遍地是黄金，就容易四处出击、广种"博"收。有钱，有资源就更容易这样。历来企业界有关于"战略决定资源"和"资源决定战略"之争。我是推崇"战略决定资源"的。目标市场决定战略，战略决定资源。这要解决好"一多一少"的问题。我的建议是越核心的东西越少越好，越辅助的东西越多越好。我们公司墙壁上的生存哲学就有这样一条。这也是姜文主演的电影《寻枪》给我们的最大启发。

少就是多，多就是少！广种不一定能"博"收。

夏巍峰：与大陆其他网络教育机构相比，嘉旭的主要优势是什么？

高鹏： 我们是完整经历过远程教育三个发展阶段的少数公司之一。从第一阶段以网院为主，如：人大网院；第二阶段全日制学校网络教学，如：上海市医药学校；到现在第三阶段的企业 E-Learning，都经历过。每一个阶段我们都务求把这个阶段的事情做好，无论从实际效果、口碑、服务等方面都力求达到我们力所能及的最好状态。在每个阶段，我们都会穷尽与此相关的所有环节和衍生机会。

我们有与教育机构最全面的合作模式和最复杂的合作经验，管理过4－5万名学员的庞大群体。行业经验涵盖课程体系、教学内容、教学方法、课件制作、自学、辅导、作业、实验和实践教学、网上测试、教学质量评估和监控等所有教学环节；在课件制作、平台开发、远程传输、教学教法等网络学习核心资源方面，我们也具有深厚积累；同时我们力求深刻理解世界网络学习的发展趋势和国内网络学习的行业历程。

我们有很多非常紧密的策略性合作伙伴。在我们身边已经聚拢了做网络学习所需要的所有优秀资源和厂商，包括：多媒体制作、卫星传输、课程内容等。既深且广的人脉关系，使我们可以利用策略联盟的方式作集团化运营、协同作战，以最专业的方式做好每一个项目。

夏巍峰：我们注意到，嘉旭以往的业务偏重于学校学历教育，台湾之

行会不会为嘉旭打开非学历之门？嘉旭未来的发展目标是什么？

高鹏：台湾的例子给我们很多帮助和启发，我们确实有把业务重点从学历教育转向企业方面的想法，在企业 E-Learning 上捕捉市场机会。最近，我们也会代理台湾的一些产品，并计划和一家公司合作开展项目。目前计划代理的一个产品是课件录制工具。这是一个很便宜的软件，使用也很方便。只要把软件装在演讲人的笔记本电脑里，配一个摄像头，一个耳麦，就可以实时地把演讲过程完整地录制下来，然后经过简单的后期编辑整理，编一个目录，就可以变成一个文本、视频、目录俱全的多媒体资源包。这会给资讯传播带来一个全新的手段和工具。

嘉旭的目标是努力成为国内一流的在线学习专业服务机构，从事在线学习行业的投资、技术支持和运营服务。我们会在大陆挖掘符合大陆特征的项目，也十分愿意多方面与海内外同行合作，共同做好我们大家的事业。

我们深深感受学习的乐趣，学习改变我们，学习改变中国！

（原载 2006 年 5 月《中国远程教育》（资讯））

网梯走专业化发展道路

——与网梯科技发展有限公司总经理张震对话

对话嘉宾：网梯科技发展有限公司总经理 张震
对 话 人：《中国远程教育》（资讯）执行主编 夏巍峰

北京网梯信息技术有限公司（即北京网梯科技发展有限公司前身）成立于2000年3月，是国内最早介入现代远程教育业务的公司之一。4年来，网梯公司按照成立之初的发展规划，坚持专业化技术路线，根据中国特定的网络条件适时推出自己的产品，逐步获得客户的认可和信任，在风起云涌的中国现代远程教育市场占据了一席之地。调查显示，在68所获得教育部批准远程招生的试点高校中，有13所采用网梯公司的远程教育平台，30多所采用了网梯的产品。网梯公司经过4年的市场历练、商海沉浮，已经迅速成长为一家专业的远程教育软件及服务提供商，一举跨入中等IT企业的行列。

众所周知，中国远程教育市场尚在发展阶段，机遇与风险并存，很多大型企业纷纷落马，网梯公司作为大学生创业的年轻企业，能够屹立潮头，巍然不倒，其成功的秘诀究竟是什么？网梯科技发展有限公司创始人之一——总经理张震，纵论技术型公司的生存之道，探讨现代远程教育产业的发展之路，分享成功经验和案例。

技术型公司的竞争力

夏巍峰：在现代远程教育领域，企业与学校有三种合作模式。有企业投入资金、技术，参与运营的；有与学校合作成立校企的；还有提供技术合作与服务的。网梯公司作为技术合作模式的代表，您认为，技术产品合作与其他两种模式相比有什么样的优点？在网梯的合作客户中，他们选择这样的模式与网梯合作的原因是什么？

张震：技术合作比较简单，客户喜欢这种简单的、条理清晰的方式。技术合作对学校来讲有两点好处：第一，可以专注教学工作，不用再把精力放在资源的具体制作这些琐碎的技术事情上。第二，可以放眼所有高校，发现需求和新趋势，然后提出要求交给我们来实现。我们是技术型公司，满足客户的需求可以提升我们的技术水平，促使我们关注并利用新技术进行产品开发。

客户认识网梯，通常是在教育部或者相关机构举办的展览、展示会上看到我们的产品，还有一条途径就是用户口碑，68所网络学院中有13所用的是网梯的远程教育平台，我们取得了大量宝贵经验，平台在反复完善中相对成熟。我们知道，远程试点高校的审批时间不同，积累的经验也不同，审批时间较晚的高校选择我们的平台可以少走很多弯路。而那些当初自己开发平台的高校，在招生数量逐步上升，特别是数量突破一万人的情况下，平台大多无法满足需求，也会选择我们的平台。这里需要注意的是：每个客户的需求都不一样，甚至同一个客户在不同的发展阶段其需求也有变化，我们要根据网络技术发展的趋势，对每一个客户提供个性化服务。

夏巍峰：与注重吸引眼球的公司相比，技术型公司没有他们那样"热热闹闹"，相对来说是寂寞的，网梯公司是否会沿着技术型道路坚定地走下去？

张震：任何公司都要围绕市场来运作，有些公司需要让大众认识自己，所以要"热热闹闹"地造势，大部分技术公司则不需要，因为技术型公司针对的客户群体通常不是普通老百姓。比如CISCO，在成为著名企业之后相当一段时间都没有打过一个广告。网梯会沿着技术型道路走下去，我们对开发新产品有非常严格的要求，任何技术产品的开发至少需要3年时间的积累。因此，网梯的所有工作都是围绕产品、服务这个中心来做的。

夏巍峰：网梯公司的远程教育系统及平台广泛应用于远程教育及培训领域，在远程教育系统与平台领域拥有很高的市场占有率。经过四年的行业磨练，与竞争对手相比，您认为网梯有哪些竞争优势？作为远程教育领域中的技术型公司的竞争力应该是什么？

张震：网梯从1999年开始策划，2000年成立，公司的特点首先是面向客户，将客户的需求与成熟技术相结合，满足客户的技术需求。其次，网梯的产品系列是最全面的。我们的竞争对手与网梯一般是基于某一具体产品的竞争，全面竞争的对手很少。第三，网梯注重服务，尤其是个性化服

中国经验

务。因为软件产品的技术很容易复制，难以形成技术壁垒，到最后软件产品卖给客户的应该是一种服务。第四，网梯一路走来，产品和服务在用户中间赢得了良好的口碑。第五，即便到了现在，远程教育市场仍然很小，所以贵在坚持。网梯也遇到过产品销路不好的情况，这个时候往往不是产品不好，而是客户的需求和意识还没到位，只要坚持下去，就会得到认可。第六，诚信的优势。我们也看到，很多软件企业利用客户对产品的不了解，采取不道德的欺骗手段推销产品。我们认为这种做法是短期效应，不可能长久。

国内厂商有四大优势

夏巍峰：随着我国远程教育技术产品市场的不断发展，国内一些远程教育技术品牌系统及产品在崛起。那么您是不是认为，国内远程教育技术产品应该立足于自主开发，客户应该首选国内的远程教育系统与产品？面对国外公司技术产品的进入与竞争，我们到底需要在哪些方面下工夫？

张震：国外厂商很早以前就想进入中国，但是我认为他们很难成功，尤其在软件方面。原因有以下几条：第一，国外产品很难满足客户需求。事实上，经营国外产品的国内厂商主要负责销售，作为中间环节，他们很难及时地将客户的需求信息反馈给原厂商，造成厂商与客户信息交流不畅，决策反应滞后的现状。另外，国外产品比较单一，而中国市场的情况是系列产品才能满足需求，单一产品只能满足名词上的需求。第三，国内盗版严重，产品化后很难避免盗版。没有个性的产品在中国是没有市场的。第四，国外产品价格太高。中国客户，特别是教育领域的客户，首先考虑的是价格，以后才会考虑服务，国外产品的高昂价格令他们望而生畏。以上四点使国外厂商很难在中国坚持两年以上，这是中国软件厂商的优势。客户的需求不断变化，中国企业的反应速度也一定要快。

夏巍峰：据我们所知，网梯公司最近开发并推出了视频交互、移动学习平台。远程教育领域的技术产品往往在短短两三年里就"推陈出新"，流媒体、语音交互、实时直播……一些产品在用户刚刚应用的情况下，新的系统平台及产品却已经"花样翻新"。这样快速的变化到底是来自用户需求，还是来自技术厂商的市场炒作？

张震：2000年，国外厂商推出网络产品，那时中国上网条件比较差，学员网上学习不普遍，网梯就提供光盘和网络两种产品。2001－2002年，中国上网条件好了很多，国外产品仍然是网络产品，网梯在这时推出了非实时交互系统。2003年，中国上网条件进一步改善，学员在线学习比例大幅度增加，网梯又推出语音、视频、多媒体应用、多媒体点播等产品。我们的产品是基于有中国特点的网络环境发展，满足客户某一阶段需求的产品，而国外产品没有考虑到中国特定的网络环境。比如我们的产品，优先保证文字质量，其次是语音，白板，视频，也就是说，哪怕用户的网络条件很差，系统也能够保证他的基本需求。

夏巍峰：网梯公司产品应该在方方面面都有应用，随着市场不断细分，专注于高校、中小学以及企业等领域的厂商不断出现。您对网梯公司未来的市场如何判断，下一步市场在哪里？在保持优势领域情况下，网梯公司会如何去拓展自己的市场？您认为技术公司如何做才能得到快速提升？

张震：2000年我们做过规划，市场扩展从远程教育学院开始，到普通高校，再到行政领域，再到企业。现在看来，公司的发展基本上是照规划进行的，大体没有变化。而且老客户带来的市场很重要，客户第二年付给我们的维护费、支持费、二次开发的费用，比第一年开始合作时的要多很多。应该说，他们的事业发展就是网梯公司的发展。他们现在有了一些新的要求，比如数字化校园，精品课程建设等都对我们开发新产品有推动。而且一些以前自己开发了平台的高校都是我们的潜在客户，所以这个领域还有市场可挖。下一步的市场应该是行政机构培训，不过现在还不到时候。总的来说，远教市场还比较小，公司很少，只有市场做大，公司才会多起来。目前没有行政干预的纯市场化运作的远教产业，其利润不可能养活大公司，所以国外企业不会直接介入这个市场。

技术公司提升自己，时机掌握很关键，过早过晚都不行。比如视频方面，以前我们都是代理别人的产品，现在时机成熟了，才推出自己的产品。此外，产品和服务的个性化也很重要。

走专业化道路是成功秘诀

夏巍峰: 网梯公司四年来，走过了起步阶段，产品技术有了积累，市场发展相对还是顺利的。网梯对未来发展有什么新的规划？在企业管理、市场运作等方面还有哪些新的构想？是否会走出国门或借助风险投资等进一步提升？按照您的规划，网梯公司要获得进一步发展还需要解决哪些方面的问题？

张震: 网梯今年在美国设立了办事处，在国内各地设了分公司，业务领域似乎在拓展。但我认为看事情还是越深入越好。比如我们的产品实时语音答疑系统，在网络学院叫这个名字，在企业培训时叫实时交互系统，产品的名字可以随客户的身份而变，但技术核心都是一样的。我们应该在技术深入的同时，把市场做好。网梯成立4年，抗风险能力增强，可我觉得企业要经过8年发展才能达到青壮年的最好状态。当技术做到无法复制时，其他公司就会愿意与你合作。我把网梯当作一个事业，希望长久地来做，所以要考虑百年大计。风险投资、企业培训等新业务，会在公司外围做，不会影响到网梯的主业。如果我们要做培训，我们会再成立一个新公司，其主营业务是培训，与网梯无关。我始终认为，什么都想做，最后会什么都做不好。

夏巍峰: 根据我们的调查显示，68所网络学院中有13所用的是网梯公司的远程教育平台，30多所采用了网梯的产品，在有了这么多客户之后，您认为这些客户的需求有什么共同的地方？哪些方面是他们最重要的需求？网梯公司针对这些需求，作了哪些努力？

张震: 我一直觉得中国有68所网络学院，相对于十几亿的中国人口，几千所大专院校,网络学院的数量还是很少,网络学生总数也无法与在校普通全日制大学生总量相比,网络学院还在发展阶段之中。通过合作和沟通,我们发现网络学院的需求大致相同,只不过他们得到教育部的审批时间不同,导致出现阶段性差异,通过使用成熟的平台和技术产品,积累教学经验,后来者会逐步跟上。网络学院之间真正的差异是在教务方面,他们现在非常关心这方面的问题。因为每个学校的教务都不一样,涉及招生、报名、注册等种种琐碎繁重的工作,这些工作各校雷同却不可复制。下一步,我们会在教务方面做努力,满足客户这部分需求。

夏巍峰:本世纪初大学生创业公司层出不穷,而最后存活下来的不多。在远程教育这一新兴领域中,出现大学生创业公司并有所建树更是凤毛麟角,网梯恰恰是这样一个成功的范例。您个人是如何与远程教育结缘的?通过自身创业经历,一定有很多感受,您有哪些最难忘的经历,有哪些收获?

张震: 我在做毕业设计时参与了远程教育项目,随后很自然地投入到这个领域。我觉得企业成功与否,跟公司规模大小无关,前提是走专业化道路,如果你把这项工作当作公司的主营业务来做,就一定能做好。还有就是看准时机,我信奉"鸡蛋不能放在一个篮子里",网梯在很多领域都有介入,抢下先机,占好位置,哪个领域时机到了,马上出手,一旦出手,就要力争做好,而且要坚持下去。

在此,我要对我们的合作伙伴,清华大学、北京大学、中科院研究生院、北京交通大学、福建师范大学、华中科技大学、石油大学、山东大学、东北大学、吉林大学、电子科技大学、西南科技大学、云南远程教育中心、北京市教委等几十家国内知名学府和机构表示感谢,他们的建议对我们有很好的促进作用,我们希望与他们齐头并进,共同发展,一起开创远程教育的明天!

(原载 2004 年 10 月《中国远程教育》(资讯))

中国经验

方正科技推动教育信息化

——与方正科技商用台式产品业务部高级总监余浩对话

PRACTICE IN CHINA

对话嘉宾：方正科技商用台式产品业务部高级总监 余浩
对　话　人：《中国远程教育》（资讯）执行主编 夏巍峰

目前，我国教育信息化已进入全面普及的高速发展期，信息技术发展的突飞猛进，政府的大力扶持，各类教育机构积极响应，利好消息一个接一个，吸引了大批 IT 精英。在其中，我们发现了一个熟悉的身影——方正科技。方正科技不但在产品线和解决方案方面一直走在国内 IT 企业的前列，近年来更在全国各个地域屡中教育市场的大单，涉足普教、远教、高教，全线支持中国教育事业的发展。特别是今年 9 月，方正科技拿下了武汉"农村中小学现代远程教育工程及农村党员现代远程教育项目"近 70% 的份额，这是方正科技继中标西藏自治区农村中小学现代远程教育工程试点项目、四川省农村中小学现代远程教育项目、云南省中小学现代远程教育项目等"双农"项目之后的又一次重大成功。

教育信息化的健康发展，无疑为方正科技带来了新的机遇，也为方正科技提供了一个展现实力的舞台。然而，IT 企业及信息技术提供商究竟能为教育信息化做出多大贡献？面对日益激烈的市场竞争，方正科技怎样调整企业的发展战略？方正科技商用台式产品业务部高级总监余浩深入探讨业内关心的问题，并展望教育信息化未来的发展前景。

推动我国教育信息化发展 IT 企业不可或缺

夏巍峰：教育信息化建设是一个宏大的社会系统工程，需要大量资金投入，在政府财政有限情况下，商业公司、金融机构等多方力量已整合到教育信息化发展当中，成为教育信息化可持续发展的重要动力和支持力量。您认为作为 IT 企业及信息技术提供商，在推动和促进我国教育信息化发展中能够起到哪些作用？

余浩：就教育信息化建设的目的来说，它是一项旨在加快教育信息化基础设施、教育信息资源建设和人才培养，全面提高现代信息技术在教育系统的应用水平的工程。其主要内容包括：加快中国教育与科研计算机网和中国教育卫星宽带传输网的升级扩容工程建设，积极推进下一代互联网的研究与建设，促进建立国家教育资源服务体系；全面实施高等学校校园网建设工程，积极推进国家级教育信息化应用支撑平台建设；推动示范性网络学院、数字化校园、数字图书馆和数字博物馆建设；研究开发数字化实验和虚拟实验系统，创建网上开放实验系统；大力加强信息技术应用人才培养。无论是从该项工程的目的还是内容来看，其核心是"信息化"，所以IT企业及信息化技术提供商，在推动和促进我国教育信息化发展中所起的作用将是举足轻重甚至是不可或缺的。

我认为IT企业及信息技术提供商的作用，应该主要体现在以下三个方面：

一是为教育信息化架构牢靠的基础提供支持。从建设应用平台到搭建互联网，这过程中的任何一个环节都不可能在IT企业及信息技术提供商缺席的情况下完成。同时，也只有平台建好了、互联网畅通了、整个工程的基础构架牢固了，才能谈及我国教育信息化建设进一步的发展。

二是为教育信息化建设提供有力的应用层面的支持。教育信息化建设的直接目的和宗旨最后还是要上升到应用层次，在教育信息化建设过程中，所有人都达成了这样的共识：应用层面是最关键、最核心的层次。IT企业及信息技术提供商能够利用自己掌控的资源和技术优势，全面提升教育信息化水平。

三是IT企业及信息技术提供商的介入和长期支持，有利于加强信息技术应用人才培养。在知识经济时代，人才是经济环节中非常活跃的一个重要因素。而大量信息技术应用人才的产生，不但可以对IT企业及信息技术提供商的发展产生促进作用，而且可以为实现教育全面信息化提速。

夏巍峰：方正科技作为源于高校的企业，为中国的教育事业及教育信息化发展做了哪些贡献？

余浩：方正科技有非常独特的教育背景，所以方正科技的企业文化中就有"源于教育，回报教育"的理念。这些年来，方正科技在全国各地屡中教育市场的大单，其中有普教的，有远教的，有高教的，全线支持中国教育事业的发展。今年9月，方正科技拿下了武汉"农村中小学现代远程教育工程及农村党员现代远程教育项目"近70%的份额，这是方正科技继中标西藏自治区农村中小学现代远程教育工程试点项目、四川省农村中小学现代远程教育项目、云南省中小学现代远程教育项目等"双农"项目之后的又一个重头项目。在产品线和解决方案方面，方正科技也一直走在国内 IT 企业的前列。

发展空间与社会责任成正比

夏巍峰：方正科技在个性化电脑研制方面独具特色，我们看到，儿童电脑、学生笔记本批量诞生，方正科技是如何让自己的产品与远程教育的发展和需求联系起来，达到社会效益与经济效益的双赢？

余浩：作为一个成熟的企业，在谋求自身发展的同时，更应该看到这样一个事实，那就是你的发展空间有多大，你需要承担的相应的社会责任就有多大。方正科技作为国内顶尖的 IT 厂商，再综合有深厚底蕴的教育背景，在不断充实壮大自身的综合实力的同时，一直都在积极地为中国的教育事业发展做力所能及的贡献。本着"源于教育，回报教育，服务社会"的企业文化理念，长期在教育行业精耕细作，积累了相当丰富的行业经验，对教育市场需求点和薄弱环节都有自己深刻的理解。正是基于这样的积累，所以最近方正科技动作不断，在产品方面推出儿童电脑、学生笔记本等很有针对性和实用性的 PC 产品；在应用方案上不断推出电子教室、多媒体教学方案、校园管理系统以及包括校园互联网应用在内的全面解决方案。这些针对中国现阶段教育现状而研发定制出来的产品和方案，目前正在被广泛应用，而且备受好评。在社会效益与经济效益之间取得平衡，或者说实现社会效益与经济效益的双赢，其实并不是不可能的，最关键的一点是厂商以积极的态度主动承担起相应的社会责任。

夏巍峰：您认为目前中国远程教育是什么样的状况？远程教育产业将来整个市场空间会有多大？方正科技要在远程教育产业链中充当什么样的角色？您的目标中方正科技在整个远程教育产业里面应该做到什么地位？达到这个目标方正科技需要做哪些战略调整？

PRACTICE IN CHINA

余浩: 随着信息网络技术的快速发展以及在各行业的渗透和应用，网上教育将成为我国一种速度更快、传播空间更大的新型教育形式，与课堂教育、广播教育、电视教育一同构成多元的教育手段体系。随着地区经济、社会、教育的快速发展，以及西部和东部地区经济、科技和教育差距的缩小，现代远程教育的发展前景极为广阔。

但是，在目前的总体状况下，中国远程教育还面临比较多的问题。在基础网络平台建设方面，由于各地区经济和教育发展的不平衡，很多欠发达地区网络建设还很落后，信息网络建设主要受制于当地的经济发展水平，无法一蹴而就，这是一个在短期内制约远程教育的发展并很难解决的难题。在远程教育的从业者方面也存在一定的问题，比如网络技术从业者很少能够从教育的角度出发去应用技术；同时在另一方面，网络技术的发展日新月异，使从事远程教育的专家很难充分发挥出远程教育中的技术含量的优势，并感到力不从心。

尽管目前中国远程教育还存在着许多这样那样的问题，但是不可否认，随着社会经济的进一步发展，尤其是西部大开发工程的日益深入，远程教育市场的潜力是巨大的。目前已形成一批相当优秀的高校网院、电大、中小学及培训网校、远程教育行业机构、远程教育公司等，远程教育已经成为更多IT厂商的"必争之地"。方正科技有强大的综合实力，同时又有深厚的教育背景作为支撑，本着"源于教育，回报教育，服务社会"的企业文化理念一直致力于推动包括远程教育在内的中国教育事业的发展。方正科技在教育行业市场拥有优势，我们有能力、有信心、更有决心把这项优势发挥好，并使之进一步扩大。为此，我们会加快技术进步、加强针对远程教育的解决方案的整合能力，不断推出更切合中国现阶段远程教育现状的产品和方案等。

夏巍峰: 经常听到企业说，教育市场看上去非常庞大，可是非常难做。有很多企业在竞争中败下阵来。而方正科技却在教育领域里屡有斩获，如拿下"农村中小学现代远程教育工程及农村党员现代远程教育项目"，入主"安徽校校通工程"等等。对此，您觉得贵公司有哪些成功的经验可以与同类厂商分享？

余浩：由于我国教育信息化已经进入全面普及的高速发展期，加上政府的扶持以及政策的倾斜，催生了一批以"校校通"、"百亿工程"为主的大批量的教育采购项目。据预测，2005年至2008年教育信息化增长率将保持在7%左右。就目前的趋势来看，尽管PC教育市场的空间越来越大，但利润将越来越薄，同时在教育行业内的各种个性化需求也日益显现。因此，在教育市场进一步扩大的同时，对厂商的要求也在日益提高，对厂商的综合实力以及其对教育市场的理解提出了严格的要求。

方正科技之所以在教育领域里屡有斩获，一方面是方正科技拥有强大的综合实力，另一方面又是和方正科技多年以来在教育市场的深厚积累分不开的。教育市场自然有其自身独特的地方，比如切合实际的解决方案，又如厂商在行业市场的品牌认知度，等等，这些都在很大程度上决定了厂商介入教育市场的成败。厂商要在教育市场上成功，必须具有对教育市场的深刻理解，另外，在利润日益微薄的情况下，还要求厂商有坚定的投身教育信息化建设的社会责任感。

远程教育给IT厂商带来机遇

夏巍峰：针对我国教育信息化地区发展不平衡，方正科技提供什么样的技术路线和产品方案？同时，随着教育信息化应用需求不断变化，方正科技将进行哪些业务调整？

余浩：地区发展不平衡不可能在短期内得到解决，方正科技在信息化欠发达的地区，主要推性价比方案，帮助这些地区以最节省的成本获取资金运作效率的最大化。比如方正文祥系列商用电脑就是一个很好的例子。文祥系列商用PC具有极高的性价比，不仅可以为用户提供最可靠的硬件、系统和应用安全性层面的保障，同时也为满足未来的应用和使用模式提供了充足的性能扩展空间，从而直接使用户的成本投入降到最低。另外方正科技细致周到的"全程服务"免除了用户的后顾之忧，并极大地降低了用户的维护成本。

实际的应用环境总是在变,教育信息化应用需求因而也处于不断的变化之中。在这种情况下,厂商有针对性的产品策略的偏移将是决胜市场的关键。教育行业市场依然是方正科技的重点,在巩固已有优势的同时追求进一步扩展。对此,我们将继续丰富产品线,不断推出适应教育行业市场实际需要的整合方案,在横向拓展的同时,向五至六级市场纵深推进。

夏巍峰: 在中国教育信息化领域,厂商竞争越来越激烈。方正科技也必须面对国内外厂商的竞争,您认为方正科技的竞争优势是什么?将采取什么样的竞争模式?

余浩: 在教育信息化领域,方正科技拥有深厚的积累,可以说行业市场经验相当丰富,这是我们的核心优势之一。方正科技的产品和方案在这个市场一直深受欢迎和好评,我们拥有许多国内外厂商所不具备的教育行业市场品牌认知度。方正科技另一个相对的优势是全面的产品线,通过与我们积累的经验相结合,更能进一步凸现方正科技产品和方案的针对性和实效性。最后,我们有强大的综合实力为支撑,能将产品、方案和服务整合在一起,让教育行业用户享受到最便捷高效的 IT 信息化服务。

夏巍峰: 中国远程教育领域这个巨大市场给方正科技这样的大公司带来了哪些机遇?

余浩: 中国远程教育领域这个巨大市场所孕育的商机,对国内外所有的 IT 厂商来说都是很好的机遇,同时也是很大的挑战。对方正科技而言,我们需要更好更完全地发挥我们在教育信息化领域已有的优势,争取进一步拓展市场。市场扩展的背后是技术进步,方正科技希望以中国远程教育的大发展为契机,加强技术整合的能力,这也将是促进方正科技品牌建设的一次难得机遇。

(原载 2005 年 11 月《中国远程教育》(资讯))

追寻在线教育理想状态

——与东软集团副总裁、信息技术学院院长温涛对话

对话嘉宾：东软集团副总裁、信息技术学院院长 温涛
对 话 人：《中国远程教育》（资讯）执行主编 夏巍峰

"要作国内规模最大的在线大学、国际化的中国网络教育门户，成为国内外学习者接受在线教育的主流和首选网站"；"打造教育行业沃尔玛"——这是 2003 年 7 月 29 日，"东软在线大学"成立时提出的宏大发展目标。

一直以解决方案著称于业界，号称中国最大软件企业的东软集团，何以会把发展的矛头指向在线教育？又凭什么夸下如此海口？东软的加入会给整个网络教育市场带来怎样的冲击？东软集团董事、东软信息技术学院院长温涛博士有着自己的看法。

东软教育由最初的一个设想发展为今日东软业务的"三套马车"之一，温涛是不可或缺的领军人物。他有着满腔的教育理想和热情，他虽言语平缓，却以不可辩驳的语气和自信勾勒出东软在线的理想图景。

水到渠成

夏巍峰: 相当多的人将 2001 年当作中国的网络教育年，不到一年的时间有上百家 IT 巨头纷纷抢滩，为何东软却一直按兵不动？

温涛: 我们学校的网络教育其实从 2000 年就开始了，东软信息技术学院 2001 年第一届学生一进来，所学课程就有网络教育的课程。虽然当时在线大学并没建立，但网络教育这个环境已经搭建了。那时我们感到在国内要向全社会做在线教育，时机还不太成熟，一个是考虑到全社会范围内的网络硬件条件还不太成熟，带宽方面也有限；再一个是人们对网络教育的理解和认识还有待提高。而东软做事就是希望一旦提出来要做，就要做好，起码要达到自认为好的阶段，不能说所有外部环境和内部环境不具备时，我们非要去做。

夏巍峰: 现在觉得时机成熟了？

温涛: 是呀，我觉得东软现在做在线教育，是在线教育从校园发展到社会的一个必然的结果，是一件水到渠成的事情。我们有这么丰富的资源，干嘛非放在家里，不让它到社会上发挥更大的作用？现在"路"已修了，并且非常平，上面也有"车"跑，但"车"里空着，为什么不把好的东西放上去？实际上这两到三年的时间，是东软教育资源和经验积累的过程。真正要做远程教育，不是说今天做一个平台就可以了，后面要有一个丰富的教育资源库来支持它。这好比开个店，店里货架上没有东西，或者说没有让人满意的东西，那这个店面即使开了，不几天就得关。如果我酝酿准备了好长时间，一开张就让人们觉得这个店很有特色，里面有大家喜欢的普通东西，也有精品，那才能生意兴隆、客流不断。2001、2002 两年是东软积累资源的过程，同时也是全社会培养对远程教育认识的过程。

嫁接"人才生态链"

夏巍峰：国内已有 67 所网络大学及众多厂商涉足网络教育，他们分别拥有优秀的教育资源和强大的资金优势，有的已经在市场上占领先机，拥有较好的学校品牌和信誉，这个时候，东软在线大学凭借什么去竞争，自身的优势体现在哪儿？

温涛：东软是一个解决方案的提供商，是做软件，搞信息化的，所以我们的远程教育就集中在我们所擅长的 IT 教育这个领域。现在我们主要提供 IT、语言、商务管理三大领域的在线学习课程。在教育资源方面，东软在全国的三所 IT 学院的课堂教学和校园内网 E-Learning 资源的开发和积累已为东软在线的开通打下了资源基础，特别是自主开发已在校园试运行一年多的东软 E-earning 学习管理系统—— Neusoft LMS，为东软在线的开通奠定了平台基础。另外东软和国际上最好的 E-learning 内容提供商都有合作。如 Skillsoft 的 IT 本地化合作；与日本教育集团旺文社在国际职业英语计算机测评系统和学习系统方面的合作；同法国 AURALOG 在英语多媒体培训在线课程方面的合作。除此之外，东软与 SUN 公司合作成立了 NS University，共同合作开发基于 SUN ONE 三大领域技术的 32 门课程。这样的强强合作，我相信对学习者来说是很具有吸引力的。

要说东软做在线教育的最大优势，就在于这个在线大学是位于东软

"人才生态链"上的一个环节，它可以与其他的链条，如我们的物理校园、软件企业之间展开积极的互动，最大限度地利用资源，发挥出巨大效力。

具体来讲，东软校园内的教育主要包括学历教育和面向政府、企业和个人的面对面培训两部分，教育内容也是集中在IT教育，这样在内容方面我们可以和在线大学高度共享。学历教育很多实践的东西，最后变成网络教育的脚本，网络教育的积累又为我们面对面的教育提供一种个性化的补充和学习的手段。如果学习者在网上学习了一段时间以后，积累了一大批疑难问题，他除了参与在线指导之外，还可以到学校里来，大家交流一下。这个资源是一个互动的环境，一种互动的链条。在设计这个模型的时候，我们感觉到这样才能够达到最大化的利用资源的目的。

另外，东软做IT在线教育，最大的一个特点是我们拥有五千多员工的一个企业的大背景。有五千多员工在培训时使用在线教育平台，在感知这种教育，他们会首先吹毛求疵地给我们提出一些问题，他们的见解恰能代表这一行业从业人员的需求，这可能是一些"纯"教育公司无法比拟的。

夏巍峰: 东软作为IT企业进入在线教育领域，有人评价是不务正业，有人说是盲目扩张，对此，你怎么看？

温涛: 在企业发展的过程里，我觉得别人评论就评论，你不能去堵别人的嘴，或者只能说我好，不能说我不好，没有必要。换个角度看，也许评论从另外一个侧面也提醒了东软，你得注意你业务的发展路线了，是否适宜。如果真有问题，那好，我们吸取经验教训；可没有问题，那我们该走的路还会照常走，绝不会因为某个评论就改变自己的策略。

夏巍峰: 东软是否也是因为看中了在线教育的巨大的市场与高利润呢？

温涛: 发展在线教育给我们带来了什么？也不排除它能给我们带来一些效应。我们有这样的优秀资源，何不让它去发挥它的公益性、社会性、经济效益的作用。我非把它放在学校，就我们这上万名的学生用？就东软的五千多名员工用？既然是好东西，就要真正地发挥它最大的社会效应，同时带来的就是我们经济的效益。

东软投资教育，这是一个长线的考虑，不是今天投进去明天就不投。同时，东软通过投资教育可以拉动别的产业，它本身就是客户价值链中的一部分。东软集团加大IT教育的投入可以培养大批既懂IT又懂外语和管理的人才，这将有助于提高东软及合作伙伴的业务竞争力，更有助于东软的国际化拓展；合作伙伴业务能力提升了，东软就有一个好的生态环境，实践证明一个企业要成为长寿的企业，必须营造一个良好的生态系统，加强抗风险能力。

追寻理想状态

夏巍峰：东软的在线教育志在成为"教育行业的沃尔玛"，这种理念是如何产生的？能否具体解释一下呢？

温涛：我们借用的是"沃尔玛"大众化、种类齐全的概念，确切地说我们是力争成为"IT教育的沃尔玛"。我们要把大家希望学习的内容都放到网上去，不仅要放好的教学内容，而且要求摆放有序，让人们很容易找到需要的东西。最大限度地整合国内外的IT教育优秀资源，让最优秀老师在线为学生辅导上课。同时采取末位淘汰制，如果所设置课程或某老师所授内容不被社会接受，就取消此课程或是更换老师。就像沃尔玛，用户可以选择自己最喜欢的商品；如果某种商品不好销售，则撤出货柜，换更好的商品。如果线上的某一课程放了一年总没有人去学习，就给我们提个醒，是不是这个课程的知识结构有问题，要么是跳跃性太大，要么是前序的课程出现问题。我们需要据此作出调整。同时我们通过分析学习者的轨迹，为学习者提供一个报告，告诉他最好先去学一号课程，再去学四号课程，以免学习者走过多弯路。

夏巍峰：你认为摆在东软在线大学面前最大的挑战是什么？

温涛：我觉得对我们自身来说，真正要做"沃尔玛"该做的事情，这也是对我们的一个挑战。要进一步完善自我开发的内容，包括集成的内容，把它真正做丰富。再一个就是要把服务的质量提高，因为学习者是不一样的，是有千差万别的。怎么来实现一个个性化的学习环境，这是一个问题。另外一个，如何实现网上学习的文化？怎么样通过网络世界，来构造学习的氛围和文化，这是比较难的。实际上我们想要达到真正寓教于乐的一种境界。

夏巍峰：寓教于乐就是东软提出的让学习者体会网络教育学习中的乐趣吧，东软为什么特别强调这点？

温涛：提到寓教于乐，是受一件事情的启发。一次我家小孩在我办公室里在网上与一个外地的人下五子棋，下了半天孩子总是输，他就说，你让我一步吧。结果让了一步后，我孩子赢了一局，小孩很高兴。下完后对方说，你在什么地方，孩子说在办公室，对方就笑了，说你肯定水平不怎么样，都这么大年龄了，跟我下，还得我让你。最后我小孩说，哈哈，是我老爸的办公室。结果对方也笑了。通过这个，我就想，其实我们完全可以把这些都带到学习中去，让学习者体会学习中的乐趣。这种文化环境是真正的网络教育能应用开的一个挑战，网上教育能做到这种文化氛围的时候，学习者自然就喜欢这个东西了。

另外，我觉得网络教育还应在某种程度上赋予面对面感知的东西。记得两年前我们建立网络学院时，学生家长跟我们交流时说，孩子在别的学校的远程教学点学了两年了，大概60人一个班。平时上完课以后大家都回家了，感觉虽是在上大学，但却没有大学校园的文化，没有班级的概念，同学的概念，没有一系列的社会活动。虽然说我上了名校，但是却不知道名校的文化到底是什么。因此也就无法体会到学习中的乐趣。

所以我们组织在线大学时，要创造一个班级概念，使网上的人能够感受到老师的存在，同学的存在，彼此交流，互相帮助，感受到集体的氛围，真正体会学习的乐趣。同时加上面对面学习的氛围，让学生感受校园的文化熏陶，去培养和塑造学生人格方面的一些东西。

夏巍峰：那东软又将如何把网络教育与面对面的学习融为一体呢？

温涛：所以我们提出 openday（开放日）、openweek（开放周）的概念，学习者有需求的时候可以向学校管理服务中心提出来，比如哪天想搞一个开放日，需要预订一个教室，大家在一起坐下来讨论，聊一聊，很好嘛，就像网友见面一样。我们希望通过这种学习，使学习者真正体会一种乐趣，有一种文化在驱动，在传播。同时，学习者之间也可以建立互助组，包括我们后面开发的 IT 的日语学习，IT 的英文学习等等都可以。如果一个在网上学 IT 的人，想找一个国外学 IT 的人学外文，而恰恰国外也有一个在网上学 IT 的人想学中文，那么好，我就给你搭这个桥，你只把需求信息发给服务中心，他知道你有这种需求，就像婚姻介绍所一样，会把两头的需求进行互动，这叫做 Co-learning。再比如你要选教师，在网上预约后发个消息，这就可以了。

夏巍峰：您刚刚描述了一种非常理想的状态，也提到这是一个大挑战，那东软有没有给自己一个时间表？

温涛：现在我们的软件系统正在做，预计今年年末要把这个系统做出来，这是一项很复杂的系统工程。所以我认为这是对东软 ESP（教育服务提供者）最大的挑战。你怎样能提供一个让人喜欢的、内容丰富的整个教育的服务，这是对我们最大的挑战。

期盼春天

夏巍峰：你认为目前网络教育市场的空间有多大？东软在线大学在其中处于怎样的位置？

温涛：我觉得中国远程教育还处于刚发展起来、培养起来的阶段，还不能说已经发展到要拼个你死我活、几分天下的阶段，大家都处于成长期。成长阶段里大家都有空间，都在各自的空间里慢慢完善和成熟自己。

东软是一个解决方案的提供商。是搞软件，搞信息化的，我们要做擅长的教育,而不是说遍地开花,东软的远程教育就集中在我们所擅长的IT教育这个领域。

夏巍峰: 现在东软是不是还没感觉到有竞争对手？

温涛: 所有的教育都可以通过网络教育这种形式来实施。可以说教育的内容和层面是非常丰富的。中国网络教育的受众不是说十万二十万人,全社会都可能在我们社会进步的过程中成为网络教育的学员,可能从小学生一直到成人,这个空间太大了。我们感觉大家都在不断完善和成熟自己,还没感觉到谁要跟我们去分天下。

夏巍峰: 那你认为什么时候网络教育市场会达到白热化竞争阶段,网络教育的春天什么时候到来？

温涛: 当国人感觉不学习就不可能换一个工作环境,不可能寻求到一个更大的发展空间,不可能提高自己生存环境的品质,当学习已经关系到你谋生手段的时候,整个网络教育或者是终身教育的春天就要来了。那时候的学习目的不是刻意要追求一张文凭,而是要一个学习的过程,为了获得一种技能,一种本领,是一种发自内心的学习。那时的网络教育,固有的传统教育品牌的概念可能会弱化,说是哪个名牌大学的,不一定。只要是哪家能提供我谋生最好的技能,不管你是发文凭还是不发文凭,只要我可以在这种环境上学到东西,我可能就会选这一家去学习。

目前来看,我觉得这个春天还没有到来,这个时候谈不上说要在春天里占一片地,或者是要把这个划在一个圈子里。在发展的过程中,不可能一个厂家就把这个领域的服务都提供到,需要许多教育服务提供者一起来完善这件事情。现在正是所有的网络教育资源的开发者和提供者,结合自己的特点,放手发展,共同去把这个"蛋糕"做大做强的时候。

(原载 2003 年 9 月《中国远程教育》(资讯))

策动网络"视"界革命

——与上海华平计算机技术有限公司总经理刘焱远程视频对话

对话嘉宾：上海华平计算机技术有限公司总经理 刘焱
对 话 人：《中国远程教育》（资讯）执行主编 夏巍峰

"在任何时间、任何地点，只要能提供商业通讯的网络，您就可以通过面对面的网络视频会议和IP电话，做出及时、重要的决定，这是今天和未来人们采用的通信方式。"上海华平总经理刘焱这样诠释视频会议系统。

作为一种先进的通信手段，视频会议系统可以通过把两个地点以上的会议终端连接起来，在其间传送各种图像、话音和数据信号，使分布在世界各地的与会人员有亲临现场的感觉，摆脱了距离的限制也避免了耗时、费力的长途旅行。

专门从事网络视频软件研发的软件公司——上海华平计算机技术有限公司总经理刘焱分析视频会议系统的应用，对整个视频会议系统未来的发展前景进行了深入的探讨。有趣的是，对话方式选择了远程视频采访。这次与软件视频会议系统的零距离接触，全程顺畅自然，即使当网络传输速率只有几十 kbps 时，视频会议的画面和声音依然清晰。

视频产业的发展趋势

夏巍峰: 视频技术发展，带来了通讯技术的革命，例如今天，我们可以坐在相距上千公里的京沪两地，通过网络视频会议方式进行自由的交谈，从现场交流效果来看，视频、音频清晰流畅。其实视频会议系统已经有很多年的历史了，但真正引起关注也就是这两年的事情。到底是什么推动了近年来视频产业的发展？

刘焱: 视频产业近年来迅猛发展源于三大主要驱动力: 技术、市场及商业驱动。宽带、流媒体技术高速发展，企业成本控制意识加强，视频运营商、服务提供商、政府以及像我们一样的视频产品提供商这几年发展得比较成熟，都促使了视频产业的快速成长。

夏巍峰: 我们注意到，有人曾预测2004年是视频产业成长的"拐点"，可是当我们回顾2004年，却发现视频产业仍然处于"热而不火"的状况，也并没有如预测的那样出现"高速成长"。您认为制约视频产业发展的因素是什么？

刘焱：从我们得到的国内和国际的市场信息来看，视频通信可以有效降低公务成本，提高工作效率，增强协作能力，很多政府机关及大中型企业在近几年中都开始规划或建设视频会议系统。

视讯产品快速发展到一定阶段后，将面临一个进入民用领域的问题，由于理念、生活习惯、网络带宽限制等各个因素，视讯产业的高速增长还需有待时日。

夏巍峰：作为业内专家，您分析目前我国视频会议系统主要应用服务市场和应用模式是哪些？我们也看到，近年来，越来越多教育领域如政府、学校等在广泛应用视频会议系统，从厂商的角度您来分析一下，他们的主要需求是什么？应用在什么地方？

刘焱：视讯产品向普及化发展的同时，还有向专用化发展的要求。上海华平已经成功推出了基于视频通信的各专业视频系统，比如电信行业、保险行业等。这是一般视频会议产品所无法达到的。上海华平还将在不同行业中推出更多的软件模块和整体应用方案，帮助视讯产业向更为广泛的市场进军。

目前我们的产品有三种主要用户：一是在全国各地设有分公司的集团，他们需要异地协作办公。二是跨国公司，他们经常要借助视频举行会议。三是企业做培训之用，比如：国家劳动和社会保障部、长春一汽和中国大唐集团公司。近来我们发现视频在远程监控、远程医疗上的用途也越来越广泛。

夏巍峰：按照您的判断，视频产业技术和应用市场将呈现什么样的发展趋势？里面究竟蕴藏着多少机会值得把握？

刘焱：视讯会议模式日渐由"硬"趋"软"（成本低廉的软件解决方案），这主要基于软件技术的两点优势：一是软件分辨率非常高，且还有提高空间，甚至不能否认有超过硬件分辨率的可能；二是软件系统对带宽没有很高要求，用ADSL上网就可以同时与四人交流。另外，视讯软件系统还集合了及时、多方通信的好处，数据功能很强，不需要拉专线，将应用条

中国经验

件放宽了，视频会议这才从贵族式应用走向平民式应用。

举一个真实的例子，我们的销售人员在美容院做美容，无意中谈到了我们的视频会议系统，这家美容院的老板非常感兴趣，结果第二天我们的销售人员就捧回来12万元销售合同。这个例子向我们昭示了一个趋势，那就是视频会议不但在大集团里有应用，还可以应用到每个人家里去，与人人相关。我认为这里面有很好的商机。

华平的"选择"

夏巍峰：我们看到，目前包括政府、电信、银行、教育、航空等几百家单位在使用华平公司研发的 AVCON IP 视频会议系统，其中不乏一些重要政府部门和著名公司。作为成立不到三年的公司，在视频领域建立了一个响当当的品牌，华平靠的是什么？

刘焱：从产品功能上看，我们靠的是技术创新、思路创新，确保产品过硬。而更重要的是靠拼搏，靠团队团结、集体努力一起奋斗，靠合理的分配和激励政策，归结起来主要是靠企业文化。我们的企业文化有八个字："团结、创新、求实、进取"。在公司里，员工叫我刘老师，因为相对我的年龄大一些，他们尊重我，而员工称其他公司领导也都直呼名字，这只是一个细节，但反映了大家能够融洽、团结，像兄弟姐妹一样。公司不但强调技术上的创新，还强调管理经营的创新。对营销队伍的管理本着准独立核算的原则，数字化处理，多劳多得、按劳取酬，把公司利益与个人利益相结合，调动员工的积极性。企业文化中的求实，提醒公司在办每一件事情、做每一个决策时，都要根据实际情况，不好高骛远。表现在技术支持上就是"真诚地为客户服务"。而"进取"的意义就是在以上基础上，争创一流。

夏巍峰：目前在视频系统市场上，华平面临着来自国际视频会议厂商如宝利通、Webex 等的竞争，同时，国内厂商也纷纷进入视频行业。就当前您对视频市场的判断，您领导的上海华平在未来市场选择中将如何选择？您锁定的竞争对手是国内厂商还是国外厂商？与竞争对手相比，华平有什么样的竞争优势？

刘焱：每个行业的发展都是许多厂商共同努力完成的，每个进步都是由竞争开始的，我们不怕竞争，我们会努力参加竞争，力争在每一场竞争中做到最好。在一个健康发展的市场环境中，我们在产品质量、服务态度方面都要更加努力。

夏巍峰：作为软件开发企业，技术研发非常重要。我们看到华平取得了多项专利，同时也得到应用客户的信赖，您是如何来保证公司的技术和产品的领先水平？

刘焱：重视人才，充分发挥人才在公司发展中的作用，了解并熟悉市场，加强产品开发的创新能力，努力开拓新的市场。比如在远程教学功能上的技术开发要进一步加强，让产品更适合远程教学的需要。

夏巍峰：华平公司在销售策略上提倡"优质优价"，即第一流的产品，需要卖到第一流的价格。当前国内一些视频企业却走的是一条不同的道路，他们想通过低价来普及视频的应用，您怎么看？

刘焱：我认为产品一定要优质，优质才能优价；优价才有助于产品的进一步开发和技术支持的展开。同时，优质优价才能把产业发展引入良性循环，帮助企业走长期发展之路。

不过具体问题具体分析，虽然优质优价是我们的市场策略，但为支持中国教育的大力发展，华平在教育行业有特殊的优惠政策。

夏巍峰：上海华平一直通过自我积累滚动发展，产品技术和市场有了积累，发展就相对顺利。但您也提出2005年公司应该有个大的发展，是否意味着公司需要借助包括合作、风险投资在内的一些手段来获得进一步提升？您本人希望"挑"一个什么样的合作伙伴？

刘焱：是的。我们正在努力寻找一个有资金投入、志同道合、能力互补的伙伴。希望能通过更为先进的管理理念、必要的资金，与华平一同进退，将华平发展成为一个更具竞争的集团化企业。在未来发展方向上达成共识，这一点是我们认为最重要的。

团队优秀蓄势腾飞

夏巍峰：您从搞科研工作的航空领域的研究员级高级工程师，到IT领域知名企业的总工程师，再到上海华平的总经理；您曾经参与研制我国第一代的计算机语言，开发过教育系列软件，并取得了视频会议多项专利。这可以称为是传奇般的经历，辉煌的成就。您怎样把握多层次的角色变化？以往的工作经历对于您现在的工作有哪些帮助？

刘焱：我在航空系统工作时具体做过程序开发，熟悉开发流程及软件工程。依据软件工程化的思想，曾多次组织较大工程的设计与实施，有许多切实的体会与经验教训，对软件开发过程及工程项目组织等具体工作有深刻的认识。而且，从航空系统出来后，我接触了许多客户，了解了市场的各种变化，对市场营销的管理也有了较深刻的理解。熟悉技术，又懂一些管理，这些经历对我现在的工作有很大的帮助。

夏巍峰：我们了解到，华平的高速发展得益于拥有一支非常出色的团队，这支队伍，起源于江西，转战于广州，又从广州来到上海；其中相当一部分华平员工的家庭不在上海，只身在华平工作，为了华平的事业奋斗。您认为，华平吸引这些人才的原因是什么？华平在制度层面和管理层面是如何安排和考虑的？

刘焱：不亏待员工，互惠互利，在提倡平等的同时，顺应民心，贯彻共同奋斗，共同受益的思想。这其中有人格品质的因素，但是更主要的是企业文化，"心手相连，共创未来"。大家相处得很愉快，很开心，团队自然具有向心力和凝聚力。

在人才培养方面，一方面是重视中层管理团队建设，特别是重视业务骨干的培养，另外一方面，就是重视普通员工的培养成长。公司非常重视员工个人素质和能力的提高,每年会拿出销售额的2%～3%用于中层干部的培养。这支优秀的团队,经过三年的蜕变,正在蓄势腾飞,变成视频行业的精英。我相信我们的员工和公司会一同成长。

夏巍峰: 华平高速发展得益于科学的销售管理和研发项目管理方面,华平在"数字化"管理方面有何秘诀?

刘焱: 在销售管理和研发项目管理上,我们应用软件工程与PERT技术对多个项目进行管理。关于这套管理系统,公司的副总经理刘晓露功不可没,他不仅创新开拓能力强,而且对市场营销的管理有一套想法。我们组织开发了一套办事处准独立核算的管理软件,包括人事、固定资产、低值易耗、日常费用、市场营销、合同管理、奖金计算、综合统计分析等等,有效地规范了办事处的管理与核算,节省了许多人力,调动了营销人员的积极性,充分体现了效益与业绩挂钩的思想。所有环节条理清晰,数据准确无误。

夏巍峰: 您在短短三年内,拥有了一个精良的开发团队,将华平公司做成全国16个办事平台。您希望把华平公司做成什么样的公司?

刘焱: 华平的执行能力特别强,也特别强调这种执行的文化。这也是华平能够在现阶段成为大家比较关注的企业的原因之一。在华平的价值观里,第一条就是要服务客户。我们希望提供更高效的服务给我们的客户以及合作伙伴。同时,希望华平能够引领"视"界潮流,并且成为高绩效的企业。

华平在已经取得的成绩基础上,坚持信念、稳扎稳打,不仅要在更广的领域内拓展我们产品的覆盖面,也要在更高的层次上完善我们的服务,给用户提供可靠的技术保障,更要以崭新的沟通观念,切实有效地打造以华平视频技术为基础的信息交流平台。

总的来说,要使产品开发得更好,为客户服务得更好,使华平成为竞争力强,盈利能力强的企业。

(原载 2005 年 2 月《中国远程教育》(资讯))

博视坊：扎根心理和营养专业教育

——与博视坊国际集团总裁雨下博士对话

对话嘉宾：博视坊国际集团总裁 雨下博士
对 话 人：《中国远程教育》（资讯）执行主编 夏巍峰

众所周知，远程教育未来的发展方向在非学历教育领域，其中职业技能培训是最主要的业务之一。而研究如何发展远程职业培训，首先要了解远程教育目前在职业培训中已经有了哪些进展。事实上，远程教育不但在传统职业培训中崭露头角，在一些新兴职业中也开始萌发。譬如我国的新兴职业——"心理咨询师"和"营养师"。据悉，我国每50万人才有1名营养师，素质高，经验丰富，且获得职业资格的中高级营养工作者极度匮乏。同样，随着社会生活节奏加快，人们感受到的压力日益增大，对心理咨询师的需求也日益增大。越来越迫切的社会需求使相关培训机构捉襟见肘，此时远程培训方式的介入无疑会大大缓解人才紧缺的压力。

博视坊（www.bsfcn.com）是国际营养师协会、国际心理咨询师联合会与劳动和社会保障部国家职业资格培训鉴定实验基地在中国的合作单位，近两年来开展了心理咨询师和营养师两个培训项目。博视坊的努力有效地扩大了远程职业培训的外延。博视坊国际集团（BOSFON INTERNATIONAL GROUP）总裁雨下博士分析远程教育在新兴职业培训中的发展和作为。

创意出于兴趣

夏巍峰：博视坊的业务起步于心理咨询师和营养师资格培训，据我们了解，目前这两个职业在国内还不是很成熟，博视坊这么做的初衷是什么？这些项目的进展情况如何？

雨下：主要是因为这两个领域与我们每个人的健康息息相关，对我们每个人来说都特别重要，我对关注人很有兴趣，所以对这两个领域也就产生了兴趣。我发现心理咨询是一件有意义的事情，就开始关注它。然后我发现中国在这方面太薄弱了，比如想在中国做心理医生非常难，连大学的相关专业都很少。当初互联网业还不发达，我就打114查高校电话号码，问他们有没有心理学系，了解他们的授课内容，结果90%的高校没有这个专业，少数有这个专业的高校也并不把临床作为重点，而主要是传授心理学基础知识。也就是说，这个领域几乎是一片空白。但是精神需求是最高层次的需求，当我国经济迅速发展的时候，精神需求肯定会被重视起来，被提高到重要的位置上来，这是个趋势。所以我想到把这方面的培训做成一个产业，只有这样才能找出一条路，才能发展，这是应该去做的事情，而不能等待某个人某个部门去扭转这个局面。至于能够做到什么程度，先不要管。

就这样，2000年我们与中国心理学研究最高学府——中科院心理所合作，在四川设立了辅导站，率先把这项业务做了起来。之后，又引进了国际认证体系，以便更好地解决心理咨询的人才培养问题。

营养师培训思路的由来则出于偶然。一次，我看到一篇报道，说营养不合理搭配造成了一些地区人们营养缺乏的严重问题，数据相当触目惊心。这使我想到，营养也非常重要，所以2001年的时候，我们开始关注营养领域。

目前，这两个项目总体上进展得都十分顺利，并已经获得了不错的效益。

夏巍峰: 据您了解，我国对营养师、心理咨询师的需求量有多大？

雨下: 以心理咨询师为例，在国外，每3,000人便有1名心理咨询师，而我国目前合格的心理咨询从业人员不足2万人。所以心理咨询行业是我国新世纪极具发展潜力、有着广阔发展空间的事业。目前迫在眉睫的事便是合格的心理咨询人员的培养。当然，人们学习心理学方面的知识不一定要以此为业，对子女教育和提高自身心理素质及文化修养都有重要意义。

严格控制培训质量

夏巍峰: 你能简单介绍一下博视坊的发展历程吗？

雨下: 2000年初，博视坊与中科院心理所合作，率先在四川设立辅导站，开展心理学文化传播工作。2002年，博视坊在原辅导站的基础上，相继成立了四川成都奥雅职业培训中心和四川博视心理文化发展有限公司。三年后，随着公司业务的迅速增长和实力的增强，为适应占领长江三角洲市场的需要，博视坊在上海成立了公司。2005 年初，为了统领全国的业务发展，博视坊将总部迁到了首都北京，并同时成立了博视坊教育科技（北京）有限公司。2006 年 9 月，为了拓展国际市场，博视坊在香港正式成立了博视坊国际集团有限公司，把亚洲总部设在了香港，正式拉开了向国际市场发展的序幕。

多年来，博视坊通过不懈的探索与实践，走出了一条具有自身特色的国际化培训道路。2004 年，博视坊正式与国际心理咨询师联合会（IPCF）建立了战略合作关系，成为 IPCF 在中国的唯一合作单位。通过与 IPCF 的战略合作，博视坊将国际先进的培训理念和机制引入了中国，让学员接受了具有国际水准的专业训练，取得了良好的培训效果。藉与 IPCF 合作积累的丰富经验，2005 年初，博视坊又与国际营养师协会（INCA）就合作开展营养师培训事宜达成了一致意见。2005 年底，博视坊、国际营养师协会、劳动和社会保障部国家职业资格培训鉴定实验基地三大机构强强联合，正式在全国启动了"营养师职业资格双认证"培训项目。参加该项目培训的学员，一次考试合格即可同时获得国际国内的双重认证。经过多年的发展，博视坊已在全国 30 多个省、自治区、直辖市等主要城市建立了100 多家分支机构与合作单位。

夏巍峰：目前都是哪些人在学习博视坊的课程？

雨下：从学历上来讲，大专、本科、硕士、博士、博士后都有；从职业上看，有政府官员、大学校长、学院院长，医院医生、护士、院长，集团总裁、总经理等。相对来说，白领人士居多，学员整体层次和素质还不错。他们参加学习不完全是为了将来一定要从事这个行业，而主要是对学习这方面的知识感兴趣，觉得可能对自己有帮助。以拿证书为目标的只是部分学员的需求，绝大多数学员只是想提升自己的生活品质，这大概占到 70% 左右。

夏巍峰：博视坊在培训中如何保证培训质量，保证证书的含金量？

雨下：做好营养师工作一般需要具有大专以上学历，并经历正规的营养师专业系统培训，和一定时间的实践经验。心理咨询师除需要专业知识，还要具备人格魅力和生活阅历。前提都是要具有大专学历，这是最低学历要求，没有系统的专业知识，想通过国际认证的考试是比较困难的，所以这也是我们的招生标准。为了保证认证质量，我们积极敦促地方合作单位组织专家队伍，在签订合作协议时要求这个机构必须具备5名以上副教授。考试的时候我们还会加派巡考，假如某一个考点出现问题，那么这个合作单位的资格就会被吊销，这就是惩罚。我们从来不怕出现学员考试通不过、影响我们发展的情况，恰恰相反，质量控制越严格，品牌就越过硬。

此外，任何一个证书的权威性、含金量和社会认可度都必须依靠其规范化的管理和认证体系。我们将努力在一两年之内使国际注册营养师与国际注册心理咨询师在国内的认证管理体系完全达到国际ISO9000质量管理体系的认证要求。

打造行业一流品牌

夏巍峰: 博视坊在心理及营养教育领域里，有哪些独特的优势？

雨下: 博视坊拥有目前世界上最先进的网络远程教学平台，能够随时随地为学员提供优质的网络学习课程。学员不仅能在网上学习课件，而且还能够进行网上咨询、练习测试、专家交流、视频互动等活动。博视坊网络课程中心、专家访谈中心、直播互动中心等让学员足不出户就可以即时地学习到最前沿的专业理论，接受业内专家的悉心指导。博视坊拥有良好的社会资源和就业支持系统，能为学员提供实习指导、从业支持和继续教育，并为学员建立网上专业人才库，面向全国用人单位推荐就业。

更重要的是，博视坊拥有前瞻性的理念、健全的培训与训练机制、一流的师资、丰富的教学和管理经验、辐射全国的网络平台，能为学员提供生动活泼、灵活多样的多媒体网络教学服务。

夏巍峰: 博视坊还有一个催眠师的项目，是否已经开始招生了？情况如何？

雨下: 催眠师、催眠治疗师项目是中美应用心理学院开发的项目，我们和中美应用心理学院建立了长期的战略合作关系，催眠师和催眠治疗师项目目前主要是委托国内另外一家机构在全国运作。目前已开了八九个班，培养了100多位催眠师和催眠治疗师。我们的研究小组现在正在做催眠美容师和催眠按摩师这两个项目的开发。

夏巍峰: 听说博视坊委托专家编写营养讲师国际教材和心理讲师国际教材，今年9月份还成立了博视坊国际演讲团，这样做的目的是什么呢？

雨下: 讲师培养和建立自己的讲师团队对博视坊未来的发展十分重要。2005年11月份，我们委托北京的相关培训专家编写营养讲师国际教材和心理讲师国际教材，原定今年3月底交稿，后来又做了些调整，到今年5月底才正式拿到书稿，6月份正式印行。

目前营养和心理讲师试点班已经在上海正式开班，现在主要是总结经验。讲师班正式在全国推行，可能要到明年3月份了。我们的讲师班主要是为了选拔人才和真正地培养出一批优秀的心理学和营养学讲师出来，不完全是为了盈利，所以我们很注重讲师的培训质量。我们的目标是用三年的时间在全国培养出上千名心理学和营养学讲师精英人才。

博视坊国际演讲团是正式注册了的实体机构，成立讲师团的主要目的是想建立一个真正的讲师团队，讲师团的成员分布在全国甚至其他国家，对实现我们在这两个领域的产业计划非常重要。

夏巍峰: 公司未来在网络教育产业中的定位是什么？未来发展战略目标是什么？

雨下: 打造中国、亚洲乃至全球最大的心理学和营养学网络平台是博视坊永远的目标和专业定位。博视坊主要还是想在营养和心理这两个领域永远做下去，作为产业来做，做深、做专业、做彻底。

在这两个领域主要做两大块：一是认证，我们和国际营养师协会、国际心理咨询师联合会目前合作得一直比较好，有很多共同点。网络远程辅导是我们未来发展的重点。我们以后在国际营养师和国际心理咨询师的考试机制和管理上会下功夫，以后要考取国际营养师和国际心理咨询师证书可能比现在更难，因为从持久发展来看，保证认证品质和提高证书含金量相当重要。

第二块，主要是做心理学和营养学的各种专题教育，主要通过博视坊学习网（www.bsf365.com）这一网络平台来实现，同时衍生出很多课程产品，这块以后是博视坊发展的重点，也是最大的一块。在这方面，国内目前还没有很好的模式可以借鉴，需要做很多开发与探索工作，相对来说，投入成本比较高，如果能实现我所预见的，无论是经济效益还是社会效益都是比较高的。这块目前也是最难做的，所以，我们机构要在这方面下很多功夫，我会一直坚持下去，相信未来的状况一定会非常好。

"致力于人类健康事业，打造行业一流品牌"，这既是博视坊人矢志不渝的目标，同时也是博视坊寻求发展的动力源泉。

（原载 2006 年 10 月《中国远程教育》（资讯））

E-Learning 之中国路

——与汇思网络有限公司行政总裁陈兆辉对话

对话嘉宾：汇思网络有限公司行政总裁 陈兆辉
对 话 人：《中国远程教育》（资讯）执行主编 夏巍峰

中国经验

中国E-Learning发展之路几起几落，令身在此中人士爱恨交加，2003年这个市场终于峰回路转，初见成效，但是饱经风霜的人们仍然对中国E-Learning市场究竟要去向何方充满了疑问。为此，E-Learning领域具有丰富经验的专家级人士——汇思网络有限公司行政总裁陈兆辉在探讨中国E-Learning发展之路的同时，分享成功案例和经验，希望对解除行内人士的疑惑有所帮助。

陈兆辉作为汇思行政总裁及创办人之一，在IT领域有超过十五年的经验，曾在大型的国际投资银行担任高级管理职务。他带领汇思成功地为来自各类企业、政府团体、跨国公司及教育机构等领域的众多知名客户完成了多项高质量的大型网络培训工程项目。作为一个高级经理人，他自2001年起便定期在香港《信报》以及其他众多专业媒体上撰写有关网络培训的专栏文章，介绍E-Learning，讨论网上学习的成功要素和发展趋势，为读者提供较为深入的分析，扫除人们对网上学习的疑虑。

中国 E-Learning 十年内将达到美国水平

夏巍峰: 您既是E-Learning实践者，又是资深的E-Learning研究者，多年来积极推动E-Learning的广泛应用。据您了解，目前国外E-Learning的发展与应用现状如何？国外E-Learning发展经历了哪些阶段，对我们有什么样的启示？

陈兆辉: 国外E-Learning已经比较成熟。2002年在美国有15%的企业用E-Learning的方法进行培训，2003年这个数字达到19%。从我们掌握的情况分析，估计美国E-Learning市场大概有60亿美金，并且还在持续增长。从国外E-Learning的发展，我们要看到E-Learning不是万能的，它有其优点，也有不足，不能完全替代课堂培训的方式，反之课堂培训也是这样，最好的方法是把两者结合起来。所以国外E-Learning在企业培训中虽然也在增长，但不会超过50%。而中国目前还达不到1%，我个人认为中国E-Learning要达到美国现在的水平所需时间应该不会超过10年，很可能还会提前。我们的目标是2010年达到20%的中国企业用E-Learning进行培训。

夏巍峰: 几年来，中国的 E-Learning 市场发展可以说是起伏不定，您认为国内 E-Learning 市场现状是什么样子？

陈兆辉: 国内 E-Learning 市场存在几个问题: 第一是缺乏高质量的内容。第二，很多人还没有想好怎样用 E-Learning 作企业培训。很多企业以为买一套网上学习管理系统和一些现成课件回来，建设一个网上学习网站，工作就完成了。完善的基建和丰富的内容固然是网上学习的成功基础，但最重要的还是要懂得如何去推动整个企业的学习风气，改革现有的培训制度，提供自我学习的环境和诱因，并配合整体业务的需要。企业的管理层应该重新思考整个的培训方案，如: 引入混合教学模式（Blended Learning)，使网上学习成为整个课程的一部分，或作为一些传统课堂培训的入学条件。这不单可以提高学员网上学习的动力，也可以令传统课堂培训更浓缩，更有效率。

夏巍峰: 您认为影响我国企业 E-Learning 实施的主要障碍在哪里？应该如何解决？企业 E-Learning 成功实施的关键是什么？

陈兆辉: 其实在这一两年间，许多内地的大型企业已经开始研究或试验利用 E-Learning 提升培训的效率和素质，银行、保险公司、政府机构、电讯公司和电力公司相继投入一些前期工作，起到了表率作用。这些项目能否成功要注意几点: 第一，采购或开发高素质、互动性强、成本效益高和与工作息息相关的课件；第二，推行混合模式的学习，把现有的课程重新编排，结合 E-Learning 和课堂培训，达到最佳的培训效果；第三，先建立一些成功的例子，然后再投入更多的资源，作大规模的推广。因为目前成功的案例非常匮乏。

中国将成为 E-Learning 强国

夏巍峰: 您最近提出了"中国可成为 E-Learning 强国"的观点，引起业内关注。您认为中国成为 E-Learning 强国的机会在哪里？我们应该怎样

去抓住机会？

陈兆辉: 2008 年中国内地应有 10 亿人民币的市场。我常跟国外的一些人士讲中国的 E-Learning，以便给他们一个宏观的概念，首先我们的人口比他们多，中国现有人口 13 亿，美国只有 3 亿。中国需要培训的人很多，本身有很大的市场。另外有趣的是现在中国的手机总数量已经是美国的两倍，而 2003 年内地的人均收入只有 1，000 美元，只是美国的1/36，在内地一部手机的价钱已经超过大部分人一个月的收入。尽管如此，手机行业在内地仍然高速增长。这说明科技的应用不一定是循序渐进的，而是一个蛙跳（Leap frog）现象。先进国家从固网电话发展到移动电话是一个演化的过程，随着科技一日千里的进步，发展中国家可以一步到位，省去中间的进化步骤，没有现有系统的包袱反而令这些地方迅速走在时代的尖端，当经济环境成熟时，能够在短时间把新科技吸收和应用，不用担心变革的成本效益和冲击。在内地很多地方，移动电话比固网电话的基建便宜许多，既然铺设网络的花费高，倒不如大力发展移动电话市场。在推动 E-Learning 的时候也有类似的现象，很多人以为中国连基本培训也搞不好，更说不上 E-Learning；其实 E-Learning 正好提供一个成本效益较高的模式。

我希望将来中国可以成为 E-Learning 强国，把本身的技术和产品输出海外。如何成为 E-Learning 强国，第一是内容建设。虽然国外有很多高质量的内容，但是我们不能全部的内容都从国外引进。这不单是因为引进的内容在语言方面需要汉化，还有一些是不太符合我国的国情。第二是平台。我们现在有实力做出国际水平的平台。在这里我呼吁依据一些广为世界各地认同的标准发展 E-Learning，我们既然要与国际接轨，就不应花时间和精力去弄一套自己的标准。如果我们做自己的标准，那么我们 E-Learning 的发展会比较落后于其他国家。

夏巍峰: 内容是培训的灵魂，针对目前企业培训中培训内容的缺乏，您的解决方法是什么？汇思在培训内容建设上做了哪些工作？

陈兆辉: 我们说"内容先行，商机无限"，为何本地制作的网上课程仍然非常缺乏呢？我认为主要有几个原因：第一，E-Learning在中国仍处于萌芽阶段，要制作一套完整的网上课程，往往要投资数百以至数千万元和一两年的时间。有很多业内人士为了节省成本和时间，只顾速成一些低素质制作。第二，中国严重缺乏有经验的E-Learning课件设计师（Instructional Designer），技术人员却比比皆是。第三，目前市面上还欠缺一些简单易用的课件制作工具，能够让一些传统课程设计的专业人士，更轻松掌握E-Learning课件的设计和制作。在此，汇思做了很多工作。我们从去年开始研究设计开发自己的E-Learning课件，因为现在市场上缺乏一些成功的案例。其次我们从国外引进了一些行业性的高质量的内容，比如电信方面的内容。这样自主开发和引进双管齐下，解决内容问题。既然我们认为内容是重要的方面，我们就身体力行去做一些工作。

夏巍峰: 现在从事 E-Learning 的大大小小公司越来越多，同类产品性能差别不大，正所谓"乱花渐欲迷人眼"，用户应该怎样去正确选择和运用？

陈兆辉: 市面上愈来愈多内容供货商提供数以千计的网上课程。选择这些内容的时候，大家应注意这些内容是否符合国际标准。因为只有符合标准的学习平台，才可以轻易地将课件录入、储存、共享和套用，亦可以利用学习平台的在线跟踪功能，将学员的进度收集和分析。企业只需有一个依从标准的学习平台，便可从众多的内容服务供货商选取现成的教材，辅以根据公司所需而自制的教材，这样便能合乎经济成本效益，以更低的成本而享有更高的灵活度。现今企业均着重人力资源的发展，而网上学习的标准趋向更全面、更着重学习资料的编排、学习资源的管理及培训内容的包装。所以管理人员选取学习管理系统时，除了一般的学员及课程的管理外，亦必须注意其他先进的相关功能，如技能管理、内容管理、流程管理及知识管理等，以及跟其他企业系统的衔接，从而能更好配合公司的整体发展。

中国经验

夏巍峰：现在国际上倡导的混合式培训（Blended learning）有何好处和特点？汇思也一直在积极开展混合式培训，有哪些成功的案例可以与我们分享？

陈兆辉：混合式培训（Blended Learning）即指把传统的课堂授课与网上培训的模式结合。例如要进行一个技能应用的培训课程，学员可先通过网上自学有关公司和产品的知识及销售技巧的理论，继而参与面授的跟进培训/实习课程，如角色扮演的小组讨论等。简单而言，混合式培训除可享有网上学习省时省钱的好处，亦享有面授实习的机会。在企业推行混合模式的教学，最重要的就是将原本的课程重新编排，各取所长、互补不足；另外就是要有一套完整的管理系统，处理复杂的管理流程。计划重新编排课程，首先要分析哪些环节需要用哪些手段和媒介提供及发放。从网上走到课堂，或者从实到虚，其实有很多不同形式可供选择。

我提供几个例子作参考：一、把一些基本的知识和练习变成一些课堂前的预习，这样既可以缩短课程所需的时间，更可以拉近学员参差的水平。二、在一般网上学习的自修课程中，加上一些同步的演示、实时的交流和问答导修的服务，从而加强网上学习的交流元素。三、课堂培训后，用电子邮件将重点或实例定时传送给学员，让学员增进了解。四、设立一些网上讨论区，促进同班同学的沟通。

举一个实例，有一家跨国银行在培训员工方面有几个问题：第一，员工上岗的时间不一致，所以有些员工可能需要等待几周时间，才能统一进行培训。第二，员工起点不一样。有些员工是从其他银行过来的，他们有经验，对工作的操作流程十分了解。但也有些刚毕业的，对业务流程一无所知的大学生。因此我们把物业买卖、业务流程等概念化的知识开发成 E-Learning 模块让员工自己去学习，然后用实践考查他们的学习情况。这种混合式培训模式取得了良好的效果。我们为他们设计的按揭业务的网上课程，将该银行以往需时 9 天的课堂培训课程缩减至4天。假设每个学员每月的总成本为50,000元，一年约有200名学员接受该培训课程。粗略估计，缩减5天的课堂培训可为该银行每年节省约250万元。整个项目的开发费用大概是150万元，每年的维护费用约10万元。也就是说这个网上课程可为该银行带来超过300%的投资回报率。

移动学习发展潜力巨大

夏巍峰: E-Learning 的前景被普遍看好，很多企业进入这个领域开拓市场，其中亦不乏大型跨国公司。据此，业内也在讨论到底谁能够在竞争中获胜，也有人预测也许最后市场上只剩下几家大型公司在经营。您对此怎么看？

陈兆辉: 市场一定是这样发展的，一个成熟的市场同时有一二百家公司在经营也许不可能，最终会有几家公司通过收购合并其他小公司存活下来。所以小公司的方向一旦出现偏差就会出问题。但现在不是争战的时候，我们必须一起把市场做起来。我相信我们走的路是对的，我们这几年在生意上的增长速度也很快。在内地，去年我们的增长率是100%，今年大概要达到200%，今年内地的市场已经超过香港市场。与那些专门卖软件的公司不同，我们不单是软件和平台的技术提供商，我们给客户的是从学习出发的全面解决方案。另外，我们的平台比较完整，通过了AICC国际标准认证，并且符合ADL的SCORM标准。我们有自己的发展计划，包括内容的开发，课件开发工具的开发，销售网络的拓宽，我们将在保持现有市场地位的同时，加大发展力度。我们有信心在将来市场上只有三四家公司的时候，汇思一定是其中一家。下一步我们会走出国门。

夏巍峰: 最后，您能否预测一下 E-Learning 的发展趋势是什么？

陈兆辉: 我们基本培训不是很好，E-Learning 为我们提供了一个机遇。这个市场的需求巨大。但是我们不能只将目光放在购买平台和课件上，而是要放在培训上，我们的目的是引进 E-Learning 提升培训质量。我们会大力倡导这个观念，因为我们不单是技术方面的提供商，我们跟我们的客户是伙伴的关系，他们不成功，我们也不会成功。

由于手提电脑、PDA 和无线上网的流行，产生了 M-Learning（移动学习）这个概念。现在 M-Learning 还未成气候，专门为 PDA 设计的网上课程更是绝无仅有。最大的问题是如何用 PDA 般尺寸的屏幕去显示一些原本设计给桌上计算机的素材。目前最普遍的流动学习模式还是在出差或下班前下载一些网上课程，进行离线学习。回到公司里，将学习进度上传至公司的服务器。但是 M-Learning 在不久将来会有很大的发展潜力。一些专为 PDA 而设的电子课程将会相继推出，这些课程可以是预先下载的，也可以是用无线上网技术实时存取，让学员真真正正可以随时随地学习。

（原载 2004 年 6 月《中国远程教育》（资讯））

卫星离我们并不遥远

——与中国天地卫星股份有限公司总裁王彦广对话

对话嘉宾：中国天地卫星股份有限公司总裁　王彦广

对　话　人：《中国远程教育》（资讯）执行主编　夏巍峰

如今中华大地上最热门的话题莫过于航天。"神舟"五号飞船成功发射和返回，圆了中华民族千年飞天梦，更展示了中国空间技术的总体实力，有人断言它将对整个中国经济产生深远的影响。无论怎样，它都把航天人推到了最显眼的位置，成为万众瞩目的对象。仿佛第一次，卫星和航天人离我们是那么近。

其实航天人早已十分活跃，两年前他们就将先进的卫星技术带入远程教育领域，为远程培训市场的开拓和发展做出了贡献。2002 年中国航天科技集团公司通过全资子公司北京航天卫星应用总公司，收购了中国泛旅 51% 股权，更名为"中国天地卫星股份有限公司"，成为中国资本市场第一家卫星及卫星应用领域的上市公司。如今中国天地卫星的经营范围已经涉及卫星及相关产品的研发、卫星应用技术综合信息服务、信息系统集成等多个领域，同时在远程培训领域也具有了领先优势。"卫星离我们并不遥远"，中国天地卫星股份有限公司总裁王彦广说。

中国卫星定位卫星应用产业的"旗舰"

夏巍峰："神五"成功升空，对中国天地卫星这样一个上市公司有何助益？对公司的业务发展带来哪些影响和推动作用？

王彦广：这个题目是最近新闻界问我最多的一个问题。我个人的看法是，"神舟"五号载人飞船上天对中华民族来说是千年飞天梦的实现，这件事情本身会成为历史。在航天载人工程当中，中国航天科技集团公司承担两大最主要的任务：运载火箭和载人飞船。而中国卫星的实际控股股东是中国航天科技集团公司，所以"神舟"五号载人首飞取得圆满成功对中国卫星的影响力更多的是表现在长远的宏观的利益上。大家知道中国卫星的控股公司是中国航天，中国航天研制了"神舟"飞船把中国的宇航员送到天上去。这件事情本身帮着中国航天和中国卫星做了一个非常大的广告。最近一段时间我们跟外商谈判的时候，一开始都是祝贺，他们觉得能够与研制飞船的公司谈合作，有非常大的可信度。所以我个人理解，"神舟"五号对于中国航天，以及中国将来卫星应用产业的发展会起到一个很大的推动作用。

夏巍峰：中国航天科技集团公司收购上市公司中国泛旅的战略目的是什么？中国卫星目前主要业务的覆盖领域有哪些？

王彦广：中国航天科技集团公司去年重组了上市公司中国泛旅。我们的战略目标是充分利用中国航天科技集团公司已有的资源，利用资本市场，把中国卫星应用的产业往前大大推进一步。中国航天科技集团公司的领导给中国卫星的定位是要成为中国卫星应用产业的"旗舰"。

现在我们规划的业务有三大领域：第一，运营服务类的业务。包括天和地，将来天上会有卫星，地面有几大运营服务业务，如卫星宽带服务、卫星导航定位、基于低轨道卫星的数据采集服务，甚至包括2005年中国直播卫星正式启动后新形成的卫星直播业务等等，都属于运营服务类业务。第二，产品制造类的业务。东方红卫星公司是我们的下属公司，这是我国目前为止唯一的一个由国家授权的小卫星研制及其应用工程研究中心。我们已经有了制造业务，制造几百公斤以下的小卫星，现在手中有很多颗卫星的订单。第三，天地大系统的集成。我们的下属公司航天四创，在系统集成和IT领域非常著名。这个公司是以地面的计算机和网络系统集成起家的。另外，卫星的通信网，大型的卫星专用地面测控站等等也是一个系统集成的概念。中国卫星的业务范围笼统分为三大领域，明年这个业务的框架将基本成形。

夏巍峰：作为一个航天背景的高科技公司，是什么吸引中国卫星介入远程教育领域？在远程教育行业中，中国卫星把自己定位于什么样的角色？

王彦广：中国卫星的主要业务之一是卫星运营服务，其中包括卫星宽带的通信服务。所以中国卫星介入到远程教育领域是从业务的规划和战略来定的。两年前我们看到国内的远程教育、远程培训市场开始热起来，同时我们找到了非常好的合作伙伴，找到了切入点，自然而然双方一拍即合，这项业务就做起来了。另外，中国卫星进入这个领域还有社会因素。现在社会上的两大热点问题是：社会均衡发展问题和提高整个国民素质问题。航天人从事的这个行业相当大的程度上是要报国报民，利国利民。我们觉得卫星宽带的通信服务平台能为提高国民素质、提高人口素质做点儿实实在在的工作，带着这样一种使命感，我们迈进了这个行业。

远程教育产业有非常大的市场。我们分析后，觉得社会对远程培训的需求非常迫切。相对学历教育来讲，远程培训的中间环节，尤其是管理环节比较少，社会化程度比较高。所以我们定位于面向社会的远程培训，这个市场比较成熟，更能发挥我们的长处。而学历教育目前尚处于实验试点阶段，整个产业链还有个逐步整合的过程，总体说来学校还不富裕，企业需要很大的投入。中国卫星作为去年刚刚完成重组的一家公司，需要扎扎实实一步一个脚印地发展。实实在在地先从培训市场开始，第一可以很快把品牌树立起来，第二可以找到一个好的商业模式。

至于公司的角色定位，首先中国卫星立志成为中国卫星应用产业的"旗舰"，这是我们的使命，需要艰苦的努力，若干年的积累，才能最终达到这样一个目标。远程教育培训市场和我们大的战略是完全吻合的，它是其中一块具体的业务。但是教育资源、教育内容本身不是我们的专长，所以我们第一步是采用强强联合的模式，由合作伙伴提供内容，而我们更多的是侧重于技术本身。

卫星技术推动远程教育发展

夏巍峰：近几年来，数家卫星公司都开始介入远程培训领域，您作为卫星应用技术方面的专家，能否解释一下卫星技术应用于远程教育和远程培训领域有哪些优势？同时又存在哪些缺点？

王彦广：就全球而言，卫星通信和地面通信的整个市场在不断增大，虽然卫星通信所占的通信市场份额有所减少，但卫星通信业务的绝对值也在增大。卫星通信技术应用到远程培训，所具有的优势有以下两点：第一，广播特性。这是卫星最大的优势，也是天然的优势。它没有带宽限制，不管将来的地面网发展到何种程度，都不可能取代这种优势。而且卫星通信还有一个通信距离与通信成本无关的特点，覆盖面积大。与地面通信网相比，由于地面通信网的中间枢纽环节太多，而卫星通信基本上经过一跳或两跳就可建立通信链路。理直气壮地说，基于卫星的培训系统和网络，它的通信链路和通信质量有足够的保障。通信信道的畅通确保了培训教育节目的高质量播出。第二，建设周期短，基于卫星的平台能提供更加富有个性化的服务。地面通信网的建设过程比较复杂，如地下铺线、穿线入户和通信路由的安装以及设置等等，卫星通信相对比较方便，只要所处位置没有物理遮挡、能够接收卫星信号，很短的时间内所有的用户就可以享受到这种信息服务。另外，基于卫星通信的远程培训系统还有一个很大的优点，只要有双向通信链路，任何一个远端小站都可以在非常短的时间内配置为主播教室，即所谓"按需定主播地点"。所以基于卫星通信网的培训系统更能提供多样化、内容丰富的服务。

卫星通信网的效益与网络规模密切相关。一般的系统配置都是一个主站带 N 个小站。假如远端的小站个数 N 等于 1，主站昂贵的设备、卫星转发器带宽租费和相应后勤保障等管理费用又不能少，就体现不出规模经济的效益。但是当远端小站数达到一定规模，达到盈亏平衡点以后，规模经济的效益就体现出来了。也就是说当远端站点数量不够多的时候，这个公司所承受的商业上的压力是很大的，甚至是亏本的。这是国内卫星通信行业的困惑之一。

夏巍峰： 很多人认为卫星不能实现交互性，您怎么看这个问题？

王彦广： 这里面有几个误区。第一，卫星本身有单向的，比如收看卫星电视。卫星电视太普及了，大家想当然地理解卫星通信就是单向的。其实卫星的另一块业务是双向通信，它能提供高质量的通信服务。深圳证券通信网遍布全国，它有一个非常庞大的号称亚洲最大的卫星通信网。它实际上有两个网，双向的可以报盘、买卖股票，单向的用于单向广播，播放股市行情。第二，国内卫星做的远程教育平台，考虑到双向通信流量的不对称性，为了降低系统成本和运营成本，大部分采用了外交互方式，即教育内容经过卫星广播至远端小站，远端小站到卫星主站的回程通信经过地面通信网完成。这也使相当一部分人误解了卫星通信只能去不能回。

夏巍峰: 最近电信行业，包括中国网通、中国联通都在大力推广地面宽带业务，是否会对卫星宽带互联网接入业务带来影响？同时作为卫星公司，又面临着卫星领域中的相互竞争，中国卫星如何面对这种挑战？同其他卫星公司相比，您认为中国卫星在开展远程培训业务时具有哪些竞争优势？

王彦广: 地面网发达了会不会威胁到卫星？有这样的一种忧患意识固然好，但是不用过虑，因为远程教育运用的卫星的广播特性是地面网无法比拟的。卫星应用的技术和地面的网络技术也不是生死冤家。从业务和服务的角度来说，它们之间是一种优势互补的关系。比如课后答疑，学生可以通过卫星实时跟老师进行对答。但是不可能每个人都有这种机会，大部分学生都得不到，他们可以通过地面网的电话或者电子邮件提问，这就是互补。还有一种互补的做法，卫星把节目接收下来放到当地的服务器上，然后经过当地的地面通信网，学生可以在家里收看这些节目。

中国卫星在中国的远程教育市场，尤其是社会培训和企业培训当中，是做得最早的一家，并且是这个领域做得最好的，现在还是这个状态。

如何保持我们的先发优势，在激烈的市场竞争中成为这个行业的leader，有三大优势可以帮助我们完成这个使命：第一，中国航天和中国卫星的品牌。第二，优秀的团队。企业的竞争和市场的竞争就是人才竞争，中国卫星做远程培训和远程教育的团队经过两年实践，非常胜任这项工作。第三，综合实力。中国卫星是一个舰队，拥有基于卫星的全套业务，我们体现的是一种综合性的优势。

夏巍峰: 您能否预测一下，将来还有哪些新的卫星技术会在远程培训领域得到应用？

王彦广: 卫星通信技术对于远程培训的支撑，应该是成熟的。这个技术进步非常快，我想在三、五年的时间内有几项技术会大大有利于卫星远程教育的发展。现在国内基于卫星的远程教育平台，基本上用了卫星的广

PRACTICE IN CHINA

播优势,从地面回传。地面回传很多是接入因特网来实现,通信质量没有保障。现在有一项进步的技术 DVB — RCS,完全基于卫星的双向链路,价格便宜,现在已经有了成熟的系统和产品。这项技术给远程教育带来的好处相当于主播中心可以随意指定。任何一个远端站点,只要有播出和摄录的设备,都可以做主播教室,有利于资源的及时共享。它是针对远程教育的市场应用,专为远程教育量身定造的技术。未来这项技术将是一个亮点。第二,中国的卫星直播业务。2005 年中国第一颗直播卫星上天。以后大家用一个非常小的天线,放在阳台上就可以完成直接到户。这项技术是针对家庭用户的, 2005 年中国直播卫星如果顺利上天,经过两三年的成熟化以后会大批量的、以非常低廉的价格进入家庭。可以预见,它将对中国远程教育市场起到另一波推动作用。

中国卫星要做远程教育领域的"领头羊"

夏巍峰: 下一步,中国卫星在远程教育领域有哪些新的规划?

王彦广: 这两年我们在远程教育领域一路走过来,中国卫星团队的综合竞争力使我们的信心越来越足。未来我们会从四个方面把这项业务做得更好。第一方面,丰富培训内容。教育和培训中内容是最重要的,没有好的内容就吸引不到学生,也就是用户。第二方面,进一步完善系统平台。对远程教育的基础平台,我们会再做一次升级和完善,把卫星双向的手段武装起来。第三方面,进一步完善和扩大现有的培训网络。建立起面对二、三级地级市的远端分校。第四方面,加强对远端分校的服务。建立一套与之相适应的培训服务体系。只有把以上四个方面结合才能保证市场的健康发展,形成良性循环。

夏巍峰: 作为第一家卫星及卫星应用领域的上市公司,您曾提出希望通过 3~5 年将中国卫星打造成为我国卫星及卫星应用产业的"旗舰"。您是否也同样希望中国卫星在远程教育领域做成"领头羊"?

王彦广: 从中国卫星的资源来看,这个目标 3~5 年之内是可以实现的。

经过 3~5 年的成型以后，中国卫星的卫星应用业务包括：宽带服务、卫星导航定位、卫星采集、将来的直播卫星等等，这些业务都会一步步发展起来。到那个时候，中国卫星能否成为"旗舰"自有公论。具体到远程培训这个业务，中国卫星在国内的卫星宽带业务能够做得好，敢叫"旗舰"，必须有几个标志性的东西。我们现在是把远程培训作为其中一个标志和具体的业务来做，既然要做，就希望在这两年国内第一，也希望做了三、五年以后我们还能保持最好的状态。

夏巍峰：中国卫星是远程教育的先导者，在这个领域一直保持低调，但是最近中国卫星打破沉默，准备在近期举办一个关于中国卫星远程培训的盛会。举办这次大会的目的是什么？

王彦广：国内关于远程教育的会议比较少，年底我们召开的这个会主要的目的之一是宣传卫星培训概念。这个概念相比较中国广大的人口来讲，知道的人还是太少。我们希望举办这次会议能够加速卫星技术市场的需求，并推动市场的加速发展。第二个目的，促进产业良性发展。在远程教育领域，还没有哪个公司找到了真正成熟的商业模式。而作为一个产业，必须有一整套成型模式以后，才能健康地发展。我们想通过这次大会给大家提供一个研讨热点问题和焦点问题的机会。在这个平台上大家能够广泛地交流经验教训。第三个目的，展示产品。把目前基于远程教育平台的培训、节目、服务等公之于众。因为市场要做大，不是一两家企业能够做起来的，需要大家共同努力。因为在远程教育领域，大家在做的是利国利民的事，挣的都是微利，很多企业甚至赔本。

我们迫切希望在远程教育领域能够成立一个行业机构，如俱乐部或者协会。远程教育这个行业绝对需要这样一个机构。能够使大家消除戒心，分享行业信息，同时把自己的信息拿出来共享。形成共识以后，希望国家也能够提供一些相关政策扶持，比如在税收上有一些优惠等等。

（原载 2003 年 11 月《中国远程教育》（资讯））

游戏学院: 三年磨一剑

——与北京汇众益智科技有限公司（游戏学院）总裁李新科对话

对话嘉宾: 北京汇众益智科技有限公司（游戏学院）总裁 李新科
对 话 人:《中国远程教育》（资讯）执行主编 夏巍峰

中国经验

2005年，本刊执行主编夏巍峰曾与北京汇众益智科技有限公司（游戏学院）总裁李新科就游戏产业人才培养问题进行了愉快而深入的对话。时至今日，李新科的名字已经在游戏产业声名远扬，游戏学院经过三年的迅猛发展和历练，也已经成为游戏产业中的一把利剑，大显身手，大展锋芒。

产业新贵诞生

无论是作为一个高科技支撑下的新兴产业，还是作为客户惯于喜新厌旧的娱乐行业里的后起之秀，游戏产业在一开始就显示出了强劲的发展势头和市场潜力。不必说国内游戏用户每年以几何数字增长，仅仅是游戏本身的互动性、多样性、风格化和复杂性就具有大量的吸引人因素。随着近几年政府的积极支持和扶植，游戏产业一举成为文化创意产业中的新贵而异军突起。

夏巍峰：第一次采访您是在2004年11月，距今已经有2年多的时间。中国游戏产业出现了许多新变化，一些城市纷纷投入巨资建设游戏动漫产业基地。您认为当前中国的游戏产业发生了什么样的变化？目前游戏产业的发展环境与两年前有什么不同？

李新科：就产业而言，2004年中国游戏产业的规模并不是很大，主要是以运营性游戏为主，但许多企业当时已经意识到自主研发的重要性，开始竞相招聘人才，游戏人才的争夺已经开始硝烟弥漫。

就政策而言，2006年4月国务院十部委联合下发了《关于推动我国动漫产业发展的若干意见》，政策风向的转变，对产业的发展起到了巨大推动作用，各地游戏产业异常活跃，游戏动漫基地遍布全国。

就社会各界对游戏产业的认识而言，2004年时各界对游戏产业的态度尚不是很明确，但是近几年从中央、国务院各部委到地方政府到社会舆论包括媒体都对游戏产业抱以非常积极的心态；对于产业发展过程中出现的一些问题，会采取比较务实的态度实事求是地去解决，并不会因噎废食，这对产业发展是非常有利的。

作为结果，近两年游戏产业发展迅猛，每年以百分之六七十的速度增长，成为各省乃至全国各地的经济新亮点和推动行业经济发展的有力杠杆，而产业的发展必然带动各地对游戏人才的需求。

夏巍峰: 我们看到，游戏人才培训机构在近两三年来"扎堆儿上马"，有人统计过，目前各类游戏人才培训组织和机构至少已经有超过100家，这还不包括90多家已开设动画、游戏设计类专业的大学。我国的游戏教育与培训市场发展有没有泡沫之嫌？

李新科: 我觉得这个数字是包括动漫和游戏产业在内的，单纯从游戏产业来看并没有那么多的社会培训机构。与其他行业相比，游戏人才培训行业的门槛相对比较高，没有一定的实力和规模，很难获得生存空间。譬如，机构如果达不到一定的规模，就没有力量支撑课程的开发；并且随着技术的进步，课程还要不断地更新和升级；此外，游戏培训行业教师奇缺，聘用教师的成本和代价也会令许多机构望而却步。

突破产业发展的"玄关"

综观中国游戏产业的发展历程，可以发现，中国游戏产业发展的主要症结集中在政策扶持、市场培训、人才培养这三个主要环节上。一个游戏产业生态环境的建立和一支游戏产业大军的建立，除了必须有足够良好的市场体系，以及足够成熟的政策扶持之外，还必须拥有足够强大的人才储备，以及为此而建立的人才培养体系。

夏巍峰: 上次采访时，您曾预测3－5年内我国游戏人才中仅游戏设计与开发人才就需要20万人。目前快到3年了，您判断一下，我国游戏人才需求有多大？游戏人才市场出现了什么新变化？

李新科: 三至五年还未到，现在判断还为时尚早，由于人们对数字比较敏感，现在预测一般只用概念，不提数字了。那么，从目前的情况来看，产业的发展还是非常健康和良性的。全国各地的动漫游戏基地每天都会有新的企业诞生，游戏产业的发展已经到了一定的规模，所以对游戏人才的需求只会是越来越大，以支撑这个产业。

近年来，游戏行业里比较明显的特点就是游戏人才的流动性很强，企业都比较青睐具有开发经验的人才，这从某种程度上也反映了游戏人才的紧俏。

夏巍峰: 作为游戏人才培训市场的开拓者和领先者，您觉得目前我国游戏人才培训市场存在着什么问题？是否规范？中国游戏人才培训市场如何才能健康有序发展？

李新科: 就市场本身来说，现在谈规范还比较早，因为行业形成时间比较短，大家更多是处在探索阶段。弄清楚这个市场究竟该怎么做，我觉得还需要一段时间。但在摸索的过程中，必须注意不能把行业的环境搞差了，把行业的名声搞砸了，要顾及到经济效益和社会效益的统一。

夏巍峰: 您曾在动漫游戏产业发展论坛上说"中国游戏产业的成长和繁荣需要建立起完整的人才培养体系"，那么，您认为完整的游戏人才培养体系应该是怎样的？

李新科: 应该说在2004年以前，国内基本上没有培养游戏人才的基础，高校游戏专业教育尚处于空白，社会培训机构更无法培养专业的游戏人才，而企业内部对游戏人才的培养也只是处于师傅带徒弟的初级模式。

从目前的人才培养体系来看，社会职业培训机构已经形成了一定的规模，且时间短，见效快，近两年已经成为游戏人才培养的主渠道。以我们学院为例，至今为止接受培训的学员达一万多人，毕业五千余人，就职于三百多家游戏企业。另外近年来，各个学校也陆续开设了游戏专业。由于游戏行业发展迅猛，课程升级、技术更新频繁，如果没有专门的队伍投身于培训，单凭学校之力肯定会力不从心；所以学校往往会采取与社会职业机构合作的模式来开展培训。游戏学院目前已经与一百多所学校建立了这种长期、稳定的合作关系。第三种是企业自主培养的方式，目前在逐步地缩减。因为游戏行业大部分为中小企业，市场竞争激烈使得企业不愿意花费过多的精力和金钱放在人才培养上，如果新员工半年还不能为企业创造价值，这对企业来说是无法忍受的，企业宁愿选择用高价去挖人。因此，企业今后对游戏人才的培养方向，慢慢会转向高端人才。因为高端人才是培训机构和院校培养不出来的，需要在多年的实践中才能产生，而初中级人才的培养则会由培训机构、院校来完成。尽管目前尚不能说已经建立了游戏人才培养体系，但相对比较完整的框架已经形成。

人才培养靠"内功"

不解决人才问题，中国游戏就永远走不出模仿的怪圈。不容否认，人才是企业、产业发展的力量源泉。游戏学院对游戏人才的定义是，拥有高、精、尖的专门性技术的人才；拥有深厚传统文化知识背景的人才；拥有超强创意能力的人才；拥有敏锐市场洞察力的人才。为了培养这样的人才，游戏学院苦炼"内功"。

夏巍峰：作为培训机构，最核心的价值是教学质量。面对目前各类游戏培训机构的竞争，您认为游戏学院在教学方面最具竞争力的是哪些东西？

李新科：游戏学院能够不断地发展、壮大，最重要的立足之本就在于对教学质量的把握。客观上，教学质量是由以下几个环节来保证的：课程，包括教学课件、教学软件、教学案例等；教材，包括教师用书、学生用书；教师；以及最终的考核。游戏学院教学的特点就是侧重实践，学员历经从学习到模仿，到举一反三，再到最后独立做的过程，每一个阶段都可以看到自己学习的结果，即所见及所学，使得学习不再是一个枯燥的事情。

除此之外，主观上，学院还通过励志教育激发学员的学习热情，让他们有信心，知道自己学得会。在游戏学院，每堂课学员都知道自己为什么学，学习目的是什么；知道学习什么东西，学会这个东西能做出怎样的效果或场景；知道学习的结果和考核的标准。所以每一堂课学员都能看到自己学习的成果，感受到自己的进步，这一点是尤为重要的。

夏巍峰: 我们看到，游戏学院面向国内大中专院校在读学生，提出"学历＋国际职业认证"的人才教育模式。那么，你们如何做到与大中专院校的优势互补？实际效果如何？

李新科: "学历＋职业认证"的模式是游戏人才培养体系中非常重要的环节。目前，高等教育仍然是人才培养的主渠道，占有资源、政策和环境的优势，加之近年来教育部大力支持发展职业教育，这是高职、中职院校发展的有利时机。不利因素是院校的课程比较陈旧，更新缓慢，教学模式也是沿用传统的方式，尽管各个院校希望开设游戏等新兴专业来吸引生源，但苦于缺乏这方面的课程和师资，也只能"心有余而力不足"。

而游戏学院每年投入大量的人力、物力、财力去开发课程资源，开发以后也需要扩大使用规模，以支撑课程的进一步升级和更新。所以游戏学院与院校之间就有了优势互补，互惠互利的合作基础。由我们提供游戏专业的课程、教学课件、教学软件，并负责培训师资，由院校负责招生，提供教学设施，通过这样的合作，院校很快在当年就可以将游戏专业开展起来。

另外，目前大学生的就业形势非常严峻，选择一个好的专业，将来从事一个有前景的职业是很关键的。"学历＋职业认证"的培训无疑会给大学生顺利就业增加一个重要的砝码。

夏巍峰: 当前文化创意产业越来越成为科技与文化高度相关的领域，对游戏人才特别是既有技术又懂文化的复合型人才，今后会有很大的需求。对此，您是怎么看的？游戏学院在学员文化素养的培养上是怎么考虑的？

李新科: 游戏本身不单是一种技术，游戏空间一定有着特定的文化背景，并通过技术的手段来实现。人在与游戏互动的过程中，会对世界观和人生观发生作用,所以游戏也可以是一种先进文化的载体。中国是一个拥有五千年历史的文明古国,五千年的文化在游戏里如何体现? 这是一个很值得思考的问题。

没有文化的游戏是不会长久发展的, 所以我们对学员的引导是, 首先决不能开发色情暴力游戏, 要开发那种弘扬民族文化的游戏; 其次要开发适合不同年龄、不同层次、不同种族人的游戏, 能够对他们的世界观、人生观产生良好的影响, 对他们的未来发展有帮助, 促进他们积极向上。在游戏学院培养人才的过程中, 不仅要在技术水平的提高上严格把关, 还要进一步加深、加大文化熏陶的内容, 才能为产业输送更多技术、文化全面发展的人才。

探索中国式崛起

只有独辟蹊径, 才能自成一家。对于中国游戏人才的培养而言, 在经历了根深蒂固的对游戏认识的偏见和误解之后, 在习惯了以"师傅带徒弟"的模式在企业内部培养接班人之后, 在面临着当前我国游戏产业如何与世界游戏产业处于同步发展之时, 我国的游戏人才培养更应体现出一种中国式的崛起, 建立一套具有中国特色的民族游戏专业人才培养体系, 为本土化游戏人才的培养贡献力量。

夏巍峰: 回首 2005 年年底, 游戏学院当时正面临着"媒体危机", 一些媒体质疑游戏学院的人才培养方式与质量。你们当时是怎么转化这场"危机"的? 您个人当时承受着什么样的压力?

李新科: 当时对我个人和公司来讲, 的确造成一定的压力, 内外两方面都有原因。外部原因主要是社会环境和市场环境对游戏产业还存在一些认识上的误解和偏见, 游戏往往难逃"玩物丧志"、"不求进取"的干系, 大多数的人仍不能接受把游戏作为职业发展的方向。而内部原因主要是公司在成立之初快速发展的过程中, 采用连锁加盟的经营模式, 使得教学质量的保证出现了问题, 给公司的发展带来了负面影响。

但危机之下蕴藏转机，压力之下激发动力。通过这件事情一方面直接促成了公司经营模式的转换——由加盟转为直营。现在各地的校长抓质量是第一要务，如果质量有问题，校长就地免职。另一方面也直接促成了课程体系的升级，从课程体系的开发到对教师队伍的选拔、培养、考核，学院都做得更为规范和严格，使得教学质量有了显著提高。

夏巍峰：现在公司在规模和发展速度上都有了快速提升，那么管理上是不是会遇到一些新的挑战？

李新科：管理是任何一个企业永远都要面对的问题，只是企业在从小到大的过程中，不同阶段、不同规模时所面临的问题会有所不同而已。游戏学院从最初的十几名员工发展到现在，不断吸纳优秀的人才，他们把传统行业的宝贵经验，精细化的管理方式、方法用到游戏这一新兴产业中去，这本身就是企业不断提升自己、不断进步的过程。现在企业规模发展了，队伍壮大了，但企业的管理人员能不能同步进步，人的能力能不能跟随企业同步增长，这是我们一直需要面临的问题。

夏巍峰：我看到你们公司前台有一个标语是"打造数字娱乐职业教育第一品牌"，这是不是您将来的战略目标？

李新科：现在我们提出的"打造数字娱乐职业教育第一品牌"，其中很重要的一个词是"打造"，而非现在就是；"打造"是我们的目标，也是大家努力的方向。游戏行业是一个有着良好发展前景并正在高速发展的行业，也是人才需求最旺盛的行业。只要我们能将工作做深、做细、做透，凭借我们多年的积累，加上不断的努力、创新、进步，我相信在这个行业里一定有我们的立足之地。

（原载 2007 年 9 月《中国远程教育》（资讯））

郑 重 声 明

　　高等教育出版社依法对本书享有专有出版权。任何未经许可的复制、销售行为均违反《中华人民共和国著作权法》，其行为人将承担相应的民事责任和行政责任，构成犯罪的，将被依法追究刑事责任。为了维护市场秩序，保护读者的合法权益，避免读者误用盗版书造成不良后果，我社将配合行政执法部门和司法机关对违法犯罪的单位和个人给予严厉打击。社会各界人士如发现上述侵权行为，希望及时举报，本社将奖励举报有功人员。

反盗版举报电话：(010) 58581897/58581896/58581879

传　　真：(010) 82086060

E－mail：dd@hep.com.cn

通信地址：北京市西城区德外大街 4 号
　　　　　　高等教育出版社打击盗版办公室

邮　　编：100011

购书请拨打电话：(010)58581118